책별 성경연구

책별 성경연구

지은이 | 앨런 스트링펠로우
편집 | 두란노서원 출판부
초판 발행 | 2016. 11. 21
10쇄 발행 | 2024. 10. 15

등록번호 | 제1988-000080호
등록된 곳 | 서울특별시 용산구 서빙고로65길 38
발행처 | 사단법인 두란노서원
영업부 | 02)2078-3333 FAX | 080-749-3705
출판부 | 02)2078-3330

▮ 책값은 뒤표지에 있습니다.
ISBN 978-89-531-2704-3 04230
(세트) 978-89-531-2522-3 04230

▮ 독자의 의견을 기다립니다.
tpress@duranno.com http://www.duranno.com

두란노서원은 바울 사도가 3차 전도여행 때 에베소에서 성령 받은 제자들을 따로 세워 하나님의 말씀으로 양육하던 장소입니다. 사도행전 19장 8-20절의 정신에 따라 첫째 목회자를 돕는 사역과 평신도를 훈련시키는 사역, 둘째 세계선교(TIM)와 문서선교(단행본 · 잡지) 사역, 셋째 예수문화 및 경배와 찬양 사역, 그리고 가정 · 상담 사역 등을 감당하고 있습니다. 1980년 12월 22일에 창립된 두란노서원은 주님 오실 때까지 이 사역들을 계속할 것입니다.

말씀을 사랑하는 이들을 위한 책별 연구 52주

책별
성경연구

앨런 스트링펠로우 지음 | 두란노 출판부 편집

두란노

차례

Bible Study

Bible Study

책별 성경연구를 내면서

한국 교회에 강해설교, 큐티 훈련, 제자양육, 성경공부, 복음적인 상담 등 성숙한 교육프로그램이 활발하게 개발되고 추진되고 있음을 생각할 때 하나님께 감사를 드립니다.

이번에 보급판을 펴내는 《책별 성경연구》는 창세기부터 요한계시록까지 1년 동안 66권의 신구약 전권을 개론적으로 공부하도록 만들어 졌습니다.

성경은 66권의 다양한 책이지만, 동시에 한권의 책이기도 합니다. 이 책을 통해 여러분은 성경에 대한 종합적인 이해와 함께 성경을 전체적으로 볼 수 있는 통찰력을 얻게 될 것입니다.

이 교재는 《인물별 성경연구》와 《교리별 성경연구》에 연결됩니다. 앨런 스트링펠로우가 쓴 이 책은 미국 워싱턴에서 목회하고 있는 우수명 목사님의 소개로 알게 되었습니다. 그 후 2년여의 교섭 끝에 허락을 받은 특별한 책입니다.

이 교재가 한국 교회와 모든 성도님에게 영적인 활력소가 되기를 기도합니다. 더욱이 이번 보급판을 계기로 많은 이들에게 널리 읽혔으면 하는 소망이 간절합니다.

2016년 11월

두란노 출판부

효과적인 학습을 위한 지침

52주 동안 최대의 지식과 풍부한 영감을 얻기 위해서 다음의 지시 사항들을 지켜야 합니다. 다음의 사항은 하나님의 말씀으로 철저하게 훈련받기 위한 지침들입니다.

1. 학습자가 지켜야 할 지침들

- 52주 동안 빠짐없이 참석할 것
- 매주에 주어진 과제(복습과 과제)들을 꼭 수행할 것
- 중요한 성경 구절에 밑줄을 그을 것
- 공부 시간에 필요한 내용들은 적어 둘 것
- 공부 시간에 나오는 성경 구절들을 찾아 참고 사항을 적어 넣을 것. 밑줄 그은 성경 구절은 노트에 적어 둘 것
- 매주 적어도 두 시간 이상 성경을 읽고 복습하기로 주님과 약속 할 것

그저 적당히 공부하겠다고 생각하면 효과적인 학습이 이루어지지 못합니다. 적극적으로 참여할 필요가 있습니다.

2. 교사가 지켜야 할 지침들

먼저 아래의 말씀을 읽고 교사 스스로 영적인 마음의 준비를 하십시오.

고린도전서 2:12-14

에베소서 1:17-18

요한복음 14:26; 16:12-16

교사들이여, 성경공부를 통해 성령이 학생들에게 은혜를 주고 말씀을 가르칠 것이라는 사실을 믿고 기대하십시오.

교회에서 이 교재를 사용하신다면 목사, 교육지도자, 교회학교 교사들이 보면 좋습니다. 이 공부는 일주일에 한 번씩 모여 진행하게 될 것입니다. 주어진 과를 좀 더 깊이 연구하려면 다음 과를 참고해 준비하시기 바랍니다.

만일 여러분이 전체적인 윤곽을 모르고 가르친다면 학생들에게 중요한 핵심 내용을 제시할 수 없을 것입니다.

성구 사전들과 기타 참고 서적들을 활용하십시오.

당신이 맡고 있는 팀의 상황을 파악하고 그들에게 나올 수 있는 질문들과 대답들을 미리 준비하십시오.

- 매주의 주제를 떠나서 가르치지 말 것
- 학생들이 너무 원초적인 내용에만 집착하게 하지 말 것
- 핵심 주제를 포착할 것
- 매주의 아우트라인을 바꾸지 말 것
- 당신의 의견이나 말을 첨가할 수 있지만 중요한 포인트는 바꾸지 말 것
- 말보다는 인격으로 가르칠 것
- 학생들에게 주제를 꼭 제시할 것

매주 진행하는 데는 적어도 55분 이상의 시간이 소요될 것입니다. 성경공부를 시작하기 전에 너무 많은 시간을 허비하지 말고 간단한 기도와 찬송가 한곡 정도 부르고 시작하면 됩니다.

이 성경공부 교재는 간헐적으로 보다는 집중적으로 어떤 기간을 정해서 진행하는 것이 효과적입니다.

이 교재를 공부하는 학생들과 교사님들에게 하나님의 축복이 임하기를 바랍니다. 성령님이 친히 교사와 학생들을 가르칠 것입니다.

Week 01
성경 개관

Ⅰ. 서론

성경을 통해 한 인간의 교육이 완성된다. 그리스도인이 성경의 진리를 깨닫지 못할 때, 하나님께서 원하시는 충만한 생활을 영위할 수가 없다.

Ⅱ. 목적

본 과는 성경의 기초를 확립하는 것이 목적이다. 성경을 떠나서는 어떤 개요나 주석이 필요하지 않다. 개인이 공부를 해 나가는데 있어서 성경을 읽고, 찾고, 연구하여야 한다. 이 책은 다만 성경의 골격만 제시할 뿐이며 깊이 있는 공부는 스스로 살을 붙여야 한다.

Ⅲ. 방법

성경의 각 권마다 그 책에 나타난 지배적인 사상 즉, 두드러진 의미와 메시지를 공부하며 그것이 전체적인 하나님의 말씀과 어떠한 관계를 가지고 있는가를 추구할 것이다. 성경을 볼 때 주관적인 관점에 집착하거나 흥분하여서 객관적인 관점 즉, 넓고 큰 전체적인 성경의 의미를 상실해서는 안 된다. 성경을 대할 때 경건한 마음으로 성경이 성령의 감동으로 써진 책이라는 것을 인식하면서 공부해야 한다. 성령님이 스승이 되어야 할 것이다(요 14:26).

Ⅳ. 성경 개관

1. 성경은 인간을 향한 하나님의 뜻을 기록한 계시다(딤후 3:16–17; 벧후 1:21).
2. 성경의 중심 주제는 예수 그리스도시다(딤전 3:16).
3. 성경은 66권으로 구성되었으며 40명의 저자가 약 1600년에 걸쳐서 기록했다.
4. 구약성경은 대부분 히브리어로(몇 구절이 아람 방언) 기록되었으며 신약성경은 헬라어로 기

록되었다.

5. 계약(testament)이란 말은 언약(covenant)이란 의미 즉, 동의한다는 의미를 가진다. 구약성경은 그리스도가 오시기 전에 하나님과 인간의 관계에 대하여 하나님께서 만드신 언약이다. 신약성경은 그리스도가 오신 후 인간과 하나님 아버지와의 관계에 대해서 하나님께서 만드신 언약이다.

Note

6. 구약성경 – 처음 17권

처음 5권은 창세기, 출애굽기, 레위기, 민수기, 신명기이다. 이 5권을 모세오경(Pentateuch)이라 부른다. 모세에 의하여 기록된 책들이기 때문이다. 이 책들은 율법책이라고 부르나 내용의 성격은 구속사적이다.

다음 12권은 여호수아, 사사기, 룻기, 사무엘상, 사무엘하, 열왕기상, 열왕기하, 역대상, 역대하, 에스라, 느헤미야, 에스더이다. 이 책들은 구약성경에서 두 번째로 중요한 그룹이다. 12권으로 되어 있으며 내용은 역사적이다. 따라서 구약의 첫 부분은 17권이며 그 내용의 구분은 5권(모세오경)–율법–구속사적–역사적, 12권(여호수아, 에스더)–역사적이다.

7. 중간 – 5권

욥기, 시편, 잠언, 전도서, 아가서이다.

이 5권은 개인적이며 체험적이다. 앞의 17권(모세오경과 그 다음 12권)은 국가적인 견지에 의해 기록된 반면, 이 5권은 개인적이며 인간 심령의 문제들을 다루고 있다. 처음 17권은 모두 산문으로 되어 있으나 이 5권은 '시'로 되어 있고 체험적 성격을 갖는다.

8. 마지막 – 17권

예언서이다. 이사야, 예레미야, 예레미야애가, 에스겔, 다니엘, 호세아, 요엘, 아모스, 오바댜, 요나, 미가, 나훔, 하박국, 스바냐, 학개, 스가랴, 말라기이다.

이 책들은 또 다시 두 그룹(대선지서 5권과 소선지서 12권)으로 나뉜다.

9. 요약

구약성경 39권은 다음과 같이 구분된다.

- 17권 – 5권과 12권으로 구분

- 5권
- 17권 – 5권과 12권으로 구분

10. 신약성경 – 처음 5권

성경의 기초가 되는 책들이다. 마태복음, 마가복음, 누가복음, 요한복음, 그리고 역사적인 사도행전이다. 이 책들은 이들 전에 기록된 모든 책들과 후에 기록된 모든 책들의 기초가 된다.

11. 다음 21권 – 서신서

14권은 바울의 서신이며, 다음과 같이 분류된다. 교회 서신(9권)은 로마서, 고린도전서, 고린도후서, 갈라디아서, 에베소서, 빌립보서, 골로새서, 데살로니가전서, 데살로니가후서이다.

목회 또는 개인 서신(5권)은 디모데전서, 디모데후서, 디도서, 빌레몬서, 히브리서이다(바울이 저자라는 점에 대하여는 논란이 많으나 보통 히 13:23에 의존하여 그를 저자로 생각한다).

7권은 일반 서신이며 책의 이름은 저자의 이름과 같다: 야고보서, 베드로전서, 베드로후서, 요한 1 · 2 · 3서, 유다서

12. 마지막 1권 – 예언서

요한계시록은 요한에 의하여 기록된 예수 그리스도의 계시이다.

13. 요약

이렇게 신약성경은 5권의 기초적인 책들 위에 구성되어 있다. 그 위에 교훈적인 21권의 서신서들이 세워졌으며 성경은 요한계시록의 "주 예수여 어서 오시옵소서"로 끝을 맺는다.

구약-39권

17권 역사서		5권 율법	17권 예언서
5권 개인의 체험 모세 모세오경	12권 역사	시	5권 대선지 12권 소선지

신약-27권

5권 기초	21권 서신서		1권 묵시록
복음서 마태-마가 누가-요한 ――――― 성령의 행전	14권 바울 서신 (9권 교회 서신 5권 목회 서신 또는 개인 서신)	7권 일반적 교훈	예수그리스도의 계시

Note

복습

- 구약과 신약성경 중 기억하는 것은 몇 권인가?
- 본 과에서 구분한 것을 기억할 수 있는가?

  즉 구약성경(역사 ____________ 개인 ____________ 예언 ____________),

  신약성경(기초 ____________ 서신 ____________ 묵시 ____________)

  계약(testament)의 의미는 무엇인가?

  오경(Pentateuch)의 의미는 무엇인가?
- 하나님의 계시가 어떻게 사람에 의하여 기록되었는지 설명하는 성경구절을 말할 수 있는가?

결론

성경은 그 사상과 계시가 하나님의 것이다. 그러나 그 내용의 전달 방법은 인간적인 것이다. 즉 성경은 하나님의 말씀이다.

베드로후서 1:21을 적어 보자. ______________________________

____

베드로전서 1:24-25 ______________________________

____

성경은 점진적인 계시다. 이곳저곳 아무렇게나 읽어서는 이해할 수 없다. 성경에는 만물의 창조주이신 하나님의 생각, 하나님의 이야기가 단계적으로 계시되어 있다. 그 이야기는 여러 세대를 통하여 흐르며 하나님의 위대하신 목적을 드러낸다. 그 이야기는 믿는 자의 구주가 되시며 메시아이신 예수님을 통하여 인류를 구원하신다는 것이다.

성경의 각 책은 하나님이 주신 것이다. 매주 지정된 한 권 또는 중요한 장들을 읽어 보자. 한 권을 처음부터 끝까지 읽을 수 있다면 매우 좋다. 그러나 한 권을 다 읽을 만한 시간이 없다면 중요한 장들을 읽어 보라.

성경의 중요한 사건들

- 하나님, 인간, 죄, 구원, 칭의, 성화
  두 마디로 은혜, 영광.
  한마디로 예수!

- 구약의 중요성: 그리스도는 구약의 22권에서 인용했다.
  마태 19번, 마가 15번, 누가 25번, 요한 11번
- 성경에는 1,189장이 있다.
- 성경에는 31,173절이 있다.
- 가장 긴 장은 시편 119편이다.
- 가장 짧은 장은 시편 117편이다.
- 구약성경에서 가장 긴 책은 시편이다.
- 신약성경에서 가장 긴 책은 누가복음이다.

과제

- 창세기를 읽어 보자. 매일 7장씩 읽거나 혹은 매일 한 장씩 중요한 장(1–27장, 49장)을 읽어 보자.
- 이번 주에 배운 것을 적어도 두 번 복습하자.

Note

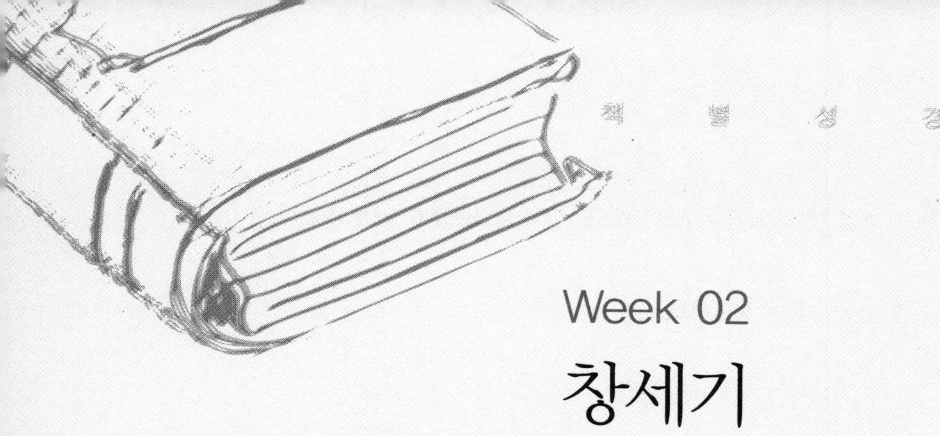

Week 02
창세기

1. 이름의 뜻

창세기(Genesis)는 기원, 근원, 태생이라는 의미를 가지고 있다. "태초에 하나님이…(창 1:1)."

2. 중심 메시지

창세기는 성경 전체를 이루는 씨(Seed)이다. 창세기는 신약성경의 구성에 큰 영향을 주고 있다. 신약성경 17권에 창세기가 60번이나 인용되고 있음을 볼 수 있다. 모세가 영감을 받아 창세기를 기록한 사실은 예수님께서 직접 증명하신다.

마태복음 5:17–30을 적어 보자. ______________________________

____

____

____

요한복음 7:21–23 ______________________________

____

____

창세기는 하나님의 존재만 제외하고 모든 것의 기원을 우리에게 말한다.

창조된 세상의 기원 1:1–25

남자와 여자의 기원 1:27, 2장

죄의 기원 3:1–7

구속의 약속의 기원 3:8–24

가정의 기원 4:1–15

문명의 기원 4:16-9:29

나라들의 기원 10-11장

택한 백성들의 기원 12-50장

그 외에 기원들(예를 들면 심판, 제단, 죽음 등)

3. 창세기의 구조

1) 제1부(1-11장)에는 네 가지 큰 사건이 있다.

- 창조 1-2장
- 인간의 타락 3-4장
- 홍수 59장
- 바벨탑의 붕괴 10-11장

2) 제2부(12-50장)에서는 4명의 중요한 인물이 등장한다.

아브라함(믿음의 사람) 12-23장

이삭(사랑받는 아들) 24-26장

야곱(이스라엘로 이름이 바뀜)27-36장

요셉(환란을 통한 영광) 37-50장

간단히 4사건과 4인물을 살펴보자.

3) 창조 1-2장

- 창조설은 인간의 학설이 아닌 하나님의 증거이다(1절). 하나님에 관한 정의가 없다. 창조의 묘사도 없다. 한 글자도 언급되지 않았다. 창조는 신령한 진리의 선언이다. 창세기의 처음 문장을 믿음으로 받아들이면 하나님의 말씀을 다 받아들이는 데에 어려움이 없을 것이다.
- 인간은 창조의 절정이다. 1:26-27절과 2:7절을 참고하라. 사람은 하나님의 형상과 모양으로 창조되었다. 이 말은 "생기를 그 코에 불어넣으시니 사람이 생령이 되니라"는 말씀보다 더 적절하게 표현할 수가 없다. 사람은 물질적인 몸과 비물질적인 영혼으로 구성되어 있다.

  (참고, 전도서 12:7, 고린도전서 5:3, 5절)
- 1장의 6일은 1절에 나타난 근원적인 창조를 기록하고 있는 것은 아니다. 6일은 새로운 시작이나 혹은 재창조에 대해 설명한다. 첫 4일 동안에는 어떠한 창조적인 행동이 나타나지 않는다. 21절의 동물들과 27절의 사람 창조에 와

Note

서야 히브리어 "창조했다"는 단어가 나온다.

- 우리는 하나님은 창조의 절정이다. 창세기 1:26–27과 2:7을 읽어 보자. 인간은 하나님의 형상과 모양을 따라 창조되었다. 이것을 하나님께서 인간에게 호흡을 불어 넣으셨다는 말보다 더 적절하게 표현할 수는 없다. "생기를 그 코에 불어넣으시니 사람이 생령이 되니라." 이것은 가장 적절한 표현이다. 우리 안에는 몸과 영과 혼이 있다.

데살로니가전서 5:23을 적어 보자.

____

____

____

일곱째 날에 하나님께서 안식하셨다. 2:2–3(참고, 히 4:9–10).

____

____

____

4) 인간의 타락 3–4장

유혹(3:1–6, 1절에 하나님의 말씀에 사탄이 의혹을 품게 하고, 4절에 사탄은 거짓말을 하고, 5절에는 교만으로 유도하였다). 사탄은 인간의 귀와 눈과 내적 욕망을 사로잡았다(참고, 요일 2:16 자연인에 대하여). ______________________________

____

패배(6절)

로마서 5:12을 적어 보라. ______________________________

____

결과 창세기 3:7–24. 다음 사항을 주의하여 보라.

자아의식(7절), 부끄러움과 공포(10절), 슬픔(17절), 저주(17절), 가시(18절), 땀(19절)

하나님의 은혜(3:9, 15절)

하나님이 아담을 찾으심(9절)

구속자에 대한 약속(15절)

이 구절은 예수 그리스도에 대한 직접적인 첫 번 예언이다.

고린도후서 5:21을 적어 보라.

Note

이사야 53:5을 적어 보라.

죄의 열매(4장–가인의 혈통, 다시 말하면 "사람의 아들들"–첫 살인자, 셋의 출생, 영적 자손)

3–5절과 8절을 적어 보라.

25절을 적어 보라.

5) 홍수 5–9장

아담부터 노아까지 족보 창세기(4:25–5:32).

6장에서 우리는 하나님의 자녀와 사람의 자녀가 혼합함을 볼 수 있다. 고린도후서 6:14을 적어 보라.

6:5–7을 다시 읽어 보라. 그 결과로 7장에 심판이 있다.

하나님 보시기에 한 의인이 있었다. 노아에 대하여 찾아 적어 보라(창 6:8; 마 24:37–39).

이와 같은 상태는 지금 우리의 현실과 비슷하지 않은가?

노아에게 주신 하나님의 언약은 창세기 9:8–17에 나온다.

이 구절에서 하나님은 7번이나 '언약'이라는 말씀을 사용하셨다. 성경에서 이 단어를 찾아 밑줄을 그어 보라.

6) 바벨탑의 붕괴 10–11장

노아의 후손(10장)

바벨의 혼잡(11장)

하나님께서 이와 같은 행동을 취하신 이유는 사람들이 "땅에 흩어져 충만하라"는 명령에 순종하지 않았기 때문이다. "우리 이름을 내고 온 지면에 흩어짐을 면하자"(창 11:4).

7–8절을 읽어 보라. 하나님은 사람들이 흩어지게 하셨다. '바벨'의 의미는 혼잡이다. 이곳은 니므롯 왕국의 수도였다(창 10:9–10).

7) 아브라함 12–23장(창세기의 제2부는 중복되는 부분이 있다)

부르심은 창세기 12:1과 사도행전 7:2에 나온다.

아브라함과의 언약은 창세기 12:2–3과 사도행전 7:5에 나온다.

다음 7가지 하나님의 언약을 주의하여 보라.

- 큰 민족을 이루고
- 복을 주어
- 이름을 창대하게 하리니
- 복의 근원
- 너를 축복하는 자에게는 복을 내리고
- 너를 저주하는 자는 저주하고
- 땅의 모든 족속이 너로 말미암아 복을 얻을 것이라

이 언약은 창세기에서 반복해서 확인된다.

13:14–18; 17:6–8; 26:1–5; 15:1–21; 22:15–18; 28:13–15

아브라함은 믿음의 사람이었다. 히브리서 11:8–19을 읽고 적어 보자. ____

____

____

8) 이삭 이야기는 창세기 24–26장이다(먼저 창 17:15–19을 읽어 보라).

- 사랑과 순종의 아들 창세기 22:1–8
- 이삭의 신부 리브가 창세기 24장
- 에서와 야곱의 아버지 "태중에 두 국민" 창세기 25:23–26

히브리서 11:17–20을 적어 보라. ______________________________

____

____

____

이삭에게 아브라함의 언약이 확인 된다(26장).

9) 야곱에 대해서는 창세기 27–36장에 등장한다(이후 "이스라엘"로 이름이 바뀐다).

Note

장자의 축복을 빼앗음 창세기 27장

야곱의 열두 아들들

르우벤– 창세기 29:32

시므온– 창세기 29:33

레위– 창세기 29:34

유다– 창세기 29:35(그리스도의 혈통–창 49:8–10)

단– 창세기 30:6

납달리– 창세기 30:8

갓– 창세기 30:11

아셀– 창세기 30:13

잇사갈– 창세기 30:18

스불론– 창세기 30:20

요셉– 창세기 30:24

베냐민– 창세기 35:18

이들이 이스라엘의 열두 지파의 조상들이다(창 49:28).

야곱의 이름이 이스라엘로 바뀌었다(창 32:28).

따라서 이스라엘과 열두 지파가 탄생했다.

10) 요셉은 창세기 37–50장에 등장한다.

요셉의 결점에 관한 언급이 없다.

아버지의 총애를 받았다. 창세기 37:3

이십에 애굽으로 팔려간다. 창세기 37:20–36

애굽에서의 굴욕과 명예에 대해 나온다. 39–48장

야곱(이스라엘)과 그의 가족 70인이 애굽에 들어간다. 창세기 46:27

요셉은 성경에 나타난 인물 중 예수님의 모형이나 그림자에 가장 가깝다.

다음과 같은 예를 들 수 있다.

- 둘 다 아버지의 사랑을 받았다– 창세기 37:3; 마태복음 3:17
- 둘 다 목자였다– 창세기 37:2; 요한복음 10:11–14
- 둘 다 유혹을 받았다– 창세기 39:7; 마태복음 4:1
- 둘 다 애굽으로 내려갔다– 창세기 37:36; 마태복음 2:14–15
- 둘 다 종의 값으로 팔렸다– 창세기 37:28; 마태복음 26:15

- 둘 다 고난 후 영광을 받았다– 창세기 41:41; 빌립보서 2:9–10
- 더 많은 예를 들 수 있으나 위와 같은 예는 신약의 실체가 구약에 모형으로 나타난 것을 우리에게 보여 준다.
- 이스라엘의 지파에 대한 예언과 축복– 창세기 49장; 히브리서 11:22을 참조하라.

창세기를 통해 우리는 하나님께서 한 가족을 세우시고 그들을 통해 구주가 나오게 하시는 위대한 섭리를 볼 수 있다.

갈라디아서 3:14을 적어 보라. ______________________________

____

____

복습

- 창세기에서 그리스도에 대한 첫 번째 예언을 확인할 수 있는 곳은 어디인가?
- 안식일은 몇 번째 날 시작되었나?
- 인간의 타락을 한마디로 표현해 보자.
- 이스라엘은 창세기의 어느 부분에 마지막으로 나오는가?
- 창세기에 나오는 네 가지 큰 사건을 나열해 보라.

1. ______________________________

____

2. ______________________________

____

3. ______________________________

____

4. ______________________________

____

- 창세기에 나오는 4명의 중요한 인물을 적어 보라.

1. ______________________________

____

2. ____

____

3. ____

____

4. ____

____

Note

과제

- 출애굽기를 6장씩 매일 읽으라. 특별히 출애굽기 1-7; 12-14; 19, 20; 25-33장은 꼭 읽으라.
- 창세기에서 배운 것을 복습해 보자.
- 성경을 읽다가 깨닫게 된 새로운 진리들을 찾아 밑줄을 그어 보자.

Week 03
출애굽기

1. 이름의 뜻
'출애굽'은 이스라엘 민족이 애굽으로부터 '밖으로 나감'을 의미한다.

창세기와 같이 모세에 의해 기록되었으며 그리스도에 의해 누가복음 24:44에서 확인되었다.

2. 본서의 성격
출애굽기는 구속의 책이다. 이스라엘 민족은 애굽의 통치자 바로(애굽의 한 통치자)의 명에 아래 있었다. 출애굽기는 하나님께서 그들을 속박으로부터 어떻게 구원하셨는가를 서술하고 있다. 창세기에서 우리는 인간의 범죄로 인한 인간의 타락을 보았다. 출애굽기에서 우리는 보혈과 하나님의 능력에 의한 구속을 보게 될 것이다.

창세기에서 시작된 것이 출애굽기에서도 계속된다.

창세기 46:27은 야곱의 가족 수(70명)를 말해 주며 출애굽기 12:37은 약 400년 뒤 그들이 애굽을 나올 때는 거대한 숫자인 600,000명의 남자와 여자들과 아이들이 있었음을 말해 준다.

창세기 15:13은 아브라함의 자손이 애굽에 400년을 거하게 될 것이라고 말한다. 출애굽기 12:40은 430년이라고 하며 갈라디아서 3:16-17은 그것을 확증하고 있다. 그것은 야곱의 애굽 이주로부터 계산하여 430년 임을 말해 준다. 출애굽의 거대함을 상상해 보라.

3. 본서의 구조
출애굽(1-18장)

율법(19–24장)

성막(25–40장)

이 세 구분에는 다음과 같은 것들이 있다.

출애굽 (1–18장)	율법 (19–24장)	성막 (25–40장)
하나님의 능력 새로운 삶 자유	하나님의 거룩 율법 아래의 삶 책임	하나님의 지혜 사랑과 교제의 새로운 삶 특권

Note

4. 출애굽기 1-18장

1) 구원자

모세의 출생과 궁중에서의 40년(2장), 히브리서 11:23–29을 읽어 보라.

모세를 부르심, 미디안 광야에서의 40년(3장)

이스라엘의 구원을 알림(4장)

바로에게 내린 9가지 재앙(5–11장)과 6:1–8에 나타난 이스라엘에 대한 하나님의 보증을 기억하라.

2) 보혈과 능력에 의한 구원

유월절의 제정–열 번째 재앙(11:5), 장자의 죽음(보혈). 출애굽기 12장, 고린도전서 5:7을 적어 보자. ____________________

____

홍해를 건넘– 능력(13–14장)

출애굽기 13:21–22을 읽고 하나님의 능력과 함께 하심에 대해 적어 보자.

____

3) 시내 산으로

구속받은 자의 노래(출 15장)

하나님께서 40년 동안 양식을 공급하셨다. 16:4, 13, 35절; 17장, 요한복음 6:47–51을 읽고 적어 보자. ____________________

____

• 반석을 침– 17장 ____

____

5–7절을 읽고 고린도전서 10:4을 참고하여 그리스도를 발견해 보자. 요한복음 4:13–14을 읽어 보자. ____

____

5. 율법 19-24장

1) 계명– 윤리적인 삶(19–20장) ____

____

____

시내 산 기슭에서 백성이 시내 산 언약에 동의한다(출 19:8).

10계명을 읽어 보라(출 20:1–17).

마태복음 22:37–39을 읽어 보라. ____

____

____

2) 판결 – 사회적인 삶(21–23장)

주인과 종(21장)

소유권(22장)

안식일과 절기(23장)

3) 율례 – 종교적인 삶(24장)

성막에서 제사드릴 때 모든 것이 가르쳐 짐

4) 율법이 주어진 이유

의의 기준(신 4:2, 8절)

그것은 아브라함의 언약에 부과된 것으로 죄로 인한 삽입이지 삭제가 아니다. 갈라디아서 3:17–18을 적어 보라. ____

____

____

갈라디아서 3:19–24을 적어 보라. 율법은 초등교사다. ____

____

____

Note

죄를 깨닫게 해 주고 규명해 준다. 로마서 5:20을 읽어 보자.

로마서 3:20-7:7을 적어 보라.

신명기 4:32-36은 하나님의 거룩함과 능력을 보여 준다.

출애굽기 19:9, 18절; 24:17은 구름과 불은 하나님과 임재하심과 거룩하심에 대한 상징이다.

5) 율법이 주는 영향(롬 8:3-4)

율법을 지키는 것은 구원받기 위한 조건이 아니라 구원받은 자의 자발적인 결과이다.

6. 성막 출애굽기 25-40장

1) 40일 동안 모세에게 주어진 성막의 모양(25-31장)
2) 이스라엘의 우상숭배-금송아지 사건-로 인해 성막 건축이 지연되었다(32-34장, 일시적인 대용물이 "진 밖에"세워졌다. 출 33:7).
3) 마침내 성막이 완성되어 세워진다(정확히 출애굽 1년 후, 출 40:2). 하나님의 임재 영광이 그 위에 나타난다(35-40장).
4) 성경은 성막에 대한 묘사를 통해 많은 교훈을 준다. 그것은 영적인 진리를 가르쳐 주시기 위함인 하나님의 계획에 따라 고안된 것이다. 모든 진리들이 여러 교훈을 주지만 가장 중요한 것은 하나님께서는 "이 모양에 따라"를 가르치셨으며 지금도 그렇게 가르치신다는 사실을 기억하는 것이다. 히브리서 9:23과 9장을 읽고 우리에게 주는 의미가 무엇인지 생각해 보자.

   성막은 그리스도의 모형이다. 히브리서 9:8-12을 읽고 적어 보자.

복습

- 하나님께서 출애굽을 위해 택하신 자는 누구인가?
- 출애굽기의 중요한 세 가지 주제는 무엇인가?

1. ______________________________

____

2. ______________________________

____

3. ______________________________

____

- 율법이 주어진 이유는 무엇인가?

1. ______________________________

____

2. ______________________________

____

3. ______________________________

____

- 하나님께서는 어떻게 그분의 백성과 함께하시며 인도하셨는가?
- 성막이 오늘날 우리에게 가르쳐 주는 것은 무엇인가? (고전 10:11)
- 우리의 유월절 양은 누구인가?(고전 5:7)
- 출애굽기가 우리에게 가르쳐 주는 것은 무엇인가?

과제

- 하루에 4장씩 레위기를 읽어 보자.
- 출애굽기 공부를 복습해 보자.
- 성경을 읽다가 깨닫게 된 새로운 진리들을 찾아 밑줄을 그어 보자.

Week 04 레위기

1. 이름의 뜻

레위기라는 이름은 레위인(제사장)에서 나온 것이며, 이 책은 백성의 행함과 예배와 봉사를 위한 '하나님의 계획'이다. 출애굽기는 하나님께서 백성에게는 허락하지 않은 산에서 말씀하셨으나, 레위기는 백성과 함께 거하시는 성막에서 말씀하셨다.

2. 본서의 성격

우리는 창세기에서 범죄로 인한 인간의 타락을 보았다. 출애굽기에서는 보혈과 하나님의 능력에 의한 구속과 구원을 보았다. 레위기에서 우리는 속죄를 근거로 한 예배와 친교를 보게 될 것이다. 레위기는 속죄의 책으로 불린다(레 16:30-34).

---

3. 본서의 목적

레위기는 어떻게 하나님과 교제하며 살 것인가를 이스라엘에게 보여 주기 위해 쓴 책이다. 무엇보다도 이스라엘 백성은 하나님의 거룩함을 배워야만 했으며 레위기는 이것을 세 가지 방법으로 보여 주고 있다.

- 희생제도, 레위기 17:11; 히브리서 9:22
- 율법의 법칙, 레위기 18:5
- 범죄에 대한 형벌, 레위기 26:1-46

이스라엘은 오늘날의 우리처럼 구별된 민족이었다.

4. 본서의 가치

레위기의 가치는 다음과 같다.

첫째, 레위기는 하나님의 신성과 거룩함을 보여 주는 책이다. 하나님은 변함이 없으시다.

둘째, 레위기는 인간의 극심한 죄 성과 하나님을 멀리하려는 마음을 보여 준다.

셋째, 레위기는 그리스도의 구속적인 사역과 하나님과 우리의 교제가 어떻게 회복되는가를 예시해 준다.

넷째, 레위기는 땅과 소유권, 결혼과 이혼 그리고 오늘날 우리가 직면하고 있는 여러 문제들과 같은 오늘날의 시민법의 기초가 되는 신정을 위한 시민법의 본체를 제공해 준다.

5. 본서의 저자

레위기의 저자는 모세다. 하나님께서 모세를 통해서 백성에게 율법을 주셨다는 증거가 레위기에 56회 나온다. 예수님께서는 본서를 포함한 모세오경을 누가복음 24:44에서 모세의 것이라고 말씀하셨으며, 마태복음 8:2–4에서는 모세를 저자로 언급하셨다(레 14:1–4과 비교).

6. 본서의 주제

모세오경 전체를 통해서 보면 레위기의 주제는 '교제'이다.

창세기	출애굽기	레위기	민수기(25–40장)	신명기
민족의 기원	민족의 구원 책임	민족의 생활	민족의 시험	민족에게 다시 확인 시킴
신정 발생	신정 형성		신정의 시험과 새 땅을 위한 준비	
	언약의 확대 출애굽기 19:5–6	율법 제정 레위기 18:5		

Note

7. 본서의 구조

레위기는 크게 둘로 구분할 수 있다.

1) 하나님께 나아가는 길(희생제사), 레위기 1–17장
2) 하나님과 동행(구별), 레위기 18–27장

중심 주제는 '교제'이다. 첫 부분은 하나님께서 교제를 설정하신 것이고, 둘째 부분에는 교제에 대한 인간의 조건이 나타난다. 그래서 그것은 요한일서 1:7에 표현된 신약의 진리에 대한 구약의 가장 적절한 설명이다. 레위기의 첫 부분은 "그 피가 우리를 깨끗이 한다"라고 말하며 두 번째 부분은 "우리가 빛 가운데 행하면"에 대해서 말하고 있다. 책 전체는 "우리가 빛 가운데 행하면 그 피가 우리를 깨끗하게 하신다"는 것과 다른 사람들과 서로 교제가 있을 수 있으나 진정한 교제는 하나님 아버지와 더불어 하는 것임을 말해 준다.

8. 하나님께 나아가는 길(희생제) 1-17장

1) 제사 1–7장

번제 1장 소제 2장 화목제 3장	향기로운 냄새, 자발적인 것
속죄제 4장 속건제 5장	향기롭지 않음, 강제적인 것

번제는 그리스도를 예표한다. "흠 없는 자기를 하나님께 드린."
히브리서 9:14과 십자가의 그리스도를 묵상해 보라.
소제는 그리스도의 인간되심과 하나님께 드려진 삶을 보여 준다.
히브리서 2:17–18 ______________________________

____

____

화목제는 제물이 되신 그리스도를 통해 회복된 하나님과의 교제를 의미한다. 그분은 우리의 화평이시다(엡 2:14). 이것은 감사제이다(레 7:11–12).

속죄제는 죄를 대신 지신 그리스도를 의미한다. "우리를 대신하여 죄로 삼으신"(고후 5:21).

속건제는 사람들과의 관계에서 생긴 죄악들과 이로 인해 발생한 손해들에 대해 말한다(레 5:16, 배상은 "갚는다"는 말이다). 이 제사는 그리스도께서 죄의 대가를 대속하심을 보여준다(고후 5:19; 엡 2:1). 허물과 죄라는 말에 유의하며 읽어 보자.

(6장과 7장은 제사법에 대해서 말한다)

2) 제사장 8–10장

• 제사장의 성별 8장

대제사장(아론) 출애굽기 레위기	제사장들(그의 아들들), 25–40장 신명기
씻김 6절 옷 입힘 7–8절 관 씌움 9절 기름부음 12절	씻김 6절 옷 입힘 13절 관 씌움 35절 기름부음 30절

아론은 피를 뿌리기 전에 관유를 부었다(12절).

그의 아들들은 피를 뿌린 후에 관유를 부었다(30절, 히 2:11 참조).

성별의 제사와 피(14–24절)

본문을 통해 연상할 수 있는 분은 누구인가?

히브리서 9:11–15을 적어 보자.

• 제사장의 사역 9장

22–24절을 읽어 보라. 하나님께서는 지도자를 통해 복을 주신다.

두 제사장의 범죄 10장

그들의 이름은 무엇인가?(1절) ________________________________

"다른 불"을 드린 죄(참람죄)

하나님께서는 그들을 벌하셨다(2절)

3) 백성 11–16장

하나님의 백성은 구별되고 깨끗해야 한다.

깨끗한 음식– 11장

깨끗한 몸– 12장

깨끗한 옷– 13장

깨끗한 집– 14장

깨끗한 접촉– 15장

대속의 피로 깨끗하게 된 민족 16장

16장은 대제사장이 지성소에 들어가는 위대한 속죄의 장이다. 이것은 또 제단에 뿌려진 피를 통한 위대한 용서의 날이다. 그리스도인은 모두 제사장이다(벧전 2:5, 9절).

그리스도는 우리의 대제사장이시다(히 2:17; 10:12).

____

____

구약의 속죄란 말은 "덮는다"는 의미를 가지고 있다. 오늘날의 신학적인 말로 바꾸면 속죄는 그리스도의 속죄 희생제사를 가리키는 말이다. 그러나 레위기에 있는 히브리어 단어는 "덮는 것"을 의미한다. 레위기의 제사는 진정한 속죄가 갈보리에서 이뤄질 때까지 단지 죄를 덮을 뿐이다. 로마서 3:25을 적어 보라.

____

____

____

4) 제단 17장

하나님께서 구별하여 정하신 장소가 다섯 번이나 언급된다(3–9절). 이 장소는 회막문이다. 하나님께서 죄인을 만나시는 곳은 오로지 한 장소뿐이다. 회막문

Note

에 있는 단은 십자가의 모형이다. 로마서 3:23-25을 적어 보자. ______________

____

____

____

피의 제사의 신성함과 의미(11절)

히브리서 9:14을 읽어 보라. ______________

____

____

우리는 앞부분에서 갈보리 십자가의 어린양 피를 통해서만 오로지 하나님께 나아가는 길을 찾을 수 있음을 알았다.

9. 하나님과 동행(구별). 18-27장(둘째 부분). 18:1-5을 읽어 보라.

1) 거룩한 백성 18-20장

성범죄(18장)와 모든 형태의 피로부터 분리될 것이다. 19-20장

2) 거룩한 제사장 21-22장, 레위인에 관해서

3) 거룩한 절기 23장(하나님께서는 이스라엘이 지켜야 할 절기를 정하셨다)

- 유월절(5-14절)

유월절은 어디에서 유래된 말인가? ______________

____

그것은 이스라엘의 죽음과 속박으로부터의 구속을 기념하는 것이었다. 오늘날의 우리에게 유월절이 주는 의미는 무엇인가?(고전 5:7) ______________

____

- 무교절(6-8절)

이 절기는 유월절 바로 다음에 오는 절기로서 흔히 7일 동안 계속되는 유월절(하루 더 연장)의 일부분으로 여긴다. 이 절기는 구속의 축복 안에서 그리스도와의 교제를 말해 준다.

고린도전서 5:8; 11:23-26 적어 보라. ______________

____

____

요한복음 6:51을 읽어 보라. ______________

____

Note

• 초실절(9–14절)

이 절기는 "안식일 다음날"이며 추수의 시작을 가리킨다. 그리스도께서는 잠자는 자들의 첫 열매로서 한 주간의 첫 날인 "안식 후 첫날"에 부활하셨다.

고린도전서 15:20–23 적어 보라.

야고보서 1:18 적어 보라.

• 오순절(15–22절)

이 절기는 초실절이 있은 후 50일째에 있는 절기이다. 그리스도께서는 부활하신 후 승천하시기 전까지 40일 동안 지상에 계셨다(행 1:3). 제자들은 다락방에서 오순절이 오기까지 10일 동안 기다렸으며 마침내 성령께서 오셨고 교회가 탄생하게 되었다.

사도행전 2:1을 읽고 적어 보라.

고린도전서 10:16–17을 적어 보라.

고린도전서 12:13, 20절을 적어 보라.

• 나팔절(23–25절)

이 절기는 이스라엘에게 있어서는 년 초이다. 일곱째 달의 특별한 안식일이며 거룩한 성회로 모였다.

이스라엘의 미래를 참고하라. 이사야 18:3–7; 27:12–13; 58:1–14를 적어 보자.

• 속죄일(26–32절)

이날은 이스라엘에게 있어 위대한 날이다. 왜냐하면 그들의 죄가 사해지는 날이기 때문이다. 이 절기는 나팔절의 축복 바로 뒤에 온다. 레위기 16장에 이 절기에 대해서 나온다. 히브리서 9:11–14을 읽어 보라. ______________________________

____

____

• 초막절(33–44절)

이 절기는 추수의 끝이며 1년 중 마지막 종교 집회이며 "초막"으로 부른다. 이 절기는 출애굽을 회상하는 것이다(42–43절). 또한 백성들로 하여금 주 하나님을 의존하게 한다.

스가랴 14:16–20을 읽어 보라. ______________________________

____

____

4) 거룩한 땅(25–27장)

25–27장에는 "땅"이라는 말이 30회 나온다.

제7년 안식년에 대한 중심 개념은 "안식"이다(25:4).

땅을 위한 안식(4절)

수고로부터의 안식(5–6절)

히브리서 4:9을 읽어 보자. ______________________________

____

50년에 대한 중심 개념은 "자유"이다(25:10).

50주년에는 소유권과 땅과 종에게 자유를 준다(25장).

땅에 대한 규례(26장)

축복의 조건(1–13절)

경고(14–31절)

불순종으로 이스라엘을 흩으셨다(예언, 32–29절).

갈라디아서 6:7을 적어 보라. ______________________________

____

하나님께 속한 땅과 모든 자원(27장). 본문을 통해 십일조는 자발적으로 하나님의 것을 선별하여 드려야 함을 알 수 있다. 이것은 레위기의 의무라기보다는 하나님에 대한 사랑의 표현이다.

복습

- 레위기의 주제와 중심 진리는 무엇인가?
- 속죄가 레위기에서 의미하는 바는 무엇인가? 그것이 우리에게는 어떤 의미인가?
- 오순절에 대하여 말해 보라.
- 레위기 1-5장에 나오는 다섯 가지 제사는 무엇인가?

과제

- 하루에 6장씩 민수기를 읽어 보자. 중심 장인 1-5, 9, 11, 13, 17, 20, 21, 27, 35장은 꼭 읽어 보자.
- 레위기를 복습해 보자.
- 성경을 읽다가 깨닫게 된 새로운 진리들을 찾아 밑줄을 그어 보자.

Note

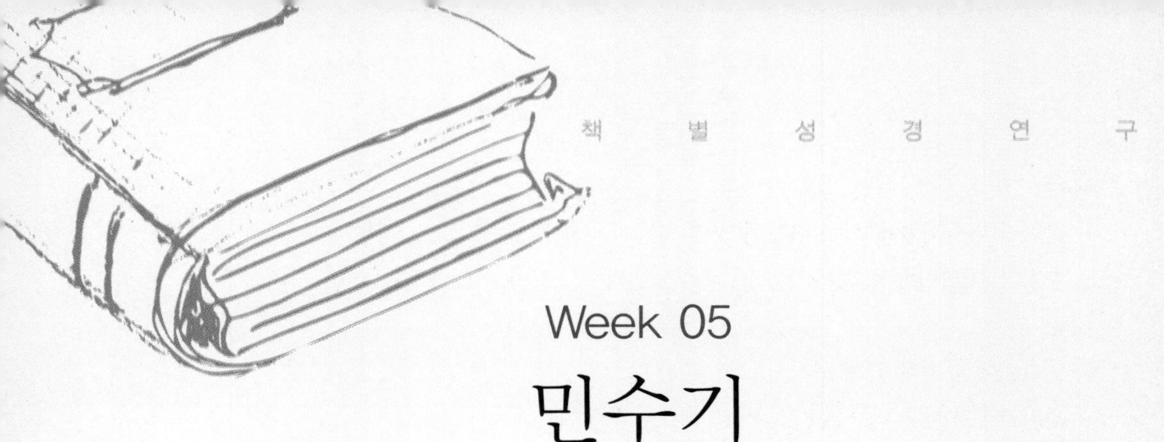

Week 05
민수기

1. 이름의 뜻

민수기는 헬라어 아리스마이(Arithmai), 라틴어의 누메리(Numeri)가 영어의 Numbers가 된 것이다. 그것은 본서에 이스라엘 자손의 수를 두 번 계수한 사실이 나오기 때문이다. 한 번은 앞부분에, 두 번째는 마지막 부분에 나온다. 옛 히브리어 이름은 "광야에서"이다(1절).

2. 본서의 성격

민수기는 출애굽이 끝난 곳에서부터 시작된다. 출애굽의 끝과 민수기의 시작은 레위기를 사이에 두고 한 달의 기간이다(출 40:17; 민 1:1).

인구 조사–백성 조직–가나안으로 진군–하나님의 인도–가나안 모임–이스라엘의 불신과 반역–심판–40년 방황–옛 세대 소멸–새 세대 계수–가나안에 들어간다.

3. 본서의 중요성

민수기의 중요성은 계속해서 신약성경을 참고하라.

고린도전서 10:1–12을 자세히 읽고 그 내용을 적어 보자. ______________________

____

____

히브리서 3:7–19 ______________________________________

____

____

Note

4. 본서의 구조

이 책은 이스라엘 백성의 생활을 그린 책이다. 서로 다른 두 세대를 다루고 있다. 그 구조는 다음과 같다.

- 옛 세대 1–14장
- 방황 세대 15–20장
- 새 세대 21–36장
- 두 세대 1–14장과 21–36장
- 두 번째 계수 1–4장과 26–27장
- 두 번의 여행 10–14장과 21–27장
- 두 교훈 5–9장과 28–36장

5. 본서의 중심 메시지

민수기 9:15–23에 있다.

인도– 하나님의 명령에 따라. 요한복음 14:6; 8:12을 읽어 보라.

구원– 민수기 10:29; 21:6–9을 읽어 보라.

6. 옛 세대 1-14장(시내에서 가데스까지)

1) 계수 1–4장

1장– 성인 남자 계수

2장– 종족별 진영 배치

3장– 레위인 남자 계수(제사장들)

4장– 레위인의 직무 분할

군사적인 목적으로 계수(인구조사)가 이루어졌다. 12종족이 계수되었고 회막을 중심으로 진영이 정해졌다.

3장에서는 일반 계수와는 별도로 레위인의 계수가 나온다. 그들은 제사장들이며 하나님께 봉사하도록 성별된 자들로서 회막 봉사를 하던 자들이었다. 민수기 3:38에는 모세와 아론과 그의 아들들의 위치가 나온다.

2) 교훈 5장–10:10

(처음 4장은 진의 외형을 다룬다)

이 다섯 장은 진의 내형을 다룬다.

5장은 정결, 정직, 진실을 다룬다(3절).

6장은 나실인의 서원. 여호와께 철저하게 구분함을 의미한다.

7장은 각 족장들이 자원하는 마음으로 봉헌 예물을 드리고 여호와께서 예물을 받으셨다. 마가복음 12:41-44을 읽어 보라.

8장에 나온 레위인의 성별에 대해 적어 보라.

9장에서 백성들이 유월절을 지키는 모습을 살펴보고, 구름기둥과 불기둥에 대해 생각해 보자. 이것은 여호와의 인도하심을 말해 준다. 유월절이 과거 구원에 대한 기념일임을 잊어서는 안 된다. 성만찬은 우리가 그리스도를 통해 죄로부터 구원받았음을 기념하는 것이다. 고린도전서 11:26을 읽어 보라.

10:1-10에서 여호와께서는 모세에게 회중 소집을 위한 나팔 두 개를 만들라고 명령하였다. 구름기둥은 보일 수 있게 인도했고, 나팔은 들을 수 있게 이스라엘 백성을 인도했다. 데살로니가전서 4:13-18을 읽어 보자.

3) 여행 10:11-14장

10:11에서 그들은 가나안에 들어갈 준비를 하고서 시내광야에 머물고 있었다. 마침내 구름기둥이 떠올랐고 나팔이 울렸다. 다시 행군이 시작된 것이다.

11-14장에서 백성들은 약속된 땅을 향해 행군했다. 3일이 지나자 그들은 불평과 불만을 늘어놓기 시작했다. 아론과 미리암까지도 그들의 동생, 모세를 질투한다. 가데스바네아에서 그들은 불순종의 죄악을 범했다. 12명의 정탐꾼을 보냈었는데 10명은 부정적인 보

Note

고를 했고 오로지 두 명, 여호수아와 갈렙이 "올라가서 그 땅을 취하자"고 말했다. 백성들은 두 사람의 말을 믿어 주지 않았다. 그래서 40년 동안 광야를 방황해야 하는 심판이 내려졌다. 레위기 14:29–33을 읽어 보자.

7. 광야에서 방황 15-20장

여기에서 여호수아와 갈렙을 제외한 옛 세대와 새 세대의 교체가 이루어진다. 여호와께서는 그 백성이 모두 죽게 될 것과(14:29) 그들의 자녀들만이 그 땅에 들어가게 될 것이라고 미리 말씀하셨다.

그들은 40년 동안 광야를 방황하다가 마침내 처음 도착한 곳과 같은 땅인 가데스 바네아에 이르게 된다. 하나님께서는 그 기간 동안 모세를 통해서 말씀하셨다(15:1, 17, 35절). 또한 그들에게 양식과 물과 옷과 신발을 주셨다(신 8:2–6).

16–18장에는 아론의 제사장 직분을 공격하다가 지진과 불과 염병으로 15,000명 이상이 죽는 사건이 기록되어 있다. 그때에 하나님께서는 아론의 직분을 인정하시는 표시로 그의 지팡이에 싹이 나게 하셨다. 그 싹이 난 지팡이는 우리의 대제사장이신 그리스도와 부활을 가리킨다. 히브리서 4:14; 5:4–10을 읽어 보자.

20장에서는 미리암의 죽음과 반석을 쳐서 명하여 물을 내라 하셨는데 혈기로 두 번씩이나 쳐서 물을 내는 죄를 보게 된다. 모세가 여호와를 믿지 않았기 때문에 그는 그 땅에 들어가지 못하게 된다(12절). 아론도 숨을 거둔다(24절).

8. 새 세대 21-36장(가데스바네아에서 모압까지)

방황은 끝이 났다. 옛 세대는 사라지고 새 세대가 일어났다.

1) 새로운 여행 21–25장

에돔 족속이 그들 땅으로 이스라엘 백성이 통행하는 것을 거절했기 때문에 여행이 길어 질 수밖에 없었다(20:14–22; 21:4)

또다시 일어난 좌절과 원망이 주는 교훈에 유의하라. 하나님께서는 불뱀을 보내셨다. 그러나 하나님께서는 살아날 수 있는 방법도 함께 주셨다(21:8–9).

요한복음 3:14–15을 적어 보자. ______________________________

____

____

고린도전서 10:9–10을 적어 보자. ______________________________

____

발람과의 대결이 22–25장에 나온다.

베드로후서 2:15을 적어 보자. ______________________________

____

____

유다서 1:11을 읽어 보자. ______________________________

____

요한계시록 2:14을 읽어 보자. ______________________________

____

2) 새로운 계수 26–27장

40년이 시작될 때 인구는 남자만 약 600,000명이었는데 40년이 끝난 다음의 인구도 약 600,000명이었다(레 26:64).

27:12–20에서 여호와께서는 모세의 임박한 죽음과 여호수아가 그 자리를 물려받을 것을 말씀하셨다.

3) 새로운 교훈 28–36장

여호와께 드려야 할 제사(28–29장)

남자와 여자의 서원(30장)

미디안에게 이스라엘 자손의 원수를 갚을 것. 단 한 명의 히브리인도 축나지 않는다(31장).

르우벤과 갓과 므낫세 자손이 요단 동편의 땅을 요구함. 그들이 요구한 땅은 가나안의 바깥이 아닌 안쪽이었다. 역대상 5:18–26에는 그 결과가 잘 나타나 있다(32–26장)

그들은 여호와의 교훈을 듣기 보다는 그들의 눈에 보이는 것을 선택했다(32:1).

도피성 35장

수효 35:6–8

목적 35:9-12

분할 35:13-14

규율 35:15-34

마지막으로 이 책은 그리스도 안에서의 우리들의 영원한 보증을 가리키는 그들 기업의 보증을 다루면서 끝난다.

Note

복습

- 민수기에서의 주요 인물은 누구인가?
- 대제사장 직분을 가진 사람은 누구인가?
- 이 책에 등장하는 세대는 몇인가?
- 왜 그들은 40년 동안 광야를 방황해야 했나?
- 민수기의 중심 진리는 무엇인가?
- 민수기 개요에 나타난 주요 세 부분은 무엇인가?

과제

- 하루에 6장 씩 신명기를 읽어 보자. 빼먹지 않고 읽도록 노력하자.
- 민수기를 복습해 보자.
- 성경을 읽다가 깨닫게 된 새로운 진리들을 찾아 밑줄을 그어 보자.

Week 06
신명기

1. 이름의 뜻

신명기(Deuteronomy)는 헬라어의 듀테로스(deuteros)와 노모스(nomos)의 합성어로 그것은 '두번째 율법'이라는 의미를 가지고 있다. 이 책은 광야에서 자라난 이스라엘의 새 세대에게 새롭게 설명해 주기 위해 두 번째로 주어진 것이다. 새로운 율법이 아니고 이미 주어진 것을 자세하게 설명해 주는 것이다.

2. 모세의 마지막 책

이 책은 모세오경 중 마지막 책이다. 창세기에서 우리들은 "시작들"을 보았다– 인간의 타락.

출애굽기에서 우리들은 율법과 탈출을 보았다– 피로 인한 구속과 하나님의 능력.

레위기에서 우리는 백성들의 예배를 보았다– 속죄를 바탕으로 한 연합.

민수기에서 우리는 방황을 보았다– 하나님의 뜻에 의한 인도.

신명기에서 우리는 가나안에 들어가는 마지막 준비를 보게 된다– 하나님의 신실하심으로 오게 된 목적지.

3. 변화의 책

신명기는 새로운 변화를 보여 준다.

첫째, 새로운 세대에 나타난 변화

둘째, 새로운 소유에 나타난 변화

셋째, 새로운 경험에 나타난 변화

넷째, 새로운 계시에 나타난 변화(하나님의 사랑의 계시)

창세기에서부터 민수기까지에는 하나님의 사랑이 언급되어 있지 않다. 그러나 신명기에는 그분의의 사랑을 말해 주는 놀라운 단어들이 나타난다.

Note

신명기 4:37을 적어 보자. ____________________

____

____

신명기 7:7-8 ____________________

____

____

신명기 10:15 ____________________

____

신명기 23:5 ____________________

____

4. 본서의 구조

지난 일을 돌아 봄 1-11장

앞일을 바라 봄 12-34장

5. 중심 메시지

신명기가 전하는 중심 메시지는 순종, 또 순종이다(하나님께 순종).

신명기 4:1, 2, 5, 9, 15, 23, 40절; 5:1; 6:1-3; 11:26-27

6. 신명기의 기본적인 진리

우리는 신명기가 담고 있는 진리들을 명확하게 지적해 낼 수 있을 때 신명기를 잘 기억할 수 있다. 다른 모든 가르침이 그것들에 기초하고 있기 때문이다.

1) 기본적인 원리

신명기 6:4-5을 읽어 보자.

예수님께서는 마태복음 22:35-39에서 기본적인 원리를 말씀하신다. 이것은 이스라엘이 하나님과 관계를 갖는 첫 번째 항목이었다. 또한 이것은 기독교가 세워진 첫 번째 원리이기도 하다. "이것은 가장 우선 되어져야 하는 지상명령이다."

2) 기본적인 진리

신명기 6:23을 적어 보자. ______

"우리를 거기서 인도하여 내시고"– 하나님의 능력
"우리에게 주어 들어가게 하시려고"– 하나님의 은혜
"우리 조상들에게 맹세하신 땅을"– 하나님의 신실성
이 기본적인 진리를 오늘날의 신자들에게 적용할 때 새로운 의미를 얻게 된다. 그분은 우리들을 죄의 정죄로부터 "그리스도 예수 안에 있는, 더 이상 정죄가 없는 곳"으로 인도하셨다(롬 8:1). 그분은 우리를 죄의 멍에에서 구원하셨다.
로마서 8:2을 읽어 보자. ______

그분은 우리를 그리스도 안에서 신령한 가나안 땅으로 인도하셨다.
갈라디아서 2:20 ______

에베소서 1:3–4 ______

에베소서 2:19 ______

그분은 약속을 신실하게 지키신다.
데살로니가전서 5:23–24 ______

3) 기본적인 요구

신명기 10:12–13 ______

순종을 한 단어로 말하면 '요구'이다. 예수님께서는 오늘날의 신자들에게 똑같은 요구를 하신다.
요한복음 14:21–23 ______

Note

4) 기본적인 약속

신명기 4:27–31(기본적이고 무조건적인 하나님의 약속을 모세에게 하셨다) ________

신명기 4:31 ________

신명기 29:12–13 ________

시내 산의 모세 언약은 깨어졌으나 하나님께서는 그와의 기본적인 약속을 지키셨다.

5) 신약과의 차이점

구약과 신약은 기본적으로 다르다. 구약에서는 하나의 특별한 장소가 강조된다. 신명기 12:10–14 ________

예수님께서는 그 옛 장소를 한 인격으로 바꾸셨다. 요한복음 4:20–26 ________

사도행전 8:27–31과 35–37절을 보자. 내시는 알맞은 장소에서 알맞은 목적을 가지고 알맞은 책을 읽고 있었다. 빌립은 그에게 예수님에 대해 가르쳤고 내시는 기쁘게 길을 갈 수 있었다. 구약에서의 한 장소가 신약에서는 한 분으로 바뀐 것이다.

6) 기본적인 축복

신명기는 예수님께도 중요한 책이었다. 주님은 자주 이 책을 인용하셨다.

마태복음 4:4, 7, 10절 ________

이 세 구절을 신명기 8:3과 비교해 보자. ________

신명기 6:16

신명기 10:20

7. 인간 모세

신명기 34:10

그의 생애는 40년 씩 3시기로 나뉘어 진다.

첫 40년– 출애굽기 2:11

사도행전 7:22–23과 비교해 보자.

둘째 40년– 출애굽기 2:15(미디안)

사도행전 7:29–30과 비교해 보자.

셋째 40년– 출애굽기 7:7; 신명기 31:2(이스라엘 자손의 지도자로 그가 죽기 전까지)를 적어 보자.

모세는 120세에 죽었다(신 34:7).

히브리서 11:23–29을 읽어 보자.

이 책에 나타난 그리스도의 모습을 살펴보자(신 18:15–18).

복습

- 신명기가 의미하는 것은 무엇인가?
- 이 책의 기본적인 원리는 무엇인가?
- 이 책의 기본적인 진리는 무엇인가?
- 이 책의 기본적인 요구는 한 단어로 무엇인가?
- 모세의 생애는 세 기간으로 나누어진다. 기간은 각각 몇 년인가?
- 그가 죽었을 때와 그 후에 그에게 일어난 일은 무엇인가?

과제

- 하루에 4장 씩 여호수아서를 읽어 보자.
- 신명기를 복습해 보자.
- 성경을 읽다가 깨닫게 된 새로운 진리들을 찾아 밑줄을 그어 보자.

Note

Week 07
여호수아

1. 본서

모세오경(창세기부터 신명기)은 이스라엘 자손들을 가나안 입구까지 인도하는 내용의 기록이다. 여호수아는 이스라엘 자손들을 가나안 땅으로 인도한다. 역사서(여호수아부터 에스더)들은 그 땅 안에서의 역사를 기록하고 있다.

2. 본서의 저자

저자는 여호수아다. 만약 그가 자필로 기록하지 않았다면 기록자에게 말과 자료를 주었을 것이다.

3. 본서의 구조

가나안에 들어감 1-5장

가나안을 정복함 6-12장

가나안을 차지함 13-24장

가나안에 들어감 1-5장

4. 중심 메시지

신앙의 승리- 여호수아 1:5, 9절; 3:17

분명히 여호수아에 담겨 있는 교훈은 신약의 진리를 말해 주고 있다-"세상을 이기는 승리는 이것이니 우리의 믿음이니라"(요일 5:4).

참고로 여호수아서에는 많은 표상과 상징이 등장한다. 물론, 모세오경 안에 많이 있다. 짧은 시간에 이것을 다 공부하기는 어렵다. 여호수아는 "여호와는 구원이시다"라는 뜻이다. 우리의 구원은 모세를 통해서는 불가능하다(요 1:17).

참고로 여호수아서와 에베소서는 비슷한 성격을 가지고 있다. 여호수아에서 우리는 아브라함에게 이미 약속해 주신 언약의 땅(기업)에 들어가고 그 땅을 취하는 이스라엘을 보게 된다. 에베소서에서는 그리스도 안에서 우리에게 주신 하늘의 기업을 취하는 교회의 모습을 보게 된다.

Note

5. 가나안에 들어감 1-5장

1) 지도권을 위임받은 여호수아(1장)

그의 권위는 하나님 말씀에 기초하고 있었다. 5-9절을 읽어 보라. 8절에서 진정한 "성공"이 어떤 것인지 우리에게 제시해 준다. 그 성공에 이르는 단계를 적어 보자.

2) 여리고 정탐(2장)

여호수아는 두 정탐꾼을 여리고에 보낸다. 왜냐하면 그곳이 가나안 정복의 열쇠가 되는 성이었기 때문이었다. 이 성 때문에 가나안 정복에 대한 여호수아의 신앙을 약화시키거나 없이 할 수는 없었다. 진정한 믿음은 어려움 앞에 쉽게 포기하지 않는 것이다. 왜냐하면 믿는 것과 가정하는 것 사이에는 커다란 차이가 있기 때문이다.

여호수아 2:11, 12, 18절에 나온 라합의 행위와 그 보상을 적어 보자.

3) 요단강을 건넘(3장)

이스라엘 백성에게 이 사건은 대단히 중요한 순간이었다. 40년 전 그들의 부모들이 처했던 것과 똑같은 상황이었다. 그들은 제사장들과 레위인들의 인도를 따라 이동한다. 하나님께서는 그들이 따르기만 하면 기적을 베푸셨다.

3:33, 5, 13, 17절을 읽어 보자. 이 구절들은 하나님께서 애굽으로부터 인도해 내시는 것과 그분의 모든 말씀을 신뢰하고 순종하는 것은 별개의 일임을 가르쳐준다.

4) 기념돌(4장)

이스라엘은 하나님께서 하신 일을 잊지 않기 위해 요단강에 기념비를 세웠다(9절). 그리고 길갈에도 기념비를 세웠다(3, 19절). 기념비는 12개의 돌로 이뤄져 있고, 이는 12지파를 상징한다. 이 기념돌들은 그들로 하여금 물을 가르신 하나님의 능력과 그 땅으로 인도하신 하나님의 신실하심을 기억하게 하기 위함이었다. 우리의 구원에 대해 말해 주는 기념돌의 이름을 적어 보자.

5) 언약의 보증(5장)

할례는 하나님과 이스라엘 사이의 언약에 대한 보증이다. 40년의 광야 생활 중에 태어난 자손들은 이스라엘 자손으로서의 표시를 지녀야 했다. 할례는 도덕적, 영적 분리를 의미하는 것이다.

신명기 10:16을 적어 보자.

신명기 30:6

골로새서 2:11-13

6. 가나안을 정복함 6-12장

1) 함락된 여리고성(6장)

여호와께서는 이스라엘이 말씀한 것을 정확히 행할 때 전쟁에서 승리하게 하셨다. 다시 말해서 그들은 순종했고, 하나님께서 정복하셨던 것이다. 순종함으로 라합은 구원받았다(13, 17절).

Note

2) 아간의 범죄(7장)

한 사람의 죄가 전체 진영에 영향을 주었다(11, 20-21절).

3) 가나안을 정복함(8-12장)

회개한 이스라엘 백성에게 하나님께서는 아이성에서의 승리의 기쁨을 안겨 주었다(중앙과 남방과 북방의 군사 작전을 통해서). 여호수아 12장은 이스라엘이 정복한 왕들과 성읍들에 대해 기록하고 있다.

특별히 11:23을 읽어 보자. ______________________________

____

7. 가나안을 차지함 13-24장

1) 족속들과 레위인들 사이의 땅 분배는 단순한 일이 아니었다. 하나님께서는 이 일에 많은 관심을 갖고 계셨다(13장).

2) 땅 분배는 "여호와 앞에서 제비를 뽑음"으로 행해졌다. 여호와께서는 그분이 원하시는 곳에 족속들을 정착시키셨다. 여호수아서 14:2을 읽어 보라. 갓과 르우벤과 므낫세의 반지파는 요단 동편에 정착한 사실을 유의해 보라(창 48:19-22). 아홉 족속과 다른 반지파는 서쪽에 정착했다.

3) 이스라엘이 땅을 정복하는 데는 하나님의 원리를 사용했다. 11:23; 13:1을 읽고 비교해 보자. 여기에는 모순이 없고 서로 보완해 주고 있음을 알 수 있다. 결정적인 싸움은 이미 끝나 승리를 거두었지만, 계속 싸워야만 했었다. 우리의 신앙생활도 이와 마찬가지이다. 사탄에 대한 싸움은 그리스도를 받아들였을 때 이미 끝났다. 우리가 "그리스도 안에 있는 모든 축복"을 소유하게 되면 그분이 가지신 모든 것이 우리 것이 된다. 그러나 우리는 계속 진군해야 하며 그것들을 자신의 것으로 소유해야만 한다.

여기서 가장 중요한 구절은 21:43-45이다. "여호와께서 그들에게 주신 것"을 적어 보자.

____

하나님께서 이스라엘에게 주신 세 가지는 다음과 같다.

- 여호와께서는 이스라엘에게 주리라 하신 온 땅을 주셨다.

- 여호와께서는 그들에게 안식을 주셨다.
- 여호와께서는 모든 원수들을 그들의 손에 넘겨주셨다.

13:2–6에 나타난 가나안 족속들의 이름을 적어 보자.

4) 도피성(20장)

여기서 우리는 6개의 도피성을 볼 수 있다–3개는 요단 서편에, 나머지 3개는 요단 동편에 있었다. 도피성은 부지중에 죄를 범했거나 실수했지만 고의가 아닌 실수로 죄를 범한 사람들을 보호하기 위해 마련된 자비로운 규정이다. 그리스도께서는 우리의 "도피성"이시다.

5) 여호수아의 고별사(23–24장)

여호수아 23:14; 24:14–16을 읽어 보자.

이 구절들은 우리에게 가르쳐 주는 것은 무엇인가? 적어 보자.

여호수아는 110세에 죽었다(수 24:29).

복습

- 여호수아서의 중심 진리는 무엇인가?
- 이 책의 주요 세 부분은 어디인가?
- 여리고 성에서 두 정탐꾼을 숨겨 준 여자는 누구인가?
- 그들은 어떻게 요단강을 건너 가나안에 들어갔는가?
- 그 땅에 들어서자 하나님께서 명하신 일은 무엇인가?

과제

- 사사기와 룻기를 읽어 보자.
- 여호수아서를 복습해 보자.
- 성경을 읽다가 깨닫게 된 새로운 진리들을 찾아 밑줄을 그어 보자.

Week 08

사사기, 룻기

사사기

1. 본서

사사기는 그 내용에서 나온 이름이다. 백성들은 여호수아가 죽은 후 타락과 분열에서 이스라엘을 구하기 위해 사사들을 세웠다.

2. 본서의 성격

사사기는 연대기적 연속성보다는 기록된 사건의 영적 중요성에 강조점을 둔다. 저자는 알려져 있지 않으며 다만 유대인의 전통은 사무엘을 저자로 본다. 우리가 중시해야 될 점은 이 책도 정경에 속하며 하나님의 영감에 의해 기록되었다는 사실이다.

3. 중심 메시지

타협으로 인한 실패와 왜 이런 비극적인 사태가 일어나야 했을까? 사사기 17:6은 명백하고 분명하게 그 이유를 말해 준다.

·고린도후서 6:17–18을 적어 보라.

---

4. 본서의 구조

Note

타협으로 인한 실패		
발단 1장, 2장		
전개 3-16장 출애굽기 레위기		
〈죄악 혹은 배교〉	〈종살이〉	〈구원자〉
사사기 3:5-8	메소보다미아 왕에게 8년	옷니엘 3:9-11
사사기 3:12-14	모압 왕에게 18년	에훗 3:15-30, 삼갈 31절
사사기 4:1-3	가나안 왕에게 20년	드보라와 바락 4:4-5:31
사사기 6:1-10	미디안에게 7년	기드온 6:11-8:35
사사기 10:6-18	블레셋에게 18년	입다 11:1-12:7
사사기 13:1	블레셋에게 40년	삼손 13:2-16:31
실례적인 결말 17-21장		

옛 스코필드(Scofield) 성경은 "일곱 번의 배교"라고 이름을 붙였다고 한다. 그 중 6번은 "이스라엘 자손이 여호와의 목전에 악을 행하여"라고 표현하고 있으나 한 번은 그처럼 표현하고 있지 않다고 스코필드는 지적하고 있다(삿 8:33).

- 발단(1-2장)은 그러한 시대가 어떻게 오게 되었는가를 설명해 주고 있다.
- 결말(17-21장)은 그들의 상황을 말해 주는 실례이다.
- 전개(3-16장)부분에서는 13명의 사사가 나온다. 이들 중에서 6명은 두드러지게 나타난다. 왜냐하면 전체 이야기가 6번의 연속적인 배교와 이스라엘 백성의 종살이(혹은 징벌), 6명의 사사 혹은 구원자를 근거로 하고 있기 때문이다. 6번의 모든 종살이도 여호와께서 허용하신 것이다. "여호와께서 이스라엘에게 진노하사 그들을 메소보다미아 왕의 손에 파셨으므로"(삿 3:8).

5. 전개 부분의 강조점 3-16장

우리는 전개 부분을 다음과 같은 4개의 병행 부분으로 나누어 순서대로 6개의 이야기의 표를 그려 봄으로 쉽게 알 수 있다.

	첫 번째 사사기 3:7-11	두 번째 사사기 3:12-30	세 번째 사사기 4:1-5:31	네 번째 사사기 6:1-8:35	다섯 번째 사사기 10:6-12:7	여섯 번째 사사기 13:1-16:31
범죄	7절 "이스라엘 자손이 여호와의 목전에 악을 행하니라"	12절 "이스라엘 자손이 또 여호와의 목전에 악을 행하여"	4:1	6:1	10:6	13:1
고통	8절 "여호와께서 이스라엘에게 진노하사"	12-14절 "여호와께서 모압 왕 에글론을 강성케 하사"	4:2	6:1	10:7	13:1
간구	9절 "이스라엘 자손이 여호와께 부르짖으매…"	15절 "이스라엘 자손이 여호와께 부르짖으매"	4:3	6:6-7	10:10, 15	간구가 기록되어 있지 않음 10:15 "오늘 우리를 건져내옵소서…"
9절 "구원"	9절 "여호와께서 그들을 위하여 구원자를 세워…" (옷니엘)	15절 "여호와께서 그들을 위하여 한 구원자를 세우셨으니…" (에훗)	4:4-6 (드보라, 바락)	6:12-14 (기드온)	11:29, 33 (입다)	13:3, 5; 15:20 (삼손)

6. 결말

사사기 17-21장은 우리에게 이스라엘이 혼란과 깊은 죄악 가운데 있음을 보여 주고 있다. 사사기 17:6은 그 이유를 말해 준다.

첫째, 그 당시의 종교적인 혼란을 보게 된다(17-18장).

둘째, 그 당시의 윤리적인 혼란을 보게 된다(19장).

셋째, 정치적인 혼란을 보게 된다(21장).

사사기 전체를 통해서 알 수 있는 것은 다음과 같다.

- 인간의 죄악성
- 인간의 끊임없는 실패
- 그렇지만 계속되는 하나님의 끊임없는 자비

하나님께서는 약한 자들을 들어 사용하시기를 기뻐하신다.

다음을 참고해 보자.

기드온의 강함과 300명(7:6–8)

삼손이 사용한 나귀 턱뼈(15:15)

여자 사사 드보라(4:4; 5:1–2)

고린도전서 1:26–29를 적어 보자.

복습

- 사사기란 이름은 어디에서 나온 것인가?
- 이 책의 핵심진리는 무엇인가?
- 사사기를 읽고 느낀점은 무엇인가?
- 사사기를 공부한 바에 의하면 몇 번의 배교가 있었는가?

Note

룻기

1. 이름의 뜻

룻기 1:1; 4:17로 보아 다윗 시대 이후에 기록된 것이 분명하며 그 이름은 주인공 룻의 이름을 따서 지어진 것이다.

2. 본서의 특징

성경 전체에서 여성의 이름을 가진 두 권의 책(룻기와 에스더)중 하나이다. 룻기는 사랑의 이야기를 담고 있다. 룻이 다윗의 증조모라는 사실과 그리스도의 조상이 되었다는 것은 대단히 중요한 사실이다. 룻은 메시아의 족보에 들어 있는 네 명의 여성 중 한 사람이었다. 다른 셋은 다말, 라합, 밧세바인데 모두 깨끗한 행실을 가졌던 사람은 아니다. 그러나 룻은 덕이 있는 여자였다.

3. 중심 메시지

기업을 무를 친족-(그리스도는 우리의 기업 무를 친족이시다)

하나님의 사랑

4. 본서의 구조

결정(사랑의 선택) 1장

봉사(사랑의 보답) 2장

안식(사랑의 안정) 3장

보상(사랑의 보상) 4장

5. 중요한 진리들

룻기는 이야기 형식으로 전개되기 때문에 이 책의 몇 가지 진리들을 끄집어내야 한다. 그리고 그것들을 기억하고 적용해야 한다.

1) 모압 여자 룻 - 룻의 후손(1:4).

2) 룻의 시어머니 나오미에 대한 사랑(1:16)

3) 그리스도의 모형 보아스 - 우리의 기업을 무를 친족은 그리스도다. 히브리

Note

어에서 친족은 "고엘"(goel)인데 고엘 혹은 근족에 관한 율법은 레위기 25장, 민수기 36장, 신명기 19장, 25장에 나와 있다. 그 친족에게는 다음 세 가지가 요구된다.

- 그는 기꺼이 무르고 싶어 해야 한다(레 25:25; 갈 4:4-5).
- 그는 친족이어야만 한다-기업 무를 권리(레 25:48-49; 룻 3:12-13; 히 2:11).
- 그는 능력이 있어야 한다-무르는 수단(룻 4:4-6; 요 10:11-18).

우리의 기업 무를 자이신 그리스도께서는 무를 자로서의 권리를 가지고 계신다. 그분은 하나님의 아들로 능력도 있으시다. 또한 은혜로 기꺼이 값을 치르시며 치르실 힘도 가지고 계신다. 그리스도는 우리의 "기업 무를 자"이다-그분은 값을 치르셨고 우리는 되찾아 진 것이다-우리는 그리스도가 십자가에서 값을 다 치르셨기에 자유인이 되었다.

4) 우리는 마지막 절에서 중요한 교훈을 발견하게 된다. "오벳(룻의 아들)은 이새를 낳았고, 이새는 다윗을 낳았더라." 예수님은 다윗의 족보에서 태어나셨다.

복습

- 룻기의 주제는 무엇인가?
- 룻기가 속해 있는 시대는 언제인가?
- 룻기가 가르쳐 주는 구속의 의미는 무엇인가?
- 그렇다면 당신에게 구속은 어떤 의미인가?

과제

- 매일 2장씩 사무엘상을 읽어 보자.
- 사사기와 룻기를 복습해 보자.
- 성경을 읽다가 깨닫게 된 새로운 진리들을 찾아 밑줄을 그어 보자.

Week 09
사무엘상

1. 본서

사무엘상은 두 편으로 나누어진 구약의 3권 중 첫 번째 책이다(사무엘상하, 열왕기상하, 역대상하). 이 3권의 책은 이스라엘 창조의 발흥과 멸망을 기록하고 있다.

2. 본서의 저자

이 책의 저자는 물론 성령님이다. 그러나 일부는 사무엘이 기록했다(삼상 10:25). 역대상 29:29에도 협력 저자가 있음을 말해 주고 있다.

3. 본서의 구조

히브리어 원문에는 사무엘상하가 한 권으로 되어 있다(열왕기상하와 역대상하도 마찬가지). 사무엘상은 마지막 사사인 사무엘부터 첫 번째 왕인 사울까지의 약 115년 동안의 역사를 담고 있다.

사무엘(마지막 사사) 1–8장

사울(첫 번째 왕) 9–15장

다윗(기름 부음 받은 후계자) 16–31장

이 세 인물이 중첩되어 나타나지만 1–8장에서는 사무엘이 부각이 되며, 그 다음 9–15장은 사울에 그 초점을 맞추고 있고, 나머지 16–31장에는 다윗이 중심 인물로 나타난다. 우리는 다음 주에 사무엘하에서 다윗에 관해 자세하게 공부를 하게 될 것이다.

4. 중심 메시지

백성은 왕을 요구한다. 하나님의 최선보다는 차선을 택한 것이다(8장).

5. 본서의 특징

Note

우리가 이 책을 기억하는 데 도움을 줄만한 면들을 갖고 있다.

1) 자주 인용되는 단어들

"이가봇" 4:21

"에벤에셀" 7:12

"여호와의 택하신 자" 10:24

"여호와의 말씀이 희귀하여" 3:1

2) 기도란 단어가 30번 사용된다.

3) 우리는 처음에 "만군의 여호와"란 구절을 보게 되는데 이것은 사무엘상하에 11번 나온다(삼상 1:3참고).

6. 사무엘 1-8장

1) 사무엘의 사역은 선지자적 직무의 시작을 의미한다. 하나님께서는 모세에게 이미 알려 주셨다(신 18:18). 그러나 사무엘에 의해서 예언자의 기반이 수립되었다.

사무엘상 3:20; 10:5; 19:18-24을 읽어 보자. ____________________

____

____

____

사도행전 3:24 ____________________

____

사도행전 13:20 ____________________

____

히브리서 11:32 ____________________

____

2) 사무엘의 침묵기(4:1-7:3). 이 3장에는 사무엘이 언급되지 않는다. 그 기간은 약 20년쯤 된다(7:2). 여기서는 여호와의 궤가 중심이 된다.

3) 사사로서의 사무엘(7:3-8:22). 9장 22절 이후에서도 그의 사역은 계속된다. 그러나 9장부터는 그 나라의 지도자는 왕이었다.

7:15을 적어 보자. ____________________

4) 백성들은 사무엘에게 왕을 요구한다(8:5, 7절 참고). 백성들의 그 요구는 "그들이 너를 버림이 아니요 나를 버려 자기들의 왕이 되지 못하게 함"을 의미한다고 여호와께서 말씀하셨다.

7. 첫 번째 왕, 사울 8-15장

1) 이스라엘은 왕을 원했다. 다른 이방 나라들처럼 하나님께서는 그들의 요구를 들어 주셨다(8:19-22). 우리는 여기서 큰 교훈을 얻을 수 있다. 하나님의 최선을 택할 수도 있고 차선을 택할 수도 있다는 것이다. 그분의 직접적인 의를 택할 수도 있고, 그분의 허용적인 의를 택할 수도 있다.

2) 사울이 왕으로 선택되었고(9:2) 사무엘에 의해 기름부어졌다(10:1).

3) 13-26장에는 사울의 쇠퇴가 나온다. 13:12-13을 적어 보라(조급한 행동).

15:19-23 배반 행위

16:14 "여호와의 영이 사울에게서 떠나고"

18:7-11 사울이 질투심 때문에 다윗을 죽이려 했다.

18:9을 적어 보라.

26:21 사울은 "내가 어리석은 일을 하였으니"라고 고백한다.

28:7-20 내리막길을 달리고 있는 사울은 신접한 여인을 찾게 되고 끝내는 자멸한다(31장 참고 하십시오).

28:7을 적어 보라.

8. 기름부음 받은 후계자, 다윗 16-31장

Note

1) 다윗은 여호와께서 사무엘을 통해서 뽑으신 사울의 후계자였다(16:1-11).

2) 다윗은 왕이 되도록 기름부음을 받았다(16:12-13).

다윗은 사울이 죽은 후에야 왕위를 얻게 되었다. 그가 비록 왕이 되었지만 사울의 자리를 취하지 않았다. 이것은 빌립보서 2:7을 생각나게 한다.

3) 다윗은 17:31-54에서 골리앗을 만난다. 에베소서 6:13-17을 적어 보자.

4) 사울의 아들 요나단은 다윗을 사랑했다(18장).

다윗은 사울에게 미움을 받았다. 시편 59편에 나타난 다윗의 말을 들어보자.

시편 59:1, 16절

이 기간은 하나님께서 다윗을 시험하시며 준비시키는 기간이었다. 그는 사울에게 위협을 받아 블레셋에 가서 도피처를 찾아야 했다. 그는 이 사실을 시편 56편에 적었다.

복습

- 두 편으로 나누어진 3권의 구약성경은 무엇인가?
- 이 책의 주요 인물 3명은 누구인가?
- 이 책의 중심 메시지는 무엇인가?

- 다윗을 극진히 사랑한 사람은 누구인가?
- 사무엘상에서 다윗은 왕위를 얻게 되는가?

과제

- 매일 4장씩 사무엘하를 읽어 보자. 전체를 읽을 수 없다면 중심 장인 2, 5, 7, 8, 11, 12, 18, 23장을 적어도 2장 읽어 보자.
- 사무엘상을 복습해 보자.
- 성경을 읽다가 깨닫게 된 새로운 진리에 밑줄을 그어 보자.

Week 10
사무엘하

1. 본서

사무엘하는 '다윗의 통치'를 기록한 책이다. 이 책은 사울이 죽은 직후에 다윗이 유대를 통치하는 것으로 시작된다. 그리고 그가 죽기 직전인 "나이가 많아 늙으니 이불을 덮어도 따뜻하지 않은"(왕상 1:1; 2:10–11)때에 이 책은 끝이 난다.

2. 본서의 기간

다윗이 통치한 40년을 다루고 있다.

사무엘하 5:4–5을 적어 보자. ______________________________

____

____

열왕기상 2:10–11 ______________________________

____

____

3. 본서의 저자

사무엘하의 저자는 잘 알려지지 않았다. 다만 나단과 갓일 것이라는 추측이 있다(대상 29:29–30).

____

____

____

4. 본서의 구조

다윗의 승리 1–12장

다윗의 고통 13–24장

참고로 이 책은 12장씩 나누어 반은 이야기하고, 반은 다윗의 40년 통치이다.

5. 중심 메시지

죄악으로 인해 승리가 고통으로 바뀌었다.

6. 다윗의 승리 1-12장

우리는 이 책을 장별로 공부하지는 않을 것이다. 그러나 중심 사실이나 진리에는 주의를 기울일 것이다. 열왕기와 역대기에 나온 사실도 덧붙였다.

1) 헤브론에서의 다윗(내란시대) 1–4장

다윗은 헤브론에서 유다 지파를 7년 6개월 동안 통치했다. 다른 지파들이 그를 사울의 후계자로 받아들이지 않았기 때문이었다. 그러나 마침내 다른 지파들도 다윗을 왕으로 인정하게 된다(2:8–11).

3:1을 읽어 보자. ______________________________

____

2) 모든 이스라엘의 왕, 다윗, 예루살렘에서(정복시대) 5–11장

다윗이 모든 이스라엘의 왕임이 선포되었고 자리를 예루살렘으로 옮기게 된다. 다윗의 왕권에 대해 모든 지파들이 인정한 내용을 살펴보자(5:1–5).

"우리는 왕의 한 골육이니이다. 전에 곧 사울이 우리의 왕이 되었을 때에도 이스라엘을 거느려 출입하게 하신 분은 왕이시었고 여호와께서도 왕에게 말씀하시기를 네가 내 백성 이스라엘의 목자가 되며 네가 이스라엘의 주권자가 되리라 하셨나이다."

그 당시의 예루살렘은 여부스라고 불렸다(대상 11:4).

사무엘하 5:6–10을 읽어 보자.

3) 다윗과 맺으신 언약 7:8–16

이 부분은 성경에서 매우 중요하다. 메시아가 다윗의 혈통에서 태어날 것이라는 사실은 후에 다음 구절들에 의해 확실케 된다.

이사야 11:1 ______________________________

____

Note

예레미야 23:5

에스겔 37:25

이러한 예언에 의해 천사 가브리엘은 마리아에게 예수님에 관한 것을 알리게 된다. 누가복음 1:32–33을 적어 보자.

다윗과 맺으신 언약에서 기억해야 될 중요한 것들을 알아 보자(7장).
첫째, 이스라엘에서의 그 왕위(位)를 하나님께서 확정하셨다(13절).
둘째, 다윗에게 맺으신 언약의 영원성은 11–16절에 나타난다. 다윗에게 세 가지가 확정된다.

- "집"–후손(11, 13절)
- "왕위"(位)–왕권(13절)
- "나라"–통치 범위(13, 16절)

이 세 가지를 그에게 영영토록 보장시켜 주셨다.
시편 89편은 다윗에게 맺으신 언약에 대한 확정이며 선포이다. 특히 3–4절과 20–37절을 읽어 보자.

사도행전 2:29–31

셋째, 그것은 무조건적이다. 왜냐하면 그것이 메시아에 의해 성취되기 때문이다.
사도행전 15:14–17

넷째, 그것은 그리스도에 대한 확실한 예언임. 그러한 첫 예언은 아담에게 주어졌다.

창세기 3:15

두 번째 예언은 아브라함에게 나타났다.

창세기 22:18

세 번째 예언은 야곱에게 나타났다.

창세기 49:10

네 번째의 예언이 다윗에게 나타났다.

우리는 여기서 그 예언의 말씀이 발전되어 왔음에 유의해 볼 필요가 있다.

첫 번째(아담에게)–인류

두 번째(아브라함)–한 나라–이스라엘

세 번째(야곱)–한 족속–유대

네 번째(다윗)–한 가족–다윗혈통

4) 다윗 통치의 절정을 이룬다. 그는 모든 전쟁에서 이긴다(8–10장).

5) 다윗의 범죄 11장

첫 번째 범죄(3–4)

첫 번째 범죄가 낳은 두 번째 범죄(15–17)

6) 다윗의 회개(12:13–18, 23절)

솔로몬이 출생(24절) ____________________

____

Note

7. 다윗의 고통 13-24장

이 부분은 승리가 아닌 고통으로 점철되어져 있다. 12장의 끝부분에 나와 있는 암몬이 수도를 정복한 것이 마지막 승리의 기록이다. 여기서는 다윗이 가정과 국가로부터 당한 고통을 기록하고 있다. 특히 15-18장에는 그의 아들인 압살롬의 반역을 기록한다. 이것은 12:11-12에 따라 주어진 그의 범죄의 쓰디쓴 열매 중의 하나였다. 압살롬이 왕위를 차지할 수 있는 유일한 방법은 그의 아버지와 싸워서 이기는 것이었다. 그가 이를 시도해 봤지만 다윗의 군대장관 요압은 한 푼의 자비도 없이 압살롬을 죽였다(18:14). 이 소식을 들은 다윗은 아들의 죽음으로 인해 슬피 운다.

18:33을 적어 보자. ____________________

____

____

다윗은 예루살렘에서 왕권을 회복하게 되지만 하나님의 많은 징벌을 경험하게 된다. 이 책은 다윗이 모리아산에 있는 타작마당을 사는 것으로 끝이 나는데 그 땅은 성전 자리가 된다. 또한 그곳은 바로 수 백 년 전에 아브라함이 이삭을 바쳤던 곳이기도 하다.

복습

- 이 책의 다른 이름은 무엇인가?
- 다윗은 몇 년 동안 통치했는가?
- 중심 메시지는 무엇인가?
- 다윗은 헤브론에서 유대를 얼마 동안 통치했는가?
- 다윗에게 맺으신 하나님의 언약은 예언이었는가? 그렇다면 그것은 어떻게 성취되었는가?

과제

- 열왕기상하를 매일 7장씩 읽어 보자. 다 읽을 수 없다면 중심 장들인 열왕기상 1, 3, 4, 8, 9, 11, 12, 17, 19장과 열왕기하 2, 5, 11, 18, 20, 22장을 2장씩 읽어 보자.
- 사무엘하를 복습해 보자.
- 성경을 읽다가 깨닫게 된 새로운 진리들을 찾아 밑줄을 그어 보자.

Week 11
열왕기상, 하

열왕기상

1. 본서

이 책은 두 편으로 된 3권의 성경 중 두 번째에 해당된다. 열왕기상하는 본래 한 권으로 되어 있었다. 연속적인 이야기이기 때문에 이번 주에 함께 공부하게 될 것이다. 열왕기상은 사울 왕과 다윗 왕, 솔로몬 왕이 통일한 왕국이 이스라엘과 유다 두 나라로 나누어지는 기록이다. 열왕기하는 이 두 나라가 멸망하고 포로가 된 기록이다.

10지파로 구성된 이스라엘은 북왕국으로서 사마리아가 수도였다. 유다와 베냐민 지파로 구성된 유다는 남왕국으로서 예루살렘 수도였다. 이것을 꼭 기억해야 한다. 구약을 이해하는데 도움을 주기 때문이다.

북왕국–이스라엘–10지파–사마리아

남왕국–유다–2지파–예루살렘

2. 본서의 저자

열왕기의 저자는 알려져 있지 않다. 예레미야라는 전승이 있으나 확실하지 않다.

3. 중심 메시지

불순종으로 인한 나라의 분열이다. 열왕기상 11:11이 비극적인 전환점을 분명하게 보여 주며 전체 이야기의 열쇠를 제공해 준다. 11:11을 찾아 하반절을 적어 보자. ____________

____

____

4. 본서의 구조

솔로몬 왕의 위대한 40년의 통치 1−11장(이 책의 반은 연합된 왕국의 기록이다)

두 왕국의 첫 80년 12−22장(다른 반은 두 왕국과 통치자들의 이야기이다)

5. 솔로몬의 40년 통치 1-11장

1) 솔로몬은 연합된 히브리 왕국의 마지막 왕이다. 그는 어릴 때에 왕이 되었다(3:7).

2) 지혜로운 마음을 구하는 솔로몬의 기도를 살펴보자. 3:5−13을 읽고 5절의 하나님의 약속을 적어 보자. ______

마태복음 7:7과 비교해 보자. ______

솔로몬의 요구(9절) ______

야고보서 1:5과 비교해 보자. ______

하나님의 응답 12−13절 ______

(이 기도는 대하 1:7−13에도 기록되어 있다) ______

3) 솔로몬의 지혜 4:29−34을 읽고 32절을 기록해 보자. ______

4) 6장에서 솔로몬은 첫 성전 건축을 시작한다. 8장에는 헌당 기도가 기록되어 있다. 역대하 7:1−3을 읽고 무엇이 성전에 가득했는지 알아 보자.

5) 여호와께서 솔로몬에게 주신 경고와 약속(9:3−9, 6절)에 나타난 조건들을 적어 보자.

______

Note

6) 11장에서 솔로몬은 하나님을 저버린다. 하나님께서는 약 450년 전에 미래의 이스라엘 왕들을 위한 자격들을 기록하셨다. 신명기 17:14–17을 읽어 보라. 솔로몬은 그 약속에 대해 불순종했다. 그는 많은 금과 은을 가지고 있었다. 열왕기상 10:14–27에 잘 나온다.
   - 그는 많은 말을 가지고 있었다(4:26).
   - 그는 수 백명의 아내와 첩을 얻었다(11:3).

7) 솔로몬의 죄의 결과
   여호와께서는 그가 죽은 후 왕국이 둘로 나누어질 것이라고 말씀하셨다(11:9–13, 31절).

8) 솔로몬의 죽음과 그의 남은 사적이 11:41–43에 나온다. 갈라디아서 6:7을 적어 보자. ______________________________

____

____

6. 두 왕국의 첫 80년 12-22장

1) 솔로몬이 죽자 곧 왕국의 분열은 시작되었다. 여로보암이 10지파를 이끌고 나갔다. 르호보암(솔로몬의 아들)에게 두 지파만 남게 되었다(12:16–21).
   우리는 양편의 왕들에 대해 자세히 공부하지는 않지만 하나님 말씀의 주요 골자만은 살펴보려고 한다.

2) 이스라엘(북왕국)의 범죄가 12:25–33에 등장한다. 여로보암은 백성들이 예루살렘으로 제사드리러 가는 것을 막기 위해 단과 벧엘에 산당을 짓게 한다. 또한 그는 "레위 자손 아닌 보통 백성으로 제사장을" 삼았다. 이에 대한 하나님의 심판을 보자(14:14–16).

3) 열왕기상에는 80년 동안의 두 왕족 혈통이 나타난다. 유다에는 네 명의 왕이 나온다. 이스라엘의 8왕은 모두 악한 왕이었다. 유다의 두 왕은(아사와 여호사밧 왕이 66년간 통치) 선한 왕이었다.

7. 선지자 엘리야의 등장 17-22장

1) 열왕기상의 마지막 6장은 북왕국 이스라엘의 선지자였던 엘리야의 사역을 기

록한다. 신약성경에는 엘리야를 가장 많이 언급한다. 변화산에서 주님과 모세와 함께 나타난 사람은 바로 이 엘리야였다(마17:1-5). 왕국이 분열된 그 당시야 말로 하나님의 선지자 사역이 중요할 때였다. 엘리야는 위기의 선지자로 갑자기 나타났다가 불수레를 타고 갑자기 사라진다(왕하 2:11). 이 두 사건 사이엔 기적이 잇달아 일어난다.

2) 그는 행동하는 선지자였다. 그는 아무 것도 기록하지 않았으나 하나님에 대해 선포했다.
- 3년간의 가뭄(17:1)
- 그는 아합 왕에게 있어 목구멍의 가시와 같은 존재였다(18:17).
- 엘리야에 의해 일어난 많은 기적이 기록되어 있다(17:21).

3) 엘리야는 하나님께서는 항상 그 시대에 맞는 사람을 보내 주심을 보여 주는 좋은 예이다. 엘리야는 생명의 위협을 느껴 도망쳤다가 돌아가 두 왕에게 기름을 붓고 엘리사가 그의 후계자가 되도록 훈련시키라는 명령을 듣게 된다(19:15-16). 엘리야는 아합 왕의 운명을 예언했고(21:19), 그대로 이루어졌다(22:38).

4) 엘리야는 개인이나 국가가 하나님의 진리를 상하게 할 때 하나님께서는 한 사람을 통해 일하실 수 있음을 보여 주고 있다. 우리들도 엘리야처럼 여호와의 종으로 나서야 할 것이다(딤후 2:19).

열왕기하

1. 본서

17장에서 북왕국(이스라엘)의 10족속은 앗수르의 포로가 되어 본국으로 돌아오지 못하게 된다. 25장에서 남왕국(유다)은 바벨론의 포로가 되며(성전도 불탐) 남은 자들만 돌아오게 된다.

2. 중심 메시지

의도적인 범죄는 처참한 종말을 몰고 온다.

갈라디아서 6:7 ______________________________

____

Note

3. 본서의 구조

북왕국 이스라엘의 사건이 1–10장에 등장한다. 여기에는 엘리사의 사역이 들어 있다.

두 왕국에서 번갈아 가며 일어난 사건도 11–17장이다. 이 부분에서 이스라엘은 앗수르의 지배하에 들어가며 요나, 아모스, 호세아가 그 당시에 이스라엘에게 예언했다.

남왕국 유다의 사건이 18–25장에 나온다. 이 부분에서 유다는 바벨론 포로로 끝이 나는데 그 당시에 오바댜, 요엘, 이사야, 미가, 나훔, 하박국, 스바냐와 예레미야가 유다에서 예언했다. 이제 우리가 구약에서 만나게 되는 선지자들의 중요한 이름들에 유의해야 한다. 이스라엘 선지자와 유다 선지자를 구분해서 공부하고 알아 두자. 에스겔, 다니엘, 학개, 스가랴, 말라기는 포로 후에 있었던 하나님의 선지자들이므로 이들도 기억해 두자.

4. 왕의 수효

북왕국 이스라엘에는 열아홉명의 왕들이 있었고 250년 동안 유지되었다. 유다는 스무명의 왕이 있었고 390년 동안 유지되었다. 유다의 스물왕이 모두 같은 한 가계(다윗의 후손)에서 나온 것과는 달리 이스라엘의 열아홉왕은 다른 7가계에서 나왔다.

5. 하나님의 신실하심

성경 역사의 중요한 목표 중 하나는 다윗의 혈통을 보존하여 다윗과 맺으신 언약(삼하 7:8–17)에 대한 하나님의 신실하심을 보여 주는 것이다. 열왕기하 8:19, 역대하 21:7을 읽어 보자.

6. 예수님과 다윗의 왕위

예수 그리스도께서 재림하실 때에도 그분의 왕국에서 다윗의 왕위를 다시 세우실 것이다.

누가복음 1:30–33 ______________________________

____

____

시편 89:30–37 ______________________________

사도행전 2:29–31

본서의 구조를 통해 열왕기하를 읽고 왕들과 선지자들의 다른 국면들을 살펴보자. 신적인 것과 인간적인 것을 발견하게 될 것이다. 첫째, 왕들과 백성을 통해 인간의 실패를 보게 된다. 둘째, 선지자들과 그들의 메시지를 통해 신적인 것을 보게 된다. "꿈이 없는 백성은 망하리로다." 우리는 여기서 인간을 보게 된다. 그러나 신적인 측면에서 다윗의 위대한 후손인 우리 주님께서 위에 앉으시고 만물을 통치하실 때 궁극적인 승리가 있다.

복습

- 사울과 다윗과 솔로몬의 왕국은 둘로 분열되었다. 두 왕국의 이름은 무엇인가?
- 북왕국은 어느 나라이며 남왕국은 어느 나라인가? 각각 몇 족속들이 있었는가?
- 열왕기상의 앞부분은 어떤 시대를 보여 주고 있는가?
- 솔로몬이 죽은 후 생긴 일은 무엇인가?
- 열왕기상에 나오는 하나님의 선지자는 누구인가?
- 열왕기하는 어떤 책으로 알려져 있는가?
- 유다에서는 어느 혈통에서 모든 왕이 나왔는가?
- 장차 누가 다윗의 뒤를 이을 것인가? 이것에 관한 성경 구절은 무엇인가?

과제

- 매일 10장씩 역대상하를 읽거나, 중심 장인 역대상 10, 11, 15, 16, 17, 28장, 역대하 6, 7, 28, 29, 32, 36장을 2장 이상 읽어 보자.
- 열왕기상하를 복습해 보자.
- 성경을 읽다가 깨닫게 된 새로운 진리들을 찾아 밑줄을 그어 보자.

Note

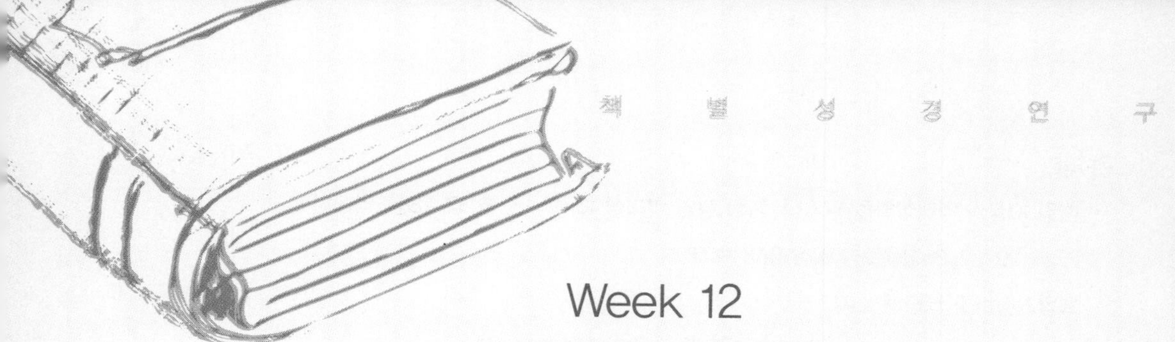

Week 12
역대상, 하

1. 본서

우리는 사무엘상하와 열왕기상하를 보아 왔기 때문에 역대기를 깊이 다룰 필요가 없을 것 같다. '역대기'란 사건들을 순서대로 정리한 기록이다. 이 책은 아담에서부터 느헤미야까지를 다루고 있으며 이스라엘 나라의 연대기 순서로 기록되었다. 또한 바벨론 포로 전까지의 다윗 왕국의 주요 사건들이 나온다.

2. 중심 메시지

여호와의 전(집)

이 책은 사무엘상하와 열왕기상하에 언급되지 않은 성전에 관한 일을 다룬다. 역대상 11장부터 마지막 장까지는 다윗의 통치와 그의 성전 건축 준비가 나온다. 역대하 2장부터 9장은 솔로몬의 통치와 그의 성전 건축을 기록하고 있다. 이 책은 오로지 유다와 예루살렘(자주 시온으로 불려짐, 롬 11:26)만을 다루고 있는데 그 이유는 바로 그 왕국과 도시에 성전이 지어졌기 때문이다.

성전의 상징(징표)

그 나라의 연합을 상징한다.

그 나라를 하나님이 선택하셨음을 기억케 한다.

여호와께서 여전히 택하신 백성과 함께하신다는 징표이다.

3. 사무엘서와 열왕기서의 관계

사무엘서와 열왕기서는 전기적이지만, 역대기는 통계적이다.

사무엘서와 열왕기서는 개인적이지만, 역대기는 공적이다.

Note

사무엘서와 열왕기서는 왕국이 분열된 후의 이스라엘과 유다의 역사를 제공해 주지만, 역대기는 분열 후의 유다 역사만을 제공한다.

사무엘서와 열왕기는 왕위를 강조하나, 역대기는 성전을 강조한다. 역대기는 이스라엘 백성과 우리들에게 생생한 교훈을 주기 위해 한 민족의 역사를 뒤돌아본다. 하나님에 대한 한 국가의 반응은 그 민족의 역사에 있어 결정적인 요소였다.

4. 에스라와 느헤미야의 관계

"역대기, 에스라, 느헤미야는 본래 한권으로 된 대역사서였다"(Ellicott). 이것은 아마 역대기의 끝에서 문장이 끝나지 않고 에스라 1:3에 가서야 끝나기 때문에 나온 말 같다. 이 책들은 비슷한 점이 많이 있다.

역대기 – 회고

에스라 – 회복

느헤미야 – 재건

5. 본서의 구조

역대상	
다윗의 통치	여호와의 백성 1–9장
	여호와께서 왕에게 기름을 부으심 10–12장
	여호와의 궤 13–16장
	여호와의 언약 17–21장
	여호와의 전 22–29장

역대하	
솔로몬의 40년 통치 1-9장	솔로몬의 지혜를 구하는 기도 1장
	솔로몬이 성전을 건축함 2-7장
	솔로몬이 누린 영화 8-9장
포로 전까지의 유다 역사 10-36장	왕국의 분열 10장
	유다의 20명의 왕 11-36장
	바벨론에서 돌아옴 36:15-21
	(고레스에 대한 예언-36:22-23)

6. 본서 구조의 개관

1) 여호와의 백성, 역대상 1-9장

이 책은 확실히 연대기적인 성격이 짙지만 그 이상의 것을 찾아 볼 수 있다. 우리는 어떤 한 민족(여호와의 백성)의 계보를 보게 된다. 아담의 줄기에서 세 개의 가지가 나온다- 야벳의 자손, 함의 자손, 셈의 자손. 하나님의 위대한 경륜에 따라 장남은 간과되고 막내인 셈이 선택을 받는다- 그래서 아브라함은 선택된 데라의 막내아들이다. 또한 이스마엘 대신에 이삭, 에서 대신 야곱이 선택을 받는다. 이 모든 사실이 1장에 기록되어 있고 2장에는 구속적인 맥이 야곱을 통해 유다, 이새, 다윗에 이르고 있음을 보여 준다. 3장에서는 다윗을 통한 맥이 유다의 마지막 왕까지 이어진다. 기록자는 이스라엘 족속들의 연대기를 다시 보여 주며 가나안 땅 분배를 말해 준다(4-8장).

2) 여호와의 기름부으심 역대상 10-11장

여기서 여호와의 기름부음 받은 다윗이 통치를 시작한다. 또한 그가 왕이 되었을 때 어떻게 예루살렘을 수도로 만들었는지도 보여 준다. 사울은 사람이 뽑은 왕이었던 반면에 다윗은 하나님께서 뽑으신 왕이었다. 10:14을 읽어 보자. ____________________

____

3) 여호와의 궤, 역대상 13-16장

다윗왕의 첫 번째 두드러진 행적은 여호와의 궤를 예루살렘에 옮기는 일이었다. 궤는 여

Note

호와의 임재를 의미한다. 15장에서 그 궤가 예루살렘으로 옮겨지며 하나님께서 다윗에게 복을 주셨다(16:7-36은 감사 찬송). 그는 여호와의 신성한 궤를 통해 하나님의 자비를 백성들에게 가르쳤다.

4) 여호와의 언약, 역대상 17-21장

하나님께서는 인류 중에서 한 민족과(이스라엘)그 나라 중 한 족속인, 유다와 그 족속 중 한 가족인 다윗의 집을 택하는 것을 기뻐하셨고, 놀라운 언약을 맺으셨다(17:7-15).

18-20장은 하나님께서 그 언약을 이행하심을 보여 준다.

다윗이 사탄의 책략에 빠졌을 때(21장) 하나님께서 벌하시며 장차 성전이 세워질 지점을 정하도록 인도하셨다. 역대상 21:28과 역대하 3:1을 비교해 보자.

5) 여호와의 전, 역대상 22-29장

다윗에게는 성전을 짓도록 허락되지 않았다. 그러나 그는 건축을 위한 준비를 풍성하게 해 두었다.

-재료(22장)

-레위인(23장)

-제사장(24장)

-노래 부르는 사람, 짐 나르는 사람(25-27장)

-솔로몬과 그 나라에게 부탁(28-29장)

역대기의 중심 메시지가 "여호와의 집"이기 때문에 우리는 역대상 17:10에서 그 주제의 중요성을 찾아볼 수 있다. "여호와가 너를 위하여 한 왕조를 세울지라."

역대하에서는 영광스러운 시작과 무서운 마침이 기록되어 있다.

6) 솔로몬의 40년 통치, 역대하 1-9장

여기에서 우리는 솔로몬 통치의 국가적이고 도덕적인 중요성을 보게 된다. 솔로몬은 "지혜와 부와 권세"를 약속받았고 그것들을 다 받았다. 또한 그가 하나님과 더불어 행하면 "네 날을 길게 하리라"는 약속을 받았다(왕상 3:13-14을 읽어 보라). 그는 이것을 위반했고 59세로 죽었다. 열왕기상 1-11장의 개관을 보자. 우리는 이미 성전 건축에 대해서는 살펴봤으므로 거기에 대해 더 이상 말할 필요가 없을 것 같다. 우리는 역대하 7:14의 솔로몬에게 (그리고 우리에게) 하신 하나님의 약속을 지적해 내야 한다. 이 구절을 읽고 밑줄을 그어 보자.

7) 포로 전까지의 유다 역사, 역대하 10-36장

역대상, 하의 앞 장들에서 신적 언약에 기초한 왕위가 세워졌으며 신적 인도에 의한 성전 건축이 있었다. 왕위와 성전은 서로 붙들어 주고 서로 영화롭게 하도록 되어 있었다. 그러나 커다란 비교가 일어날 때는 왕위가 성전의 가장 무서운 적이 되고 말았다.

유다에는 르호보암부터 시드기야까지 20명의 왕이 있었다. 포로 후 다윗 왕조는 위태로워졌다. 성전은 불태워졌다. 역대하 36:19; 열왕기하 25:9을 읽어 보라. 이것과 관련된 예레미야의 예언을 읽어 보자. 예레미야 25:9-12 ______________________

____

____

____

____

역대기에는 다윗 왕조가 갖는 풍성한 역사적 안목이 나타난다. 우리는 그 안에서 높으신 부르심과 위대한 축복과 그릇된 행위와 좋지 않은 마침을 보게 된다. 왕과 백성이 하나님을 공경할 때는 평화와 번영이 있었다. 그러나 그들이 하나님께 신실하지 못할 때는 역경이 있었다.

이 책으로부터 우리가 다시 배워야 할 진리는 갈라디아서 6:7이다. ______________

____

몰톤 박사(J.H. Moulton)는 "역사적인 성경을 연구하는데 있어서 같은 사건을 다르게 다루는 역대기와 사무엘서, 열왕기의 두 부분을 비교해 보는 것보다 더 훌륭한 공부는 없을 것이다"라고 말했다.

복습

- 역대기란 어떤 책인가?
- 역대기의 중심 메시지는 무엇인가?
- 처음 9장에 연대기가 나타나는 이유는 무엇인가?
- 역대상에서 기름부음 받은 왕은 누구인가?
- 다윗은 성전 건축을 완성했는가(대상 28:2-6을 읽으라)? 이유는 무엇인가?

과제

Note

- 매일 4장씩 에스라와 느헤미야를 읽어 보자. 다 읽을 수 없다면 중심 장인 에스라 1장과 2:64–65, 4, 5, 6, 7장, 느헤미야 1, 2, (7:66–67), 8, 10, 13장을 읽자.
- 역대기를 복습해 보자.
- 성경을 읽다가 깨닫게 된 새로운 진리들을 찾아 밑줄을 그어 보자.

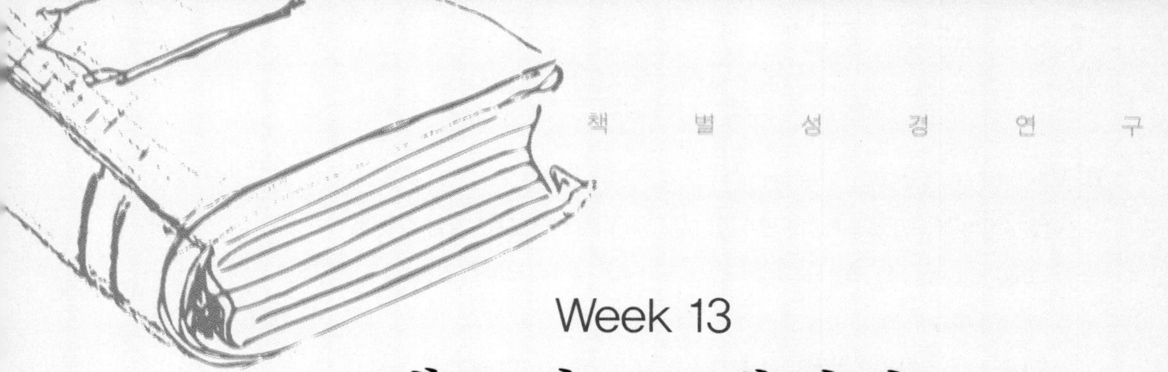

Week 13
에스라, 느헤미야

에스라

1. 본서

에스라와 느헤미야는 예루살렘에 돌아 온 '남은 자'들에 대한 이야기다. 다음에 공부하게 될 에스더는 포로 된 땅에 '머무른 자'들에 대한 이야기다. 이 책들의 공부와 관련하여 학개, 스가랴, 말라기 같은 예언서도 읽어야만 한다. 왜냐하면 이들이 바로 포로 후시대(후 포로시대)에 하나님께서 그분의 백성들 가운데 세우신 세 명의 선지자이기 때문이다.

2. 중심 메시지

이 책의 중심 메시지는 예레미야애가 3:31–32에 잘 나타나 있다. 하나님께서는 반드시 심판하시지만 자비로우신 분이시다.

예레미야애가 3:31–32을 적어 보자. ______________________________

____

3. 본서의 구조

스룹바벨의 인도로 돌아옴 1–6장

에스라의 인도로 돌아옴 7–10장 (다음 쪽의 도표를 보라)

4. 남은 자들이 돌아옴

1) 선택된 자들이 바벨론 포로 후에 고국에 돌아오는 것은 유다의 역사에 있어서 매우 중

요한 주제이다. 이것은 고레스가 태어나기 200년 전에 이사야 선지자에 의해 예언되었다. 이사야 44:28-45:1-4과 45:13을 읽어 보자. 그리고 예레미야 25:11-12과 29:10-11도 읽어 보자. 읽은 후에 에스라의 처음 세 절을 유의해 보자.

Note

2) 2장은 남은 자들의 수를 말해 준다. 그들을 아래의 그룹으로 나눌 수 있다.
   백성 2:1-35
   제사장 2:36-39
   레위인 2:40-54
   다른 사람들 2:55-63
   전체 합이 64-65절에 기록되어 있다. 약 5만 명이다. 전체 수가 적기 때문에 '남은 자들'이라는 말을 사용한다. 바벨론에서 자라난 많은 사람들은 그들이 머물고 있던 유일한 삶을 떠나기를 원치 않았다. 이들은 스룹바벨의 밑에 있었다.
3) 그로부터 80년 뒤인 기원전 456년에 에스라의 인도로, 또 한 번 돌아오게 된다. 이때 돌아온 자는 남자만 2000명이였고 느디님 사람들을 포함하고 있었다(8:20).
4) 이 두 번의 돌아옴 사이의 이야기를 에스더서는 담고 있다.

5. 에스라서의 주요 두 부분 비교

스룹바벨의 인도로 돌아옴(1-6장)	에스라의 인도로 돌아옴(7-10장)
고레스의 공포 1:1-4	아닥사스다의 공포 7:1, 11-26
인도자 스룹바벨 1:8; 2:2	인도자 에스라 7:1-10
남은 자의 이름과 수 2:3-65	돌아온 자들의 이름과 수 8:1-20
기명과 예물 1:6-11; 2:68-70	기명과 예물 7:15-22; 8:24-35
예루살렘에 옴 3:1	예루살렘에 옴 8:32
선지사역:학개, 스가랴 5:1-6:14	에스라의 중보 사역 9:1-15
중요한 점 – 성전 재건 6:15-22	중요한 점-백성의 분리 10:1-44

6. 두 인도자

'스룹바벨'이란 이름의 뜻은 그가 바벨론에서 태어날 것을 말해 주는 '바벨론에 내려감'을 의미한다. 그가 예루살렘에 가게 된 것은 그에게는 의심할 여지 없이 '처음'이었다. 왜냐하면 그가 전에 약속의 땅을 본적이 있음에 대해서는 시사해 주고 있지 않기 때문이다. 그의 계보는 마태복음 1:12-17에 잘 나타난다. 마태는 그 계보를 그리스도에게 맞추고 있다. 에스라는 유다의 역사에서 큰 인물이다. 유대인 전통(탈무드)은 그를 그 당시의 가장 위대한 지도자 중의 한 사람이라고 말한다. 그는 '성전'을 설립하는데 공헌했으며 정경을 인정하고 하나님의 말씀으로 확실히 세운 유대인 학자 중의 한 사람이다. 그는 이스라엘의 대제사장인 아론의 후손이었으며 7:1-5에 나와 있다. 또한 그는 학자였다(7:6)-그는 성경을 전문적으로 가르치는 교사였다.

7. 10지파에 대하여

예루살렘에 돌아온 자들은 오직 유다와 베냐민 족속만 있었는가? 에스라는 우리에게 다음과 같이 흥미로운 구절들을 제시한다.

에스라 1:3-5 "그의 백성 된 자는 다" 의심할 것도 없이 유다와 베냐민의 족장들은 "그 마음이 하나님께 감동을 받고 일어난" 자들만을 인도했다.

에스라 2:70 예루살렘뿐만이 아니고 유다에 있는 성들에 모든 이스라엘 백성들이 거하고 있었다.

에스라 6:17 "이스라엘 지파의 수를 따라 숫염소 열두 마리로"

에스라 8:29 "이스라엘 족장들 앞에서"

앗수르(이스라엘을 멸망시킨 나라)가 나중에 고레스 왕조의 한 부분이 된 바벨론 제국에 흡수되었다는 사실은 중요하다.

8. 중요한 영적 적용

그 땅에 돌아옴- 그리스도와 올바른 관계 회복(1-2장)

단을 다시 세움- 새로운 헌신(3:1-6)

새 성전- 매일 매일의 예배와 증거를 새롭게 함(3:8-13)

역경으로 인한 방해- 연단 받는 신앙(4장)

선지자들의 권면- 하나님께서 말씀하신 것을 알아야 함(5:1-6; 6:14)

성전 건축 필역- 믿음이 항상 이김(6:15-22)

에스라는 "연구, 준행, 가르침"을 준비함- 우리도 그렇게 해야 함(7:10)

에스라는 하나님께 의지함– "평탄한 길(a right way)을 간구함"–우리도 그래야 함(8:21).

타협하지 않음– "여호와를 향하여 손을 들고"–굴복 대신에 기도(9:5)

회개와 분리– 우리가 해야 할 일을 정확하게(10:11)

Note

느헤미야

1. 본서

투철한 확신과 하나님을 완전하게 의지했던 영적 지도자 느헤미야를 소개한다. 그는 우리가 연구하고 따라야 할 좋은 본보기가 된다.

2. 본서의 저자

느헤미야는 이 책의 저자이기도 하다. 어떤 학자들은 그가 이 책을 기록하거나 정리했을 것이라고 말하기도 한다. 이 책은 기원전 432년경에 기록되었다. 13:6에 "아닥사스다 32년에"라는 말이 나오는데 2:1의 사건이 있은 후 13년이 지난 뒤였다.

3. 본서의 주제와 구조

느헤미야의 특별한 목적은 예루살렘 성을 재건하는 것이었다. 이 책의 첫 부분이 건축에 대하여 다루고 있다(1–6장). 둘째 부분에서 우리는 백성을 재교육하는 장면을 보게 된다(7–13장). 이것은 재건의 책이다. 이제 구조를 알아 보자.

성벽 재건1–6장

- 술 관원 느헤미야(1:1–2:10)
- 성벽 건축자 느헤미야(2:11–6:19)

백성을 재교육(7–13장)

- 통치자 느헤미야– 안정과 인구 조사(7장)
- 하나님 말씀의 부흥 운동(8–10장)
- 새로운 인구조사와 성벽 봉헌(11–12장)

• 느헤미야의 열성(13장)

4. 중심 메시지

반대 없이는 기회도 없다. 우리가 들어가는 것을 방해하는 많은 역경 없이 우리 앞에 '열린 문'은 없다. 성경은 이것을 다음과 같이 말해 준다.

고린도전서 16:9을 적어 보자. ____________________

____

5. 성벽 재건 1-6장

1) 술 관원 느헤미야(1:1–2:10)

느헤미야는 분명히 유다지파였다(2:3, 5). 그는 포로 중에 태어났으며 바사 왕궁에서 유명하게 되었다. 그는 높은 지위와 영향력을 가진 왕의 술 관원이었다. 그의 형제가 그에게 예루살렘과 유다의 형편을 전해 주었다. 140년에 바벨론에 의해서 버려진 이래 예루살렘성은 훼파되고 성문은 소멸되어 있었다. 성과 성문은 도시를 지키는 유일한 방법이었다.

느헤미야는 금식기도를 했고(1:4–11), 그 일을 맡은 것을 확신했다. 4개월 동안(1:1과 2:1을 비교) 그는 이 슬픔과 무거움을 알았고 그의 모습이 변화되어 왕이 근심이 있느냐고 묻기에 이르렀다(2:2). 그는 대답했고(2:5) 왕은 그 요구를 들어 주어 하나님께서 그에게 인도해 주신 일을 그가 위임받게 되었다.

2) 성벽 건축자 느헤미야(2:11–6:19)

느헤미야는 예루살렘에 도착하자 비밀리에 황폐된 것을 살펴보았다. 그리고 나서 백성들에게 성을 재건하도록 힘을 북돋았다(2:11–20). 그의 계획은 여러 무리에게 나누어 한 부분씩 일하는 것이었다. 모두 동시에 일을 할 수 있었으므로 그 방법은 성공적이어서 방해가 있었음에도 불구하고 7주 만에 성벽이 재건되었고(6:15) 성문까지 달아졌다(7:1). 바사왕의 명령이 있은 후 6개월이 못되어 모든 것이 다 이루어졌다. 우리는 여기서 실제적인 조직과 지도에 따라 뭉친 정신력의 조화를 보게 된다. 4:9에는 "우리가 우리 하나님께 기도하며 그들로 말미암아 파수꾼을 두어 주야로 방비하는데"라고 기록되어 있다. 우리는 실제적인 일들을 영적인 것에 조화시켜야 한다. 많은 방해와 비난이 있었다. 느헤미야는 그것들을 이겨내야만 했다. 세 종류의 외적인 방해가 있었다.

• 비웃음(4:1–6)

Note

- 압력(4:7-23, 특히 9, 17절)
- 음모(6:1-19, 거짓1-4절, 기만5-9절, 배반10-14절)

내적으로 일어난 방해는 다음과 같다.

- 흙 무더기(4:10)
- 두려움(4:11-14, 특히 14절)
- 욕심(5:1-13)

6. 백성을 재교육(7-13장)

1) 안정과 인구 문제 7장

느헤미야는 통치자였다(방백은 통치자를 말함). 그는 그의 동생으로 하여금 성을 안전하게 지키도록 하는 통치자가 되게 했다. 성 밖에 많은 백성들이 살고 있었기 때문에 인구조사를 한 다음 제비를 뽑아 10분의 1씩 예루살렘성에 거하게 했다(11장).

2) 하나님 말씀의 부흥 운동(8-10장)

백성들이 성경을 설명해 달라고 요청했다(8:1). 에스라가 그 율법책을 새롭게 설명해 주었고 초막절이 부활되었다(이스라엘의 구속을 기념) 성회를 열어 죄악과 실패를 회개했다(9장). 그리고는 성경에 나타난 하나님의 뜻에 따라 언약을 맺게 되었다(10장).

3) 새로운 인구조사와 성벽 봉헌(11-12장)

앞에 언급된 대로 인구조사가 이뤄졌다. 그리고 백성들은 "예루살렘에 거주하기를 자원하는 모든 자를 위하여 백성들이 복을" 빌었다(2절). 성곽 봉헌은 매우 성대한 의식이었다. 그때 노래 부르는 자들과 낭송하는 레위인들이 있었고 모두 감사 찬송을 했다.

4) 느헤미야의 열성(13장)

이 장에서 우리는 하나님을 향한 열심으로 이상한 일을 행한 느헤미야를 통해 유머스러운 면을 보게 된다. 우리는 도비야의 세간을 그 방 밖으로 다 내어 던지는 그를 보거나 이방 여인과 결혼한 사람들의 머리카락을 뽑는 그를 보게 될 때, 또는 산발랏의 사위가 된 젊은이를 쫓아내는 그를 보게 되면 웃지 않을 수 없다. 그러나 다른 면에서 그는 기도를 꾸준히 하는 사람이었다(14, 22, 29절). 하나님께서는 우리들을 이 시대의 느헤미야로 만드시기를 원하신다.

복습

- 에스라와 느헤미야와 같은 시대에 살았던 선지자들은 누구인가?
- 예루살렘으로 인도한 사람은 누구인가?
- 맨 처음 돌아오는 것을 허락해 준 이는 누구이며 이유는 무엇인가?
- 예루살렘에 돌아오게 된 느헤미야의 목적은 무엇인가?
- 느헤미야의 중심 메시지를 적어 보자.
- 우리 시대에도 그와 같은 진리를 적용할 수 있는가?
- 느헤미야와 성벽 건축에 있어 특별히 떠오르는 것이 있는가? 그것은 무엇인가?
- 느헤미야 8:5에서 당신이 실천할 수 있는 것을 찾아 보자.

과제

- 매일 2장 에스더서를 읽어 보자.
- 에스라와 느헤미야를 복습해 보자.
- 성경을 읽다가 깨닫게 된 새로운 진리들을 찾아 밑줄을 그어 보자.

Week 14
에스더

1. 본서

에스라와 느헤미야가 예루살렘과 유다에서 돌아온 남은 자들을 돌보았다는 사실들을 배웠다. 이제 이번 과를 통해 에스더가 포로된 땅에 남아 있는 자들과 관계가 있음을 알게 될 것이다. 이야기는 수산궁에서 일어난다(에 1:2, 느 1:1). 수사는 고대 바사의 수도였다. 그 땅에 남아 있던 사람이 예루살렘에 돌아갔던 사람보다 훨씬 많았다.

2. 중심 메시지

에스더서는 하나님의 섭리를 가르쳐 준다. 섭리(providence)는 pro(before)와 video(I see)의 합성어로 하나님께서는 백성들이 하게 될 일을 미리 아시고, 고국에 돌아가지 않아 하나님의 뜻을 저버린다 할지라도 그들을 계속 돌보신다는 뜻이다. 섭리는 하나님의 공급하심, 지도하심, 때로는 인도를 원하지 않더라도 인도해 주심을 의미한다.

3. 본서의 저자

에스더서의 저자는 알려져 있지 않다. 이 책에는 하나님의 이름이 기록되어 있지 않다. 그러나 메튜 헨리는 “그의 이름은 나타나 있지 않지만 그의 손가락이 나타나 있다”고 말했다. 에스더서는 신약에도 인용된 적이 없다. 신명기 31:18을 보면 왜 하나님께서 직접적으로 언급되지 않았는지를 알 수 있다.

4. 본서의 구조

1) 섭리적인 돌보심의 책

셈족의 위기 1–5장

- 왕후– 와스디(1장)
- 왕후가 된 에스더(2장)
- 유다인을 죽이기를 꾀하는 하만(3장)
- "이 때를 위함이"(4장)
- 에스더의 지혜로움(5장)

2) 섭리적인 위기 극복 6–10장

- 존귀하게 된 한 유다인(6장)
- 한 여자의 승리(7장)
- 유다인의 복수(8장)
- 부림절 제정(9장)
- 최고 방백이 된 모르드개(10장)

5. 인물별 특징

본서의 구조는 장별 내용에 대한 조감도를 제공해 준다. 이제 우리는 에스더서에 나타난 인물별로 본서를 공부하려고 한다.

1) 아하수에로 왕

그는 실재 역사에 존재하는 인물이다. 그는 일반 역사에서는 크세르크세스로 알려져 있으며 이는 그의 바사 이름의 그리스식 형태이다. 그는 바사왕국을 기원전 485년부터 기원전 465년까지 통치했다. 에스더의 첫 절로 보아 그는 인디아에서 에티오피아에 이르는 127개의 지방을 다스렸다.

2) 와스디

그 이름의 뜻은 '아름다운 여인'이라는 의미이다. 1장에 보면 그는 왕후였다. 왕은 그 여자에게 술 마시는 자들에게 나아와 그 아리따움을 보일 것을 명령한다. 그 여자가 이를 거절하자(12절) 술기운에 왕과 방백들은 모든 부녀는 그 남편을 존경하라는 초서를 쓰게 되었다. 와스디는 그녀의 용감한 행동 때문에 자리를 빼앗기게 되었다.

3) 에스더

룻은 유다인과 결혼한 이방 여인이었던 반면에 에스더는 이방인과 결혼한 유다 여인이었다. 룻은 기업 무를 자(구원자, 그리스도)의 조상이 되었고 에스더는 약속대로 구원자가 오시도록 이스라엘 백성을 구했다. 에스더는 모르드개의 조카였고 고아였기 때문에 그의 양녀가 되었다(2:7). 그녀는 아름다운 처녀였기 때문에 아름다운 왕후를 구하는 수산궁에 이끌려 가게 되었다. 그녀는 왕후가 되었고(2:17) 모르드개는 그녀가 유다인이라는 것을 말하지 말라고 했다.

Note

4) 모르드개

모르드개는 궁중 일을 맡고 있었다. 2:5, 19-21절(대궐문에서); 3:2(그는 왕의 신복 중의 하나였다); 6:10(왕은 그가 유다인임을 알고 있었다)

모르드개는 하만에게 절하는 것을 거부했다. 그는 유다인이었고 하나님의 율법을 알았기 때문이다.

신명기 5:7-10을 적어 보자. ______________________________

____

____

____

____

이 일로 인하여 하만은 유다인들을 죽이는 반 셈족 운동을 시작했다. 아하수에로 왕은 허락했고 각 도에 초서를 보냈다(3:13). 모르드개는 에스더에게 도움을 청했다. 에스더가 왕에게 청원을 해야만 했다. 그러나 그 일은 큰 모험이었다. 왜냐하면 그녀는 30일 동안이나 왕의 부름을 받지 못하고 있었기 때문이었다(냉냉한 관계 4:11). 모르드개는 매우 중요한(우리들에게도) 다른 메시지를 전했다. 4:14-"네가 왕후의 자리를 얻은 것은 이 때를 위함이 아닌지 누가 알겠느냐?" 이에 에스더는 왕에게 나아가겠다고 회답한다-"죽으면 죽으리이다"(4:16).

모르드개의 도움 요청으로 에스더는 유다인들을 위한 자유를 왕으로부터 얻었다. 모르드개는 최고의 방백이 되어 존귀를 얻게 되었다. 우리는 모르드개를 통해 하나님께서 나라와 백성을 어떻게 다루시며 그의 백성을 어떻게 보존하시는가를 배우게 된다. 에스더서에는 많은 예표적 의미가 담겨 있다.

5) 하만

하만은 아말렉 족속(삼상 15:8)에서 나온 아각 사람이었다. 그는 높은 지위를 얻었으며 교만한 사람이었다. 그는 모르드개가 꿇어 절하지 않기 때문에 유다인들을 미워했다. 그리하여 왕에게 모든 유다인들을 멸할 것을 청했다(3:8). 3:10; 8:1; 9:10, 24절을 보자. 에스더의 전체의 중요한 의미가 여기에서 드러난다. 하나님의 백성들이 멸망의 위기에 놓여 있을 때에 하나님께서는 적시에 한 사람, 에스더를 사용하신다. 4:14을 참고하라.

그의 살육은 1940년대에 히틀러가 저질렀던 것과 유사한 것 같다. 하만은 모르드개를 매어 달 교수대를 준비한다(5:14). 모르드개가 왕을 암살 당할 위험에서 구한 적이 있었는데 왕이 그 사실을 듣게 된다(6:1–2). 왕은 모르드개를 존귀하게 만들기로 결심한다–그리하여 모르드개를 위한 그 교수대는 하만을 위한 죽음의 함정이 되고 만다. 자신의 백성을 보존하시는 하나님의 섭리를 보여 주는 완전한 이야기다. 에스더서는 부림절의 제정과 모르드개가 왕 다음이 되는 것으로 끝을 맺고 있다. 그 절기는 유다인의 구원을 기념하는 절기다. 그것은 감사절이기도 했다. 왜냐하면 그들이 하나님을 저버렸지만 하나님께서는 그들을 보존하셨기 때문이다. "부림"이라는 이름은 유다인들을 진멸하려던 하만의 제비(부르) 뽑음에서 나온 말이었다(9:24–26).

이제 참고 구절들을 찾아 보자.

다음 성경 구절들을 통해 하나님의 섭리를 좀 더 완전하게 이해할 수 있다.

잠언 21:1 ____________________

____

(에 5:2과 비교)

빌립보서 4:19 ____________________

____

(에 5:3과 비교)

이사야 54:7 ____________________

____

(에 7:9–10과 비교)

잠언 16:33 ____________________

____

(에 9:24–26과 비교)

구약의 역사는 에스라와 느헤미야의 기록과 에스더 사건으로 끝이 난다. 나머지 구약의 정경들은 주로 포로 전과 포로 기간과 그 이후의 이스라엘에 관한 예언들이다. 모든 선지자들은 하나님의 메시지와 이스라엘에 대한 그분의 인도하심을 보여 주고 있다. 이 사

Note

실을 이해하게 되면 구약을 좀 더 쉽게 이해할 수 있을 것이다. 이 책에 있는 것을 적용하는 데에 도움을 주는 여러 가지 유형이 있다. 여기에 있는 것을 당신 것으로 만든다면 크게 도움이 될 것이다.

2–3가지의 예를 제시한다.

하만은 "죄인"을 예표한다.

–그의 이름에서(7:6)

–그의 능력에서(3:1–3)

–그의 교만에서(5:11)

–그의 미움에서(3:10, 8:1; 9:10–24)

–그의 운명에서(7:9–10)

에스더는 교회를 예표한다.

–그녀의 아름다움에서

–그녀의 존귀에서

–그녀의 중보에서

모르드개는 시련을 통해 남은 유다인을 예표한다.

복습

- 에스더의 중심 메시지는 무엇인가?
- 에스더는 이스라엘 백성 중 누구에 대한 이야기인가?
- 이 책에는 하나님에 대한 어떤 언급이 있는가?
- 이 책의 특성 4가지를 말해 보자.
- 에스더서를 공부해 어떤 교훈을 얻을 수 있는가?

과제

- 매일 3장 정도 욥기를 읽어 보자. 다 읽기 어렵다면 중심 장인 1–6, 8, 11, 12, 13, 14, 16, 19, 23, 38–42장을 읽자.
- 에스더를 복습해 보자.
- 성경을 읽다가 깨닫게 된 새로운 진리들을 찾아 밑줄을 그어 보자.

Week 15
욥기

1. 본서

앞서 공부한 17권의 성경은 역사적인 것이었다. 앞으로 공부하게 될 5권은 시가서이다(욥기, 시편, 잠언, 전도서, 아가서). 이 5권은 경험적인 책들이다. 앞의 17권은 한 나라에 관한 것이었고, 이 5권은 개인들에 관한 것이었다. 17권은 히브리 민족을 다루고 있고, 5권은 온 인류의 마음을 다루고 있다(히브리 시에서 배울 점이 많이 있지만 여기서 다룰 만한 시간적 여유는 없다. 5권이 시가라는 사실은 꼭 기억하자).

2. 이해를 돕기 위한 설명

이 책을 이해하기 위해서는 간단한 설명이 필요하다. 1장과 2장은 시가 아니고 시에 주어지는 역사적 서언이다. 시는 3장에서 시작되며 42:6에서 끝난다. 마지막 열한 절도 시가 아니고 시에 붙는 역사적인 종결이다. 이 책 전체에 의미를 주는 간단한 사실은 욥이 하늘에서 일어난 일을 모르고 있다는 것이다. 서언에서 욥이 당한 고난이 하늘의 회의에서 기인된 것임을 알게 되며 종결에서 욥의 고난과 시련이 부요와 축복을 가져 왔음을 알게 된다.

우리는 또 왜 욥에게 이런 일이 일어났는가에 대한 충고를 주고 있는 나이 든 사람들을 만나게 된다. 그들은 하나님의 생각에 대해서 전혀 모르고 있었으므로 어둠 속에서 이론을 세우고 있었다. 만약 욥이 그가 당하는 시련의 이유를 알고 있었다면 그의 믿음은 드러나지 않았을 것이다. 성경은 계시뿐만 아니라 침묵에 있어서도 지혜롭다. 욥은 그 이유를 알려고 하지 않았다. 바로 여기에 이 책의 메시지가 있다.

Note

3. 중심 메시지

"고난을 통한 축복" 혹은 "왜 경건한 자에게 고난이 있는가?"이다. 그 해답은 서언의 설명과 결론에서 욥이 하나님께 받은 축복에 있다.

이 책은 로마서 8:28의 가장 적절한 예이다. ____________________

____

히브리서 12:11의 예도 될 수 있다. ____________________

____

4. 본서의 구조

서언 1–2장	대화 3–42:6	결론 42:7–17
욥– 번영 중에도 헌신 1:1–5 사탄– 그의 거짓과 악독 1:6–19 욥– 역경 중에도 헌신 1:20–22 사탄– 더 심한 악독 2:1–7 욥– 극심할 때에도 헌신 2:8–13	욥– 슬픔의 시작 3장 〈첫 번째 대화전〉 엘리바스 대 욥 4–7장 빌닷 대 욥 8–10장 소발 대 욥 11–14장 〈둘째 대화전〉 엘리바스 대 욥 15–17장 빌닷 대 욥 18–19장 소발 대 욥 20–21장 〈세 번째 대화전〉 엘리바스 대 욥 22–24장 빌닷 대 욥 25–31장 엘리후가 말함 32–37장 하나님의 세심한 개입 38–41장	욥– 그의 순결이 드러남 42:7 친구들– 그들의 비난 42:8 욥– 그의 시련이 끝남 42:10 가족– 회복됨 42:11 욥– 그의 번영 42:12–17

5. 실화인 욥기

어떤 사람들은 욥기가 꾸민 이야기일지도 모른다고 말한다. 그러나 성경은 실화라고 말하고 있다.

에스겔 14:14을 적어 보자. ____________________

____

____

에스겔 14장 16, 18, 20절도 읽어 보자. 노아와 다니엘은 실재 인물이다. 야고보도 욥을 언급하고 있다(약 5:11)–"너희가 욥의 인내를 들었고."

6. 서언 1-2장

여기서 우리는 하나님과 사탄의 대화를 보게 된다. 이것은 성경의 다른 곳에서도 볼 수 있는 신적 계시의 장면이다. 요한계시록 12:10에 보면 사탄은 하나님께 나아가 "형제들을 참소"하기도 했다. 스가랴 3:1–2에는 사탄이 여호와의 면전에 서서 여호수아를 참소하고 있는 모습이 나와 있다. 더 확실한 증거는 누가복음 22:31에 있다.

사탄에 대해서 꼭 기억해야 할 것이 있다.

- 사탄은 하나님을 대적한다.
- 사탄은 무소부재하지도 않으며 전지(全知)하지도 못하다. 오직 하나님만 모든 것을 아시며 항상 어디서나 존재하는 능력을 소유하고 있다.
- 사탄은 하나님의 허락 없이는 아무 것도 할 수 없다(욥 38:11).
- 그리고 모든 허용에는 제한이 있다(욥 1:12; 2:6).

7. 대화

이 책의 주요 부분은 연속되는 3회의 대화가 극적인 형식을 취하고 있다. 6명의 화자가 등장한다. 욥, 엘리바스, 빌닷, 소발, 엘리후, 하나님이다.

논쟁의 중심 주제는 "왜 욥이 고난을 받느냐?"이다. 세 친구는 분석을 통해 욥의 고난을 해석해 보려고 노력했다. 그렇지만 그들은 문제의 벽에 부딪치고 말았다. 또 엘리후가 해명하려고 하지만 여전히 어둠 속에서 헤맬 뿐이었다. 마침내 하나님께서 인간으로서는 풀 수도 없고 해결할 수 없는 것을 말씀하심으로써 이야기는 절정에 이른다.

1) 엘리바스– 멀리서 욥을 위로하기 위해서 온 첫 번째 사람이다. 그는 세 번이나 변론을 한다(구조를 보라). 그는 나이가 가장 많았으며 가장 현명한 사람이었다. 그의 논점은 경험에 근거한 것이었다. 4:8과 5:17–27을 유의하자. 22:5–9도 보자. 그의 결론은 욥은 죄 때문에 고난을 받아야 한다는 것이었다(22:13).

2) 빌닷– 이 친구는 엘리바스보다도 더 심하게 비평했다. 그의 논점의 근거는 전통에 있다(8:8; 18:5–20). 그의 이론의 초점은 8:20에 있다.–"하나님은 순전한 사람을 버리지 아니 하시고 악한 자를 붙들어 주지 아니하시므로" 8:6에서 그는 욥이 위선자라고까지 주장하기에 이르렀다.

3) 소발– 그는 논쟁에 두 번 참여한다. 3회전에서는 엘리후가 그를 대신하게 된다. 그의 이

Note

론과 논점의 근거는 추측(Assumption)에 두고 있다. 그는 가정한 다음 독단주의자처럼 말한다. 그에게는 독단적인 데가 있다(11; 20:4). 그의 편협되고 독단적인 말이 20:5에서도 나타난다–"악인의 이긴다는 자랑도 잠시요." 그의 이론이 11:6에서도 나타난다–"하나님께서 너로 하여금 너의 죄를 잊게 하여 주셨음을 알라."

4) 욥의 응답

욥은 첫 회전에서 하나님께서 항상 의로운 자를 번영케 하시며 죄인을 벌 주신다는 세 사람의 이론을 논박했다. 욥은 의로웠지만 괴로움을 당하고 있었다(6:22–28; 12:3; 13:2–5, 15–16절).

두 번째 대화에 앞서 세 친구는 모두 악한 자만 고통을 겪는 것이라고 주장했다. 욥의 응답은 의로운 자도 역시 고난을 당한다는 것이었다(19:25–26, 21:7). 세 번째 대화전에서도 같은 이론이 주장되었고 욥은 자신의 결백을 선언했다. 그는 악인도 이 세상에서 형통할 수 있음을 주장했다(24:5, 6).

욥은 부숴뜨려졌다(16:12–14).

욥은 녹았다(23:10).

욥은 약하게 되었다(19:21, 23:16).

5) 엘리후– 그의 접근 방법은 친구들과 달랐다. 그는 욥이 더 겸손하고 온순해야 하며 더 참아야 함을 확신시켜 주려고 했다. 그는 욥이 죄 때문에 고난을 당하고 있는 것이 아니고 고난으로 인하여 범죄하고 있다고 했다(33:8–11; 35:15–16). 그러나 욥은 인간의 말로 만족할 수 없었다. 드디어 와야 할 것이 왔다.

6) 하나님– 폭풍 가운데서 음성이 들린다. 38–41장에서는 하나님께서 말씀하고 계신다. 여호와 하나님께서는 욥에게 인간의 미천함에 대조시켜 하나님의 능력에 대해 말씀하신다.

- 지구와 관련하여(38:1–18)
- 하늘과 관련하여(38:19–38)
- 생물과 관련하여(38:39–39장)
- 특별한 경우와 관련하여(40장–42:6)

분명히, 하나님의 목적은 욥을 그의 한계에 도달케 하는 것이었다.

욥기 40:1–5을 적어 보자. ______________________________

____

욥기 42:5–6

8. 결론 42:7-17

하나님께서는 욥의 세 친구들에게 화를 발하셨다. 왜냐하면 그들은 사탄이 욥에게 끼쳤던 것만큼이나 많은 손상을 입혔기 때문이었다. 하나님께서는 욥을 변화시키고 옹호하시고 회복시키셨다.

변형–"내가 그를 기쁘게 받으리니"(8절)

옹호–"내 종"(8절)

회복–"여호와께서 욥에게 그전 모든 소유보다 갑절이나 주신지라"–10절 고난을 받고 있는 모든 경건한 자들이여! "여호와 앞에 잠잠하고 참고 기다리라"(시 37:7).

욥기에서 가장 많이 인용되는 구절들은 다음과 같다. 1:21; 5:17; 13:15; 14:14; 16:21; 19:23–27; 23:10; 42:1–6.

욥기 19:25에는 어떤 말이 기록되어 있는가?

복습

- 이 책을 주요 세 부분으로 나누어 보자.
- 하나님과 사탄과의 대화는 사실인가 아니면 꾸며낸 이야기인가?
- 욥에게 충고했던 세 친구의 이름은 무엇인가?
- 욥기가 주는 메시지는 무엇인가?

과제

Note

- 메시아에 대해 예언한 시를 매일 4편씩 읽어 보자. 2, 8, 16, 20, 21, 22, 23, 24, 31, 35, 40,41, 45, 50, 55, 61, 68, 69, 72, 89, 96, 97, 98, 102, 109, 110, 118, 132편.
- 욥기를 복습해 보자.
- 성경을 읽다가 깨닫게 된 새로운 진리들을 찾아 밑줄을 그어 보자.

Week 16
시편

1. 본서

이 책도 다른 성경과 다를 바가 없다–"모든 성경은 의로 교육하기에 유익하니"–디모데후서 3:16. 그 최종 산물은 없어질 수 없다–"성경은 폐하지 못하나니"–요한복음 10:35. 시편은 그 근본 배경을 인간 경험의 영역에 두고 있다. 5권의 시가서는 경험적이라는 사실을 잊지 말자.

시들이 한 책으로 엮어지자 히브리인들은 그 이름을 '테힐름'(Tehillim)이라고 붙였는데 그 뜻은 '찬송'이다. 이것을 그리스 번역자들은 Psalmoi로 옮겨 썼는데 그 뜻은 '현악에 맞춘 노래'이다. 이 이름은 예수님 당시에도 쓰였던 이름이었다(행 1:20). 예수님께서는 누가복음 24:44에서 이 시편에도 다른 성경과 똑같은 권위를 두셨다.

시편은 이스라엘이 그들의 성전 예배에서 사용한 영감된 기도와 찬송으로 이루어져 있다. 유대인들은 오늘날도 이것을 회당에서 사용하고 있으며 신약시대의 그리스도인들도 이것을 사용했다(골 3:16, 약 5:13). 또한 오늘날의 모든 기독교 종파가 이것을 사용하고 있다. 그것들은 우리가 생활에서 느끼고 있는 것을 말해 주고 있기 때문에 사랑을 받는다.

2. 본서의 저자

이 책은 보통 '다윗의 책'으로 불린다. 왜냐하면 그가 많은 시를 썼기 때문이다. 아래 있는 분류는 시편 위에 명기된 저자들에 따른 것이다.

다윗–73(시편 3–9; 11–32; 34–41; 51–65; 68–70; 86; 101; 103; 108–110; 122; 124; 131; 133; 138–145편)

아삽(예루살렘에 있던 다윗의 합창대 지휘자)–12(50; 73–83편)

고라 자손–10(42; 44–49; 84–85; 87편)

Note

솔로몬–2(72; 127편)

에단–1(89편)

헤만–1(88편)

모세–1(90편)

미상–50, 이 중에도 다윗이 썼을 것으로 생각되는 것들이 있다. 예를 들면 2편은 사도행전 4:25을 보면 다윗이 저자라고 생각된다.

3. 중심 메시지

"너희는 여호와를 찬양하라" 혹은 "찬송과 기도"

4. 본서의 구조

시편 150편은 에스라 시대부터 5개의 부분으로 나뉘어져 있다.

'해석'이라는 의미를 갖고 있는 '미드라쉼'(Midrashim)은 그 당시의 주석이었으며 성경을 설명해 주는 책이다. 유대인의 주석인 미드라쉬(Midrash)의 첫 편에 "모세가 이스라엘에게 5권의 율법책을 주었는데 다윗은 그것에 대응하여 5권으로 된 시편을 주었다"라고 기록되어 있다. "모세오경이 이스라엘 회중에게 주신 5권의 여호와의 책이라면 이 시편은 여호와께 드린 5권의 이스라엘 회중의 책"이라고 할 수 있을 것이다.

	1권 1–41편	2권 42–72편	3권 73–89편	4권 90–106편	5권 107–150편
송영	41:13	72:18–19	89:52	106:48	150:6
예배의 주제	찬양으로 예배	놀라우심을 예배	영원한 예배	복종하는 예배	완성된 예배
모세오경과의 유사점	창세기 –이스라엘 인간–	출애굽기 –이스라엘 구원–	레위기–성소–	민수기 –모세와 방황–	신명기 –율법과 약속의 땅–
저자	주로 다윗	다윗과 고라	주로 아삽	주로 미상	주로 다윗

송영은 각 책의 맨 끝에 나온다.

5. 분류

시편에는 다음과 같이 다양한 주제들이 있다.

교훈(1; 5; 7; 15; 50; 73; 94; 101편)

역사– 이스라엘과 관련됨(78; 105; 106; 136편)

찬양(106; 111; 112; 113; 115; 116; 117; 135; 146; 150편)

회개(6; 32; 38; 51; 102; 130; 143편)

간구(86편)

감사(16; 18편)

메시아 예언–그리스도에 대한 예언이 담겨 있다. 이것이 이 과의 핵심이다.

6. 메시아를 예언한 시

시편은 그리스도로 가득 차 있다– 그의 초림은 비천하게 오시는 것이며, 그의 재림은 영광 중에 오실 것임을 말해 준다.

1) 시편에는 그리스도에 대한 언급만 있는 것이 아니고 그분의 직접 말씀이 있다. 우리는

예수님의 생애에 대한 놀라운 섬광들을 우리 심령에 얻게 된다. 시편에서 우리는 미리 기록된 주님의 기도를 발견하게 된다. 이것은 성경이 영감으로 쓰여 졌음을 증명해 주는 좋은 실례이다.

Note

2) 22편의 예를 들어 보자. 이 시는 십자가에서의 죽음을 인간 저자를 통해 마치 주님이 십자가에서 실제로 말씀하신 것과 같이 표현하고 있는 놀라운 예언이다.

마태복음 27:35-36을 읽어 보자. ______

______

______

______

시편은 십자가 주위에서 일어난 일의 일부분을 말해 준다. 그러나 시편 22편은 주님께서 십자가에 달리셨을 때 그분이 생각하고 말씀하신 것을 말해 준다. 이것은 실제로 말씀되어진 것보다도 더 자세한 예언이다. 시편 22:1과 마태복음 27:46을 비교해 보자. ______

______

시편 22편을 읽고 마태복음 27장과 비교해 보면 두 글이 같은 시대에 쓰여 진 것이 아닌가 하고 생각할지도 모른다. 그러나 꼭 알아야 할 것은 시의 저자와 십자가의 죽음 사이엔 수 백 년의 간격이 있으며 십자가 사형제도는 그 당시에 알려져 있지도 않았고 후에 로마시대의 제도라는 사실이다-이것이 성경이 영감에 의해서 쓰여 졌다는 또 다른 증거이다.

3) 메시아를 예언한 시들은 그리스도에 대한 그들의 증거를 많이 담고 있다.

그의 인격에 대한 증거, 하나님의 아들에 관하여(시 2:6-7) ______

______

______

그를 인자라고 증거함(시 8:4-6) ______

______

______

______

다윗의 자손으로 증거함(시 89:3-4, 27) ______

______

시편은 그리스도의 공직을 선지자로(22:22), 제사장으로(110:4), 왕으로(2편) 증거하고 있다.

4) 메시아 예언시

2; 8; 16; 20; 21; 22; 23; 24; 31; 35; 40–41; 45; 50; 55; 61; 68–69; 72; 89; 96–98; 102; 109–110; 118; 132편

이 시편들에는 그리스도의 탄생, 배반당함, 수난, 죽음, 부활, 승천, 영광 중의 재림과 그분의 통치가 나타나 있다–이 모든 것이 영감된 생생한 모습으로 나타난다.

5) 서로 유형이 비슷한 시들이 있다. 예를 들면 22–24편의 시들과 같은 것이다. 이것들은 다음과 같이 기억하면 좋다.

22편	23편	24편
고난당하신 구세주 선한 목자 요한복음 10:11 과거 십자가	동행하시는 구세주 큰 목자 히브리서 13:20 현재 지팡이	영광 받으실 왕 목자장 베드로전서 5:4 미래 면류관

7. 저주의 시들

적들과 악을 행하는 자들에 대한 노를 표현한 시들도 있다. 저주의 시들이 우리들을 매우 당황케 할지 모른다. 그러나 이 문제는 여호와 하나님께 신실했던 히브리인들은 하나님의 적을 자신의 적으로 생각했으며 하나님의 절대 주권을 부인하는 자들에게 벌을 내림으로 하나님의 의로우심을 찬양케 해 달라고 기도했다는 사실을 깨닫게 되면 풀릴 수 있다. 저주의 시는 35; 52; 58; 69; 83; 109; 137; 140편에서 볼 수 있다.

이러한 시들은 시편 139:21–23에 와서 절정을 이룬다.

Note

8. 하나님의 말씀

시편 119편의 모든 가르침은 하나님의 말씀에 대한 것이다. 이 시는 성경에서 가장 긴 장이며 하나님의 마음을 보여 준다. 모든 절은 하나님의 말씀이며 그분의 율법과 훈계, 법도에 대해 말하고 있다. 이 장은 8절씩으로 된 22개의 부분으로 되어 있다—각 부분은 히브리어 22개의 알파벳순으로 시작된다.

119:11을 적고 외워 보자. ______________________________

____

____

119:105도 적고 외워 보자. ______________________________

____

9. 결론

시편은 영감으로 기록된 것이지만 인간의 경험을 표현하고 있다는 사실을 잊지 말자. 시편을 많이 읽고 묵상하면 우리의 모든 영적인 삶은 풍성해질 것이다.

복습

- 시편(Psalms)의 뜻은 무엇인가?
- 다윗은 몇 편의 시를 썼는가?
- 시편은 모세오경과 어떻게 관련되어 있는가?
- 시편 22–24편에 대한 것을 기억하고 있는가?
- 저주의 시는 무엇인가?
- 하나님의 말씀에 관한 것이 모여 있는 시편은 어떤 것인가?

과제

- 잠언, 전도서, 아가서를 읽어 보자. 다 읽기 어렵다면 중심 장인 잠언 1, 2, 3, 6, 8, 9, 14, 20, 25, 31장, 전도서 1, 5, 11, 12장, 아가 1, 2장을 읽어 보자.
- 시편을 복습해 보자.
- 성경을 읽다가 깨닫게 된 새로운 진리들을 찾아 밑줄을 그어 보자.

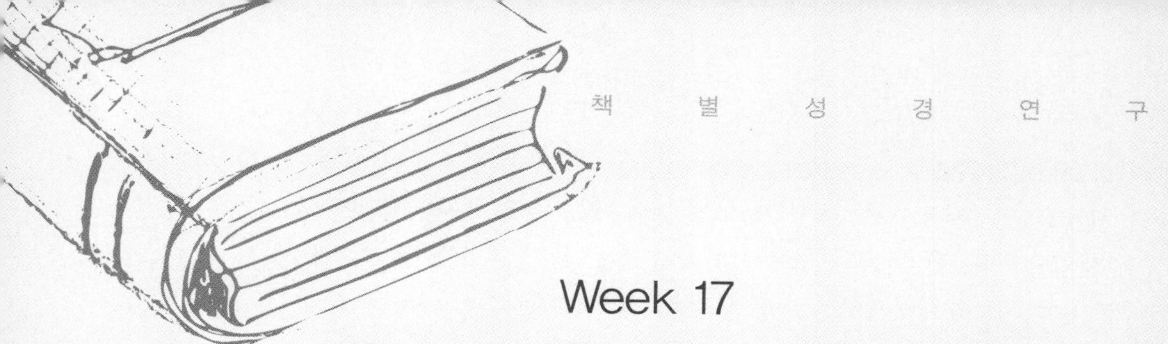

Week 17
잠언, 전도서, 아가서

잠언

1. 본서

이제 우리는 시편의 헌신적인 낭송에서 잠언의 실제적인 지혜에 이르게 되었다. 시편이 우리의 헌신적인 삶을 위해 필요한 것이라면 잠언은 우리에 실제적인 삶을 위해 필요한 것이다. 이것은 이 세상의 조건에 맞게 적용된 하나님의 지혜의 책이다.

'잠언'(Proverb)은 긴 말이 아닌 간단한 말이라는 뜻이다. 잠언은 오랜 경험에서 나온 짧은 말이다. 잠언은 논증이 아니라 실증이다.

2. 본서의 저자

잠언, 전도서, 아가의 저자는 솔로몬이다. 아마도 그의 것과 다른 잠언들을 함께 모았을 것이다–그러나 일반적으로 솔로몬의 저작으로 믿고 있다. 왜냐하면 그는 3,000편의 잠언을 기록했기 때문이다.

열왕기상 4:32 ____

____

____

이 책에는 917개의 잠언이 나온다.

3. 중심 메시지

'하나님의 지혜', '그리스도는 우리의 지혜'이다.

고린도전서 1:30 ______________________________

Note

4. 본서의 구조

지혜와 어리석음(1-9장)

솔로몬의 잠언- 그가 쓰고 편집한 것(10-24장)

솔로몬의 잠언- 히스기야 왕의 신하들이 편집한 것(25-29장)

아굴의 잠언(30장)

한 어머니의 잠언(31장)

5. 본서의 형식

잠언을 자세히 살펴보면 간단한 반복이나 보완 형식이 있음을 알 수 있다. 이것은 '병행법'이라 불려진다. 다음 세 가지 병행법을 지적할 수 있다.

1) 동의 병행법- 둘째 구절은 앞의 구절과 관계가 있다.
   잠언 19:29을 예로 들 수 있다. ______________________________

2) 반의 병행법- 첫 구절에 진술된 것이 둘째 구절의 반대 진리 진술로 더 강조된다.
   잠언 13:9을 예로 들 수 있다. ______________________________

3) 합성(완성) 병행법- 두 번째 구절은 첫 번째 진술을 더 발전시킨다.
   잠언 20:2을 예로 들 수 있다. ______________________________

6. 영적 가치

잠언은 성령에 의해 영감되었고, 성령에 의해 기록되었다. 이것의 영적인 가치는 현대인들의 금언과 비교하면서 읽을 때 확실히 드러난다. 인간들은 "지체하면 손해", "뛸 자리를 보고 뛰라", "생의 최고의 자유"와 같은 말을 종종 한다.

그러나 하나님께서는 "너는 범사에 그를 인정하라 그리하면 네 길을 지도하시리라"(잠 3:6), "여호와를 경외하는 것이 지혜의 근본이요"(잠 9:10)라고 말씀하신다.

하나님께서 미워하시는 것 일곱 가지를 알아보자(6:16-19).

(1) ______________________ (5) ______________________

(2) ______________________ (6) ______________________

(3) ______________________ (7) ______________________

(4) ______________________

잠언 8:22-26을 읽고 하나님의 영원한 아들에 대해 알아보자.

____

____

____

____

____

전도서

1. 본서

전도서는 하나님과 교제가 없는 인생의 경험과 반성에 대한 인간의 주장을 하나님께 기록한 것이다. 전도서(Ecclesiastes)는 그리스어의 라틴어형에서 나온 것으로 전도자(Preacher)를 의미한다.

2. 본서의 저자

전도서의 저자는 솔로몬이다. 그는 자신을 전도자라고 부른다(1:1, 12, 16절; 2:9, 12:9).

3. 중심 메시지

이 책은 무엇보다도 하나님을 떠나면 모든 것이 공허하다는 것을 가르쳐 준다. 중심 단어는 "헛됨"(37회)이다. 헛된 것은 어리석은 자랑뿐만 아니라 하나님을 떠남으로 생긴 모든 것을 의미한다. 이 책은 우리에게 "이 세상이나 이 세상에 있는 것들을 사랑하지 말라. … 이는 세상에 있는 모든 것이 육신의 정욕과 안목의 정욕과 이생의 자랑이니 다 아버지께로부터 온 것이 아니요, 세상으로부터 온 것이라"(요일 2:15-16)고 말해 주고 있다.

또한 전도서는 마 6:19-21의 말씀을 가르쳐 준다. ______

Note

4. 본서의 구조

주제-"모든 것이 헛되도다"-공허(1:1-3)

삶의 만족을 찾음(1:4-12:12)

-자연과 과학을 통해서(1:4-11)

-지혜와 철학을 통해서(1:12-18)

-기쁨을 통해서(2:1-11)

-물질을 통해서(2:12-26)

-운명론과 이기주의를 통해서(3:1-4:16)

-종교를 통해서(5:1-8)

-재산을 통해서(5:9-6:12)

-도덕을 통해서(7:1-12:12)

영적인 훈계(12:13-14)

5. 전도서에 나타난 헛된 것 10가지

1) 2:15-16절 인간 지혜의 헛됨-지혜자의 죽음과 우매자의 죽음이 일반이다.

2) 2:19-21절 인간 수고의 헛됨-수고자의 죽음과 지혜자의 죽음이 일반이다.

3) 2:26 인간 목적의 헛됨-인간은 일을 계획하나 하나님은 성패를 가르신다.

4) 4:4 시기의 헛됨-성공은 기쁨이 아닌 시기를 몰고 온다.

5) 4:8 욕심의 헛됨-모을수록 더 공허하다.

6) 4:16 명성의 헛됨-한 때 유명하나 곧 잊혀진다.

7) 5:10 부의 헛됨-돈이 만족을 주지 못한다.

8) 6:9 탐심의 헛됨-욕심은 더 큰 욕심을 낳는다.

9) 7:6 부질없는 일의 헛됨-시간 낭비는 슬픈 종말을 몰고 온다.

10) 8:10, 14절 인정의 헛됨-악인도 사람들에게 존경받는다.

6. 결론

우리가 전도서에서 얻을 수 있는 교훈은 하나님을 떠나 자신과 이 세상을 위해서 사는 삶은 헛된 것이며 하나님의 아들, 예수님을 제외한 해 아래 있는 어떤 것도 인간의 마음을 결코 만족시킬 수 없음을 아는 것이다. 시편 90:12을 읽어 보자.

아가서

1. 본서

아가서는 사랑의 시이며 유대인들은 이 시를 '성경의 지성소'라고 부른다. 제롬(Jerome)에 의하면 유대인은 30세가 되어서야 비로소 이 책을 읽는 것이 허락되었다고 말한다. 이 책도 성령의 감동에 의해서 기록됐으며 심오한 교훈을 준다.

2. 본서의 저자

1:1에 써진 것처럼 솔로몬이 이 책의 저자이다. 열왕기상 4:32을 보면 솔로몬이 1,005편 노래를 지었음을 알 수 있는데 그중의 하나가 아가서이다.

3. 중심 메시지

중심 메시지는 2:16에 나와 있다. 이 시의 메시지는 그리스도와 그의 구속한 백성의 연합인데 이것을 결혼 연합에 비유하였다.

4. 본서의 구조

첫 사랑(1:2–2:7)
머뭇거리는 사랑(2:8–3:5)
커가는 사랑(3:6–5:1)
바뀌어 가는 사랑(5:2–7:13)
성숙한 사랑(8:1–14)

(시간이 짧아 이 구조에 대한 공부를 많이 할 수 없으나, 여기에 나타난 사랑이란 단어를 성경에 표시해 보자)

Note

5. 성경의 해석자인 성경

아가서의 핵심은 시편 45편에서 발견된다. 이 시편은 "사랑의 노래"라고 불려지며 "왕의 결혼 찬가"이다. 이 시편에 솔로몬 왕에 대한 언급이 나온다. 첫 부분은 솔로몬에 대해서 언급하고 뒷 부분은 히브리서 1:7-8이 가르치는 것처럼 그리스도에 대해 언급하고 있다. 솔로몬의 노래인 이 시편은

1) 2-9절의 신랑에 대한 소개와

2) 10-17절의 신부에 대한 소개로 되어 있다.

6. 본서의 가르침

시편 45편과 더불어 이 책은 바울이 고린도후서 11:1-2에서 가르쳐 준 사실을 가르쳐 준다. 또한 에베소서 5:25-27도 가르쳐 준다. 아가서는 우리(교회)와 하늘에 계신 신랑, 우리 주 예수님과의 관계를 말해 주고 있다(이 책은 예수님께서 가르치실 때 사용하신 독특한 방법 중의 하나인 비유 형식으로 써졌다).

복습

- 잠언은 어떤 책인가?
- 솔로몬은 몇 편의 잠언을 썼는가?
- 전도서(Ecclesiastes)는 무슨 뜻인가?
- 이번 주에 공부한 세 권 책의 저자는 누구인가?
- 전도서의 중심 단어는 무엇인가?
- 아가서는 오늘날의 신자들에게 어떤 사실을 가르쳐 주는가?

과제

- 매일 3장씩 이사야서를 읽어 보자. 다 읽기 어렵다면 중심 장인 1, 2, 4, 6, 7, 9, 11, 14, 35, 38, 39, 40, 41, 44, 45, 53, 55, 59, 61, 63, 66장을 읽어 보자.
- 이 과에 나오는 3권의 책을 복습해 보자.
- 성경을 읽다가 깨닫게 된 새로운 진리들을 찾아 밑줄을 그어 보자.

Week 18
이사야

1. 구약의 마지막 부분

이제 우리는 구약의 마지막 부분에 와 있다. 지금까지 22권의 책을 공부했고 마지막으로 예언서 17권을 남겨 놓고 있다. 기억을 더듬어 첫 부분부터 구약을 복습해 보자.

구약의 첫 부분 17권은 다음과 같이 나뉜다.

모세오경- 구속사적인 율법(5권)

여호수아부터 에스더- 역사(12권)

중간부분(5권)

여기에는 욥기, 시편, 잠언, 전도서, 아가서가 들어 있다. 이 다섯 권은 개인적이며 인간 마음의 문제를 다루고 있다. 이들은 모두 시가이다.

마지막 17권은 예언서이며 첫 부분처럼 5권과 12권으로 구분된다.

대선지서(5권)

소선지서(12권)

2. 예언자(Prophet)의 의미(삼상 9:9)

선지자(Prophet)의 "Pro-"는 Provide와 같이 "전에"를 뜻하지 않고 "-대신"이라는 뜻을 가지고 있다. 그리고 prophet의 나머지 부분은 그리스어의 "phemi"에서 온 것으로 "말한다"는 의미를 가지고 있다. 그러므로 선지자(Prophet)란 단어는 "대신 말하는 사람"이라는 뜻이다. 이러한 예는 출애굽기 7:1에서 보게 된다. 하나님께서 모세에게 말씀하시기를, "내가 너를 바로에게 신 같이 되게 하였은즉 네 형 아론은 네 대언자가 되리라"고 하셨다. 아론은 모세를 위해 대신 말했던 것이다.

예언은 단순한 예고를 뜻하는 것이 아니다. 오늘날 예언이란 말을 보통 미리 말하는 것으로만 안다. 그러나 예언은 예고적 의미 외에 하나님에 의해 영감된 진리를 선포하는 것이다. 예고적 의미에서의 예언은 하나님의 직접적인 영감에 의해서만 나타나게 될 미래를 선포하는 것이다(사 2:1을 보자. "이사야가 받은 말씀").

Note

3. 선지자의 자격

가장 좋은 예는 하나님께서 말씀하신 신명기 18:15, 18절과 같은 메시아에 대한 예언이다.

사도행전 3:22-23을 적어 보자. ____________________

____

____

선지자에 대한 식별 방법은 신명기 18:22에 나온다.

선지자는 자기 백성의 윤리적이고 종교적인 삶을 다룬다. 선지자는 항상 히브리 사람이었다.

4. 중심 메시지

보좌(6:1)- 어린양(53:7)

어린양- 보좌 가운데 계신(계 7:17; 4:2)

5. 본서의 구조

하나님의 심판- 하나님의 통치 1-39장

- 유다와 예루살렘에 대한 심판(1-12장)
- 이방 나라들에 대한 심판(13-27장)
- 경고와 약속(28-35장)
- 역사(36-39장, 왕하 18-20장을 보자.)

하나님의 위로- 하나님의 은혜 40-66장

- 여호와와 우상(40-48장)
- 오실 메시아(49-57장)
- 최후 회복과 약속된 영광(58-66장)

6. 본서의 예언적 관점

이사야서에는 예언적 관점에 관한 신적인 계시가 나타나 있다.

심판(1–39장)

- 당시에 일어날 일들을 보았다.
- 닥쳐 올 바벨론 포로를 보았다(39:6).

소망(40–66장)

- 오실 그리스도를 보았다. 초림(7장)과 재림(11장)–61장
- 최후 선언–천년 왕국, 새하늘과 새땅(66장)

7. 66장을 기억하는 법

1) 이사야는 66장이다– 성경도 66권

2) 이사야는 두 부분으로 되어있다– 39장과 27장
   성경은 39권의 구약과 27권의 신약으로 되어있다.

3) 이사야서의 첫 부분의 주안점은 심판이다.
   구약의 주안점은 율법이다.
   이사야 둘째 부분의 주안점은 소망이다.
   신약의 주안점은 은혜이다.

8. 이사야를 예언자로 부르심

우리는 6장에서 하나님께서 이사야를 부르시는 생생한 모습을 보게 된다.

하나님의 영광을 봄(6:1–4; 요 12:41을 보자)

이로 인해 자신의 죄를 고백하게 되었다(5절).

그는 용서되었고 깨끗하게 되었다(6–7절).

그는 하나님의 부르심을 들었다(8절).

그는 헌신했다(8절).

그는 사명을 받았다(9–13절).

이것들을 당신의 신앙생활의 단계에 적용할 수 있다.

9. 그리스도의 탄생을 본 이사야

이사야 7:14과 마태복음 1:23을 보자. ______________________________

Note

이사야 9:6-7과 누가복음 2:11을 적어 보자.

이사야는 예수님의 십자가 죽으심을 보았다(사 53장). 이사야는 또 그분의 재림과 왕국 통치도 보았다. 이사야 11:1, 6, 8절; 59:20-21, 로마서 11:26-27을 적어 보자.

10. 복음적인 선지자 이사야(53장)

이사야에서의 메시아에 관한 많은 예언 중에서 특히 53장은 분명하게 드러나 있다. 기원전 700년 경에 쓰인 이것은 성경의 영적 기적을 뒷받침해 주기도 한다. 53장은 인류 역사 중 한 분께만 초점을 맞추고 있다– 갈보리의 그분!

1) 그분은 비천한 몸으로 오신다– "마른 땅에서 나온 뿌리"(2절). 로마서 15:12과 이사야 11:1을 적어 보자.

2) 그분은 "멸시를 받아 사람들에게 버림"받는다(3절). 마태복음 27:30-31을 적어 보자.

3) 그분은 우리를 위해 고통을 당하신다. "그가 상함은 우리의 죄악 때문이라"(5절). 베드로전서 2:24을 적어 보자.

4) 하나님께서는 우리 대신 그분을 고통당하게 하셨다. "여호와께서는 우리 모두의 죄악을 그에게 담당시키셨도다"(6절). 마태복음 8:17을 적어 보자.

5) “그가 곤욕을 당하여 괴로울 때에도 그의 입을 열지 아니하였음이여”(7절). 사도행전 8:32–33을 적어 보자.

6) 그분은 흉악한 죄인으로 처형당한다. “그는 곤욕과 심문을 당하고”(8절). 사도행전 4:27–28을 적어 보자.

7) 그분은 죄가 없으시다. “그는 강포를 행하지 아니하였고”(9절). 베드로전서 2:22을 적어 보자.

8) “나의 의로운 종이 자기 지식으로 많은 사람을 의롭게 하며”(11절). 로마서 5:15을 적어 보자.

9) “그가 자기 영혼을 버려 사망에 이르게 하며”(12절). 로마서 3:25을 적어 보자.

10) “그가 범죄자 중 하나로 헤아림을 받았음이니라”(12절). 마태복음 27:38을 적어 보자.

11) “그가 많은 사람의 죄를 담당하며”(12절). 베드로전서 2:24을 적어 보자.

12) “범죄자를 위하여 기도하였느니라”(12절). 누가복음 23:34을 적어 보자.

11. 이사야와 신약

이사야서는 신약성경에 66번 인용되었다. 찾아 읽고 성경에 표시해 보자.

Note

〈인용한 사람〉	〈구절〉
마태	마태복음 4:14–16, 8:17
세례 요한	요한복음 1:23
예수님	누가복음 4:16–21
사도 요한	요한복음 12:38–41
에티오피아 사람	사도행전 8:28
바울	사도행전 28:25–27, 로마서 9:27, 29절; 10:16, 20절, 15:12

이사야는 제5복음주의자로 불리며 이사야서는 제5복음서로 불려지고 있다.

복습

- "예언자"(Prophet)의 뜻은 무엇인가?
- 이사야서의 중심 메시지는 무엇인가?
- 이사야서를 두 부분으로 이야기해 보라.
- 이 책은 성경과 어떻게 조화를 이루고 있는가?

과제

- 예레미야와 예레미야애가를 읽어 보자. 다 읽기 어렵다면 중심 장인 예레미야 1, 7, 11, 14, 15, 21, 23, 24, 25, 30, 31, 33, 39, 52장을 읽어 보자.
- 이사야서를 복습해 보자.
- 성경을 읽다가 깨닫게 된 새로운 진리들을 찾아 밑줄을 그어 보자.

Week 19

예레미야, 예레미야애가

예레미야

1. 본서

예레미야서는 주제별이나 연대기적 순서로 되어 있지 않다. 이 책을 읽을 때는 구체적으로 명시된 것을 제외하는 모두 시간적 요소를 배제해야 하며 예레미야가 각 장에서 다루고 있는 일에 집중해야 한다.

2. 본서의 저자

예레미야는 우리의 현실과 비슷한 죄악의 시대에 살고 있었다. 이사야는 유다가 하나님께로 돌아오지 않으면 심판이 임한다고 예언했다. 그리고 예레미야는 그 심판이 눈 앞에 다가왔으며 그 형벌을 면할 길이 없다고 통고했다.

예레미야는 "눈물의 선지자", "상한 심령의 선지자"로 불린다(9:1, 13:17).

예레미야 시대의 역사적인 배경은 열왕기하 22-25장에 나타나 있다.

3. 예레미야는 누구인가?

예레미야서는 그의 개인적인 역사를 많이 제시해 주고 있기 때문에 자서전적인 성격이 강하다.

제사장으로 태어남(1:1)

그가 태어나기 전에 선지자로 택함 받음(1:5)

선지자 사역을 위해 부름(1:7)

무서운 때여서 결혼을 금하심(16:1–4)

그의 백성에게 거부당하고(11:18–21), 미움을 당하고 매 맞음(20:1–3), 옥에 갇힘(37:11–16)

그의 사역을 포기하려고 하지만 다시 그 일을 계속함(20:9)

Note

4. 중심 메시지

"너는 가라–내가 오늘 너를 여러 나라와 왕국 위에 세워 네가 그것들을 뽑고 파괴하며 파멸하고 넘어뜨리며 건설하고 심게 하였느니라"(1:7, 10절; 26:12–13). 만일 사람이 하나님의 말씀을 받아들이면 생명을 주시지만 그것을 거절하면 심판이 있게 된다(요 3:36).

5. 본서의 구조

선지자를 부르심(1장)

유다가 멸망하기 전에 주어진 설교(2–38장)

예루살렘과 유다의 멸망(39장)

남은 유다인에게 주신 메시지(40–45장)

이방 나라들에 관한 예언(46–51장)

부록–유다의 멸망을 돌아 봄(52장)

6. 본서의 구조에 따른 개요

1) 1–39장은 예루살렘 멸망 전의 이야기이다. 1장에서는 선지자를 부르시고 2–20장에서는 일반적 예언이 주어지지만 구원의 때가 필연적으로 제시된 것은 아니었다. 21–39장에는 특별한 예언이 나타나 있고 각 장의 첫 단어마다 구원의 때를 제시해 준다.
2) 39장은 바벨론에 의한 예루살렘의 멸망을 기록한다.
3) 46–51장은 이방 나라들에 대한 예언을 기록한다.

7. 메시아에 대한 예언

1) 예레미야의 사역은 그리스도와 장래에 관한 놀라운 예언들을 담고 있다. 예레미야 23:3–6을 적어 보자. ______________________________

의로운 "가지", "한 왕", "여호와 우리의 공의"와 같은 말은 모두 그리스도를 가리키고 있다. 누가복음 1:30-33을 적어 보자. ______

______

______

______

2) 예레미야 30:1-10에서 우리는 복음(기쁜소식)을 보게 된다-"내 백성 이스라엘과 유다의 포로를 돌아가게 할 날이 오리니"-"내가 그들을 그 조상들에게 준 땅으로 돌아오게 할 것이니 그들이 그 땅을 차지하리라"-"내가 그들을 위하여 세울 그들의 왕 다윗을 섬기리라." 이것은 천년 왕국의 한 장면이다. 흩어진 백성들이 다시 모이며 그 땅을 차지하고 메시아 왕의 통치를 받게 된다(롬 11:26-27과 비교해 보자).

3) 예레미야 33:15을 적어 보자. ______

______

("가지"는 그리스도를 가리킨다. 롬 1:3을 보라)

하나님께서 다윗과 맺으신 언약을 상기해 보자(삼하 7:8-16).

이 예언은 주 예수 그리스도의 재림에 관한 것으로 그 때에 그가 왕으로 통치하실 것이라는 것이다.

8. 새 언약- 예레미야 31:31-34

예레미야는 만일 이스라엘 백성에게 소망의 빛이 비친다 할지라도 그것은 옛 모세의 율법으로 되돌아가는 것이 아님을 알았다. 하나님께서는 예레미야에게 율법이 아닌 새 언약 즉 은혜의 언약을 보여 주셨다. 이 언약은 다윗의 자손 안에서 이루어질 것이라고 했다.

드디어 다윗의 자손이 오셨고 새 언약은 그의 피로 성취되었다.

히브리서 8:6-7을 적어 보자. ______

______

______

히브리서 8:8-12에서 예레미야의 예언을 인용해 보자.

히브리서 9:14-15도 적어 보자. ______

______

예레미야는 현재의 교회 시대를 볼 수는 없었다. 그러나 그는 이 세대 너머에 있는 영광스런 그리스도의 왕국을 분명하게 볼 수 있었다. 그의 백성 유대인들은(예외가 있긴 하지만) 아직도 그들이 찔렀던 그 분을 메시아로, 구세주로 공경할 날을 기다리고 있다.

Note

9. 예레미야가 말하는 하나님

하나님께서는 하나님 자신을 위해 말할 사람을 부르신다(1:5-9).

하나님께서는 인간의 모든 일을 통치하신다(18:6-10).

하나님께서는 죄를 그냥 두시지 않는다(17:5-6).

하나님께서는 이스라엘에 대한 그의 약속을 신실하게 지키신다(31:1-9).

하나님께서는 메시아를 보내셔서 그의 통치를 시작하신다(23:5-6, 30:7-9, 33:15-16).

참고할 만한 부분은 다음과 같다.

- 신실하지 못한 목자에 대한 메시지(23:1-2).
- 70년 유수에 대한 예언(25:9-13).
- 불살라졌으나 소멸되지 않는 말씀(36:18-28).

예레미야애가

1. 본서

예레미야에 의해 써진 이 책은 예레미야서에 예언된 것과 같은 사건 즉, 예루살렘의 멸망을 돌아보고 있다. 예레미야애가는 애도의 책이다. 그는 잡혀가는 이스라엘 백성과 파괴된 거룩한 성을 보고 슬픔에 빠지게 된다.

2. 본서의 이름

본서의 이름은 슬픔 혹은 목 놓아 욺을 뜻하는 히브리어의 '키노트'(Qinoth)와 그리스어의 트레노이(Threnoi)에서 온 것이다.

3. 성경 속 본서 위치

이 책은 유대인의 구약 분류 저술에 속하며(율법, 예언, 저술), '메길로트'(Megilloth)

혹은 '두루마리'의 일부이다. 두루마리는 유대인의 공식 절기에 읽혀지는 것으로 다섯 권의 책으로 되어 있다.

아가서–유월절에

룻기–오순절에

전도서–회막절에

에스더서–부림절에

애가서–예루살렘 멸망 기념일에

4. 특징과 문학 형식

예레미야애가는 5편의 시, 혹은 비가로 되어있다. 중간 장인 3장을 제외하고 모든 장은 22절로 구성되어 있다. 그러나 3장은 다른 장의 3배인 66절로 되어있다. 이것은 히브리어의 알파벳 수가 22개이기 때문이다. 1,2,3,4장의 각 절은 히브리어 알파벳의 순서대로 시작된다. 3장은 3절씩 알파벳순으로 시작되기 때문에 66절도 22개 문자와 관계가 있다. 5장은 22절로 되어 있으나 다른 장과 같은 형식은 아니다.

5. 본서의 구조

예루살렘의 처지(1장)

여호와의 진노(2장)

예레미야의 슬픔(3장)

여호와의 진노– 두 번째(4장)

예루살렘의 기도(5장)

6. 본서의 메시지

1) 예루살렘의 죄에 대해 슬퍼한다(1:18–21). 누가복음 13:34–35, 19:41–44과 비교해 보자. ______________________________

____

____

2) 회개–3:59, 5:16. 마태복음 10:32을 적어 보자. ______________________________

____

로마서 10:9을 적어 보자. ______________________________

Note

3) 한 줄기의 소망(3:21–32; 5:21)

바벨론은 정복자였고 예루살렘은 피정복민이었다. 그러나 그것이 장차 예루살렘에게는 영광, 바벨론에게는 심판이 될 것이다.

골로새서 1:4–5을 적어 보자.

골로새서 1:27도 적어 보자.

4) 하나님의 자비하심과 선하심– 3:21–32 "주의 성실하심이 크시도소이다"라는 예레미야의 말을 들을 수 있다(애 3:23).

데살로니가전서 5:24과 데살로니가후서 3:3을 적어 보자.

복습

- 예레미야는 ________________로 알려져 있다.
- 예레미야가 선지자로 택함을 입은 것은 언제인가?
- 예레미야가 보고 기록한 언약은 무엇인가?
- 예레미야가 슬퍼하는 이유는 무엇인가?

과제

- 에스겔서를 매일 7장씩 읽어 보자. 다 읽기 어렵다면 중심 장인 1, 2, 3, 8, 11, 20, 26, 28, 34, 36, 37장을 읽어 보자.
- 이번 주에 배운 것들을 복습해 보자.
- 성경을 읽다가 깨닫게 된 새로운 진리들을 찾아 밑줄을 그어 보자.

Week 20
에스겔

1. 본서

바벨론의 느부갓네살의 두 번째 유다 침공으로(기원전 597년)잡혀 간 유대인 중에 에스겔이란 사람이 있었다. 다니엘은 첫 번째 침공(기원전 606년)때 잡혀 갔었다. 다니엘이 하나님께서 왕궁에 보내신 대사였다면 에스겔은 유대인 포로들을 위한 선지자였다.

에스겔은 예레미야처럼 선지자이면서 제사장이었다(1:3). 그가 바벨론에 있는 유대인들에게 선지자 사역을 시작할 때 그의 나이는 30세였다(1:1). 그가 예언을 시작할 때는 바벨론의 포로가 된 지 5년째가 되는 때였다(1:2). 그는 6년 동안 예루살렘의 멸망에 대해 말했다. 이 책은 예루살렘 멸망에 관한 이야기가 거의 반을 차지하고 있다(24장). 에스겔의 이름은 "하나님께서 강하게 하심"이라는 뜻을 가지고 있다.

2. 본서의 저자

하나님께서 그에게 보여 주신 것을 다 적을 수 있는 사람은 에스겔 말고는 없었을 것이다.

3. 중심 메시지

우리는 이 책에서 하나님의 중요한 메시지를 70번이나 읽게 될 것이다. "그들이 나를 여호와인줄 알리라"(6:7, 10, 13, 14절; 7:4, 9, 27절; 11:10, 12:16 등).

4. 본서의 구조

에스겔을 부르시고 보내심(1–3장)

예루살렘에 대한 심판(4–24장)

Note

- 4–7장 심판에 대한 예언
- 8–11장 심판에 대한 이유
- 12–24장 심판에 대한 상징과 메시지

유다의 적들에 대한 심판(25–32장)

이스라엘의 회복(33–39장)

천년 왕국 시대의 이스라엘(40–48장)

5. 에스겔을 부르시고 보내심 1-3장

1) 하나님께서 환상을 통해 그를 부르시고 사역을 맡기신다. "내가 보고 곧 엎드려 말씀하시는 이의 음성을 들으니라", "일어서라", "들으니", "보내노라", "말하라"(2:1–4).

   에스겔 1:28과 요한계시록 1:17을 적고 비교해 보자.

2) 다음과 같은 해석도 존재한다. 에스겔은 네 개의 얼굴을 가진 네 그룹들이 동반한 폭풍과 불 가운데서 심판의 징표를 보게 된다–같은 생물이 창세기 3:24의 에덴동산과 요한계시록 4:6–8의 하나님의 보좌에 나타난다. 네 개의 얼굴은–사자, 소, 사람, 독수리였다.

   하나님의 아들이 육신이 되었을 때 마태복음은 그를 사자로, 마가복음은 소로, 누가복음은 사람으로, 요한복음은 독수리로 묘사하였다.

3) 에스겔의 사명은 2:3에서 시작된다.

6. 예루살렘에 대한 심판 4-24장

1) 에스겔은 바벨론에 있는 유대인들에게 예루살렘이 파괴될 것을 말해 주었다. 그는 이 메시지를 환상을 통해 받는다(8–11장). 그는 8장에서 유다가 성전을 모독하는 것을 보게 된다.

- 질투의 우상(3절)
- 이스라엘 족속의 장로중 70인이 짐승들에게 향을 드림(7–12절)
- 여인들이 담무스(그리스의 신)를 위하여 애곡(3–15절)
- 25인이 태양에 예배(16절)
- 여호와께서 말씀하시기를 "나도 분노로 갚겠다"(17–18절)
- 심판을 묘사(9장)

- 하나님께서 성전을 떠나심(10장)
- 여호와의 영광이 예루살렘에서 떠난다. 그 성의 운명이 정해졌다. 에스겔은 이것이 다가오고 있음을 보았다(11장).

2) 에스겔은 상징적인 행동을 통해서 가르쳤고 예언했다. 이렇게 보이는 것으로 예언한 것은 백성들에게 인상을 주어 그 메시지를 기억하게 하기 위함이었다.

(상징적인 행동들)

- 하나님께서 그를 벙어리가 되게 하심(3:26-27, 24:27)
- 어떤 특정한 자세를 보임- 왼쪽으로 누워 여러 날을 보냄(4:4-8)
- 토판의 징표- 예루살렘을 에워쌈(4:1-3)
- 머리를 깎음- (5:1-17)
- 행장을 이주시킴- (12:1-17)
- 아내의 죽음도 슬퍼하지 않음- (24:15-27)

예수님께서 가르침을 위해 사용하셨던 상징들을 적어 보자. ____________________

____

____

7. 이스라엘의 적들에 대한 심판 25-32장

우리는 여러 나라 중 두로에 대해서만 알아보려고 한다.

1) 두로에 대한 예언(26-28장)

26:7-11은 느부갓네살이 그 성을 정복했을 때 일어난 사건이다. 이때의 예언은 14-21절에 나타난다. 이것은 250년 후에 알렉산더 대왕에 의해 정확히 성취되었다.

2) 두로의 배후에 있는 악의 세력- 사탄(28장)

1-10절에서 우리는 하나님께서 두로를 심판하시는 배후에 숨어 있는 이유를 알게 된다. 하나님께서 말씀하신 두로 왕의 교만은 사실상 사악한 세력, 사탄을 두고 하신 말씀이다. 하나님께서는 자주 다른 간접적인 세력을 통해 사탄에 대해 말씀하신다.

창세기 3:14-15에서는 뱀을 통해 사탄에게 말씀하신다.

마태복음 16:23에서는 시몬 베드로를 통해 사탄에게 말씀하신다.

에스겔 28:12-19를 보게 되면 하나님께서는 에스겔로 하여금 두로 왕을 통해 사탄에게 말하게 하신다. 여기서 하나님께서는 타락하기 전 사탄의 모습에 대해 말씀하고 계신다.

"지혜와 아름다움"(12절)

Note

"네가 에덴에 있어서"(13절)

"기름부음을 받고 지키는 그룹"(14절)

"완전"–"마침내 불의가 드러남"(15절)

"네가 범죄하였도다"–"그러므로 내가 너를 하나님의 산에서 쫓아냈고"(16절, 눅 10:17–18을 보라)

"네가 아름다우므로 마음이 교만하였으며"–교만(17절)

이제 이사야 14:12–14을 읽어 보자.

이 두 성경(겔 28장, 사 14장)은 사탄의 타락과 그의 타락 전 상태를 보여 주고 있다.

8. 이스라엘의 회복 33-39장(이 예언들 중에서 두 가지만 공부하게 된다)

1) 참 목자(34장)

거짓 목자의 모습이 34:1–10에 나타나 있다.

참 목자(예수님)의 모습이 11–31절에 잘 묘사되어 있다.

요한복음 10:1–14을 읽고 "양"이나 "목자"라는 단어가 들어 있는 절을 적어 보자. ______________________________

____

____

시편 23편을 읽어 보자.

히브리서 13:20과 베드로전서 5:4을 적어 보자. ______________________________

____

____

2) 골짜기와 마른 뼈들의 환상(37장)

이것은 이스라엘의 회복에 관한 환상이다.

이 환상은 개인적인 회복이 아닌 그들의 국가적인 회복을 상징하고 있다(37:11–14). 11–14절에 설명된 환상을 잘 읽어 보자. 이스라엘과 유다의 두 왕국은 마치 두 막대기가 하나가 된 것처럼 하나가 될 것이다(22절). 또한 메시아 왕, 다윗이 그들을 통치하게 될 것이다(24–25절). 이것은 아직 성취되지 않았다. 바울은 신약에서 이것을 명확하게 설명한다.

로마서 11:1 ______________________________

____

로마서 11:26-27 ____

____

____

9. 천년 왕국 시대의 이스라엘 40-48장

천년 성전(40-42장)

그리스도의 통치와 하나님의 영광을 위하여(43:1-17)

동쪽을 향한 바깥 문이 닫힘(44:2)

제물(40:39-43; 42:13; 43:19-27)

천년 왕국에 대한 다른 성경 구절(슥 14장, 계 19:11-20:6)

예루살렘은 "여호와삼마"라 불리워질 것이다. 그 뜻은 "여호와께서 거기 계시다"이다(48:35).

복습

- 에스겔은 ______________________________을 위한 선지자다.
- 에스겔의 중심 메시지는 무엇인가?
- 에스겔은 메시지를 전달하는데 있어 기억에 오래 남을 수 있는 독특한 방법을 사용했다. 그러한 방법을 오늘날 무엇이라고 부르는가?
- 하나님께서는 이스라엘의 적들을 심판하셨다. 그 나라들을 열거해 보자.
- 두로 왕의 배후에 있는 악의 세력은 누구인가?

과제

- 매일 2장씩 다니엘서를 읽어 보자.
- 에스겔서를 복습해 보자.
- 성경을 읽다가 깨닫게 된 새로운 진리들을 찾아 밑줄을 그어 보자.

Week 21
다니엘

1. 다니엘은 누구인가?

에스겔이 느부갓네살에 의해 잡혀 오기 8년 전에 젊은 청년 다니엘도 느부갓네살에 의해 예루살렘에서 바벨론으로 잡혀 왔다. 그는 젊고, 영리했으며 뛰어난 지혜를 가지고 있었다(1:4). 다니엘은 하나님께서 의롭다고 하신 몇 명 중의 한 사람이었다. 성경은 그를 세 번씩이나 "크게 은총을 입은 자"라고 말한다(9:23, 10:11, 19)—사드락, 메삭, 아벳느고(바벨론식 이름)였다. "다니엘"이름의 뜻은 "하나님은 심판이시라"는 뜻이다.

2. 본서

계시록이 신약에서의 '묵시록'인 반면에 다니엘은 구약에서의 '묵시록'이다. 묵시(Apocalypse)란 단어의 뜻은 "숨겨진 하나님의 계획을 나타낸다"는 것이다. 숨겨진 하나님의 목적은 하나님께서 나타내실 때에야 비로소 우리가 알 수 있다. 다니엘서에 주로 사용된 방법은 환상이다. 다니엘서에는 "환상"(이상), "환상들"이라는 말이 32회나 나온다.

다니엘은 분명히 "이방인의 때"의 선지자이다(눅 21:24). 그가 본 환상은 이방 세계 통치의 전 과정을 종말까지 메시아 왕국에서 그 정점을 이룬다.

3. 중심 메시지

"지극히 높으신 이가 사람의 나라를 다스리시며 자기의 뜻대로 그것을 누구에게든지 주시며"(4:17, 25, 32절).

이 주제는 같은 포로기의 책인 에스겔과 본질적으로는 같다. 에스겔의 주제는 "그들이 나를 여호와인 줄 알리라"였다.

4. 본서의 구조

역사(1–6장)

예언(7–12장)

(역사 부분은 하나님께서 다니엘에게 그분의 계획을 말씀하신 것으로 가까운 장래에 대해 말씀하셨고 그 일들은 실제로 일어났다. 그러나 처음 6장은 역사일 뿐만 아니라 먼 장래에 성취될 일을 말해 주고 있다. 예를 들면, 3장은 극렬히 타는 풀무 속의 히브리 세 청년 이야기를 기록하고 있지만 그것은 대환란 때의 이스라엘 모습을 말하고 있다. 2장은 느부갓네살의 꿈을 보여 주고 있고, 2장의 대부분은 역사이지만 그것은 이방인의 때의 종말을 말하고 있다. 예언 부분인 7–12장은 이 세대의 사건과 종말 사건을 다루고 있다)

5. 다니엘서와 계시록

다양한 해석 중 다니엘서와 계시록을 함께 해석하는 의견도 존재한다. 다니엘서는 계시록 없이 충분히 이해될 수 없으며 계시록도 다니엘서 없이는 충분한 이해가 불가능하다. 다니엘과 요한은 주님의 사랑을 받은 자들로 포로 중에 하나님의 환상을 보았다– 다니엘은 바벨론 포로 중이었고 요한은 밧모섬에 유배되어 있었다. 계시록에는 예언이라는 사실이 5번 기록되어 있으며(계 1:3; 22:7, 10, 18, 19절) 다니엘은 선지자였다. 예수님도 그를 선지자라고 부르셨다(마 24:15).

____

____

다니엘에서 인봉된 것이 계시록에서 그 인이 떨어진다. 다니엘 12:8–9과 요한계시록 5:1–5을 비교해 보자. ______________________________

____

____

____

____

____

____

____

다니엘의 눈에 숨겨졌던 것이 계시록에 와서 드러나게 된다.

6. 느부갓네살의 꿈과 다니엘의 환상 2, 7장

하나님께서는 느부갓네살에게 꿈을 꾸게 하셨다. 그 꿈은 장래에 나타날 세상 권력에 대한 예언적 개요(2장)였다. 그로부터 60년 후에 꿈이라고도 할 수 있는 한 환상을 다니엘이 보게 된다. 이 환상도 세상 권력에 관한 것이었다(7장).

Note

느부갓네살의 꿈	다니엘의 꿈
배경 2:1–30 꿈 2:31–35 해석 2:36–45 결과 2:46–49	배경 7:1 꿈 7:2–14, 21–22 해석 7:15–26 결과 7:27–28

느부갓네살	성취	다니엘
느부갓네살의 꿈–신상	세상 권력들	다니엘의 환상– 네 짐승
다니엘 2:31–35(29절–"장래 일")	바벨론	다니엘 7:1–27(18절–"성도들이 영원히 나라를 얻으리니")
머리–(38절)–금	메대–바사	사자(4절)
가슴과 팔–(39, 32절)–은	그리스	곰(5절)
배와 넓적다리–(39절)–놋	로마	표범(6절)
종아리–(40절)–철	구로마 제국	전의 모든 짐승과 다른 짐승–(7, 19절)
열발가락–(41, 42절)	적그리스도	열 뿔–(7, 20절) 작은 뿔–(8, 21절)
뜨인돌(34, 35, 45절)	그리스도	옛적부터 항상 계신 이–(22절)
태산(35절)	천년 왕국	영원한 나라–(27절)

큰 신상과 짐승으로 상징된 네 나라들은 실제 역사상 존재했던 나라들이었다. 그

다음에 오게 될 뜨인 돌 왕국(주님의 천년 왕국—왕이신 예수님)도 실제 나라일 것이다.

시편 118:22—23을 적어 보자. ____________________

____

____

____

누가복음 20:17—18과 비교해 보자.

7. 느부갓네살의 금신상 3장

그는 모든 백성에게 그 신상에 경배하도록 했으나 히브리에서 온 세 청년은 이를 거절하여 극렬히 타는 풀무에 던져지게 되었다. 그러나 하나님께서는 불꽃이 그들을 상하지 못하게 보호하셨다(25절).

히브리서 11:33—34을 읽어 보자. 우리는 "믿음으로" 구원받았다.

4장에서 느부갓네살은 꿈에 큰 나무를 보게 된다. 역시 다니엘이 그 꿈을 해석해 주는데 하나님께서 다니엘에게 보여 주신 그대로 일이 일어난다(19—28절).

그 왕은 대환란을 상징하는 7년 동안 정신 착란으로 쫓겨나게 된다. 그 그루터기는 보존되며 7년 후에 싹이 나게 된다(15, 23절). 이것은 주님을 찾게 된 "무릎 꿇은" 이방 나라들을 상징하고 있다(행 15:14—18).

5장에 가면 벽에 글을 쓴 손가락 사건이 나온다.

6장에서는 사자굴 속에 들어간 다니엘과 구해 주시는 하나님이 등장한다(26—28절).

8장은 두 번째와 세 번째 나라인 메데—바사와 그리스에 대해 자세히 알려 주고 있다.

8. 다니엘의 70이레 9장

이 장은 성경의 봉우리와 같은 장이다. 천사 가브리엘(21절)이 하나님의 계시를 전달한다. 그 계시가 24—27절에 나와 있다.

- 70주, 70—7주=490년(렘 25:11—12; 레 26:33—34을 읽게 되면 그 중요성을 알게 될 것이다)

성경은 이 70이레를 세 기간으로 나눈다(교회 시대는 중간기). 25절의 7이레는(49년) "예루살렘을 회복하고 중건하라는 명령"과 함께 시작된다(스 1장, 스 6장, 느 2장). 이 일은 우리가 에스라와 느헤미야에서 보았듯이 그대로 이루어졌다.

- 62이레—434년(기원전 396년부터 기원후 38년 까지)

메시아의 죽음—십자가 사건(26절)을 말한다. 70번째 이레는 따로 떼어져 있다. 69번째, 70번째 사이에 중간 기간 즉, 교회 시대가 있다. 27절의 "한 이레 동안"을 유의하자. 그때에 이스라엘은 적그리스도로 말미암아 언약이 깨어지게 된다. 이 기간이 바로 7년 대환란이다. 이 기간은 다시 2개의 3년 반으로 나누어지는데 성경에서는 3년 반, 42달, 1260일로 소개하고 있다. 70이레 마지막(대 환란 후)에 그리스도께서 재림하시게 된다. 70번째 이레, 대환란은 아직 시작되지 않았다. 그러나 곧 닥치게 될 것이다.

데살로니가전서 4:13-18을 읽어 보자.

이것을 아래 표로 알아 보자.

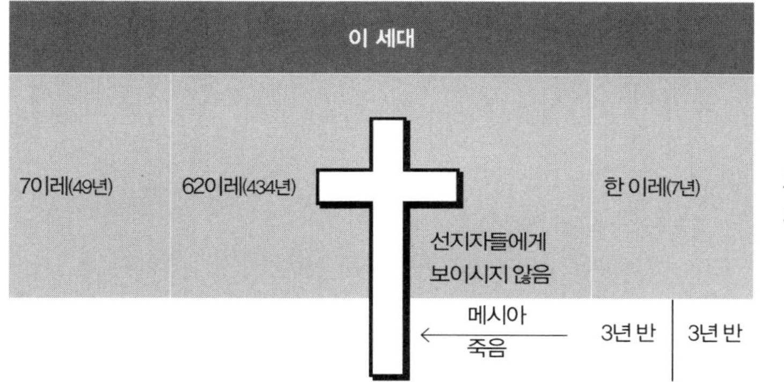

9. 하나님의 영광에 대한 환상

마지막 3장에 마지막 환상과 마지막 비밀들이 나타난다.

복습

- 다니엘은 ______________ 의 선지자였다.
- 2장과 7장은 어떤 관련성이 있는가?
- 70이레는 몇 년을 의미하는가?

Note

과제

- 다음 성경을 매일 2장씩 읽어 보자.

호세아 1, 2, 3, 4, 6, 13, 14장

요엘 1, 2, 3장

아모스 2, 3, 5, 8, 9장

- 이번 주에 배운 것을 복습해 보자.
- 성경을 읽다가 깨닫게 된 새로운 진리들을 찾아 밑줄을 그어 보자.

Week 22
호세아, 요엘, 아모스

호세아

1. 본서

호세아는 아모스와 동시대 사람으로 둘 다 북이스라엘에게 예언했다. 호세아는 흔히 '이스라엘 위기의 선지자'로 불린다. 이스라엘은 하나님께서 심판을 더 이상 지체할 수 없을 정도로 영적으로 타락되어 있었다. 열왕기하 15-17장은 호세아 시대의 우상숭배와 성적 타락의 무서운 죄들을 기록하고 있다.

2. 중심 메시지

"우리가 여호와께로 돌아가자"–호세아 6:1("돌아가자"라는 말이 호세아에 15번 나온다).

3. 본서의 구조

호세아의 결혼–하나님과 이스라엘의 관계에 비유(1-3장)

죄, 심판, 이스라엘의 궁극적 축복(4-14장)

4. 호세아의 결혼

1) 호세아의 비통한 결혼을 통해서 그는 하나님에 대한 이스라엘의 범죄를 보게 된다. 호세아의 아내 고멜은 이스라엘을 상징하고 있다(1:1-4).
   그의 자녀들도 심판을 상징하는 이름이 붙여졌다.
   이스르엘(1:4-5)은 "하나님이 흩으심"을 의미한다.

로루하마(1:6-7)는 "긍휼히 여김을 받지 못한 자"라는 뜻을 가지고 있다.

로암미(1:8-9)는 "내 백성이 아니라"를 의미한다.

호세아의 아내 고멜에 대한 인내, 동정, 되찾음, 징벌, 회복은 하나님께서 범죄한 이스라엘에 대해서 행하는 것과 같다.

2) 이스라엘에 대한 징벌이 2장에 묘사되어 있다. 그 상징과 예언은 그대로 성취되었다(왕하 15:19-20; 17:5-23). 이스라엘 장래의 회복을 말해 주기 위해 아이들에게 새로운 이름이 주어진다-이스르엘(흩으심)이 "함께 모임"으로(1:11) 바뀐다.

"로암미"(나의 백성이 아님)가 "암미"(나의 백성)로 "로루하마"(긍휼히 여김을 받지 못한 자)가 "루하마"(긍휼히 여김을 받음)로 바뀌게 된다.

3) 이스라엘의 훗날에 대한 묘사는 3장에 나타난다. 그리하여 1-3장은 이스라엘의 과거, 현재, 미래에 대한 전체 이야기이다. 3:2에서 구속을 볼 수 있다.

5. 죄, 심판, 이스라엘의 궁극적 축복 4-14장

1) 음란한 이스라엘에 대해서 말할 때 그들이 하나님을 아는 지식이 부족했다고 말한다.

호세아 4:1-"이 땅에는 하나님을 아는 지식도 없고."

호세아 4:6-"내 백성이 지식이 없으므로 망하는도다."

2) 거짓 제사장들과 선지자들이 있었다.

호세아 4:5-"선지자는 밤에 넘어지리라."

호세아 4:9-"백성이나 제사장이나 동일함이라."

3) 부도덕이 있었다.

호세아 4:13-14, 16, 17절

호세아 7:4

호세아 8:9

4) 이스라엘에 대한 심판과 징벌

"그들이 바람을 심고 광풍을 거둘 것이라"(호 8:7).

"여호와께서 그 악을 기억하시고"(호 9:9)

"사마리아가 형벌을 당하여 칼에 엎드러질 것이요"(13:16).

(에브라임은 이스라엘을 범죄와 배교를 연관시켜 말할 때의 이름인데 이 책에 37번이나 사용되었다)

5) 이스라엘의 궁극적 축복

이스라엘이 하나님께로 돌아가고 그분이 그들을 받으실 날이 온다.

Note

호세아 3:5

호세아 14:4

이스라엘은 하나님의 음탕한 아내이다. 이스라엘은 은혜로 회복되어져야 한다(호 2:16–23). 교회는 한 남편을 위해 예비된 처녀이다(고후 11:1–2). 그러므로 이스라엘은 지상에 있는 여호와의 아내이며(호 2:23), 교회는 하늘에 있는 어린양의 신부이다(계 19:7).

요엘

1. 본서

요엘은 유다의 선지자였다. 그에 대해서는 1장 1절에 알려진 것이 전부이다. 그의 이름은 '여호와는 하나님이시라'는 뜻이다.

2. 중심 메시지

"여호와의 날"–요엘 1:15; 2:1, 2, 10, 11, 30, 31절; 3:14–16

"여호와의 날"이란? 적그리도의 날이나 사탄의 날에 대조를 이루는 기간을 말하고 있다. 그날은 대환란과 함께 시작되어 천년 왕국에 이어진다.

3. 본서의 구조

하나님의 심판(1:1–2:27)

성령의 약속(2:28–3:1)

나라에 대한 하나님의 심판(3:1–17)

유다의 회복(3:18–21)

4. 유다에 대한 하나님의 심판 1:1-2:27

1) 이 심판은 실제적으로 메뚜기 재앙이었다. 그러나 "여호와의 날"의 파괴를 상징한다. 이것은 궁극적인 미래 사건의 그림자이다. 아무 것도 이 일을 피할 수 없을 것이다. 왜냐하면 만물이 영향을 받게 되기 때문이다–취하는 자들

(1:5), 제사장들(1:13–16), 지구 전체(1:17), 소떼(1:18–20).

2) 이 심판은 대환란에 그 초점을 맞추고 있다. 2:2과 마 24:21과 단 12:1을 비교해 보자.

3) 회개하면 구원해 주신다(2:18–27).

5. 성령의 약속 2:28-3:1

1) 이 약속은 오순절에 성취되었다. 베드로는 사도행전 2:16–18에서 요엘 2:28–29의 말씀을 인용했다. 그 사건은 요엘 2:30–31에서 예언된 것이었으며 사도행전 2:19–20은 아직 성취되지 않았다. 이 두 성경을 비교해 보자. ____________________

____

____

____

2) 예수님께서는 제자들에게 성령께서 그들과 함께거하시며 그분이 그들 안에 계시겠다고 말씀하셨다(요 14:17). 사도행전 1:8과 요한복음 14:17을 적어 보자. ____________________

____

____

____

____

3) 베드로는 모든 믿는 자에게 주시는 성령의 능력을 묘사할 때 요엘의 예언을 사용했다. 그때에는 요엘의 예언이 완전히 성취되지는 않았다(일부만 성취됨). 그러나 이스라엘이 여호와께 돌아오는 날에 요엘이 말한 모든 예언이 성취될 것이다(요엘 2:31–32).

6. 나라들에 대한 하나님의 심판 3:1-17

이 심판은 그리스도께서 다시 오실 때에 여호사밧("심판") 골짜기에서 일어날 것이다(2, 14절). 마태복음 25:31–32 ____________________

____

____

____

Note

7. 유다의 회복 3:18-21

스가랴 14:4, 8절을 읽어 보자.

예수님께서 직접 통치하실 것이며 그 땅은 젖과 꿀이 흐르는 땅이 될 것이다.

아모스

1. 본서

아모스는 평신도였으며 양을 치는 목자였다(1:1; 7:14-15). 여호와께서는 주로 그를 통해 북왕국 이스라엘과 야곱의 족속에게(3:1, 13절) 예언하도록 그를 부르셨다. 그는 유다 왕 웃시야와 이스라엘 왕 여로보암의 통치때에 사역했다.

2. 중심 메시지

"두 사람이 뜻이 같지 않은데 어찌 동행하겠으며"(3:3).

3. 본서의 구조

주변 나라들에 대한 심판(1:1-2:3)

유다와 이스라엘에 대한 심판(2:4-6:14)

미래에 대한 환상(7-9장)

4. 주변 나라들에 대한 심판 1:1-2:3

- 시리아의 잔악성에 대한 심판(1:3-5)
- 블레셋이 사로잡은 이스라엘 사람을 에돔에 판 것에 대한 심판(1:6-8)
- 페니키아가 이스라엘과의 언약을 깬 것에 대한 심판(1:9-10)
- 에돔이 이스라엘을 괴롭힌 것에 대한 심판(1:11-12)
- 암몬이 이스라엘에게 행한 포악에 대한 심판(1:13-15)
- 모압의 불의에 대한 심판(2:1-3)

5. 유다와 이스라엘의 심판 2:4-6:14

- 유다의 율법을 무시한 것에 대한 심판(2:4–5)
- 이스라엘의 부도덕에 대한 심판(2:6–16)
- 이스라엘의 족속–12지파에 대한 하나님의 말씀(3:1–6:14)

6. 미래에 대한 환상 7-9장

- 메뚜기에 대한 환상(7:1–3)
- 불에 대한 환상(7:4–6)
- 다림줄에 대한 환상(7:7–17)을 적어 보자.
- 여름 과일 한 광주리에 대한 환상(8장)

Note

• 제단 곁에 서신 주님에 대한 환상(9:1-10) ____________________

• 장래 왕국과 다윗의 장막(9:11-15) ____________________

복습

• 호세아의 결혼을 통해 진리를 가르쳐 주고 있다. 그 진리는 무엇인가?
• 이스라엘 백성들은 ____________________을 아는 지식이 부족했다.
• 이스라엘의 다른 이름은 무엇인가?
• 요엘의 중심 주제는 무엇인가?
• 아모스는 선지자가 되기 위해 어떤 훈련을 받았는가?

과제

• 매일 2장씩 오바댜, 요나, 미가를 읽어 보자.
• 이 주에 배운 것을 복습해 보자.
• 성경을 읽다가 깨닫게 된 새로운 진리들을 찾아 밑줄을 그어 보자.

Week 23
오바댜, 요나, 미가

오바댜

1. 본서
오바댜는 '여호와의 종'이라는 뜻이다. 이 이름은 각각 다른 13명의 사람에게 20번 사용됐다. 이 성경 저자에게만 자신에 대한 설명이 나와 있다(1절). 그는 에돔에 하나님의 말씀을 전한 사람이었다. 본서는 구약에서 가장 짧은 책이다.

2. 중심 메시지
교만이 사람과 나라를 속임(3절). "네가 행한 대로 너도 받을 것인즉"(15절).

3. 본서의 구조
에돔의 멸망(1–16절)

이스라엘의 회복(17–21절)

4. 에돔의 멸망 1-16절
에돔은 "붉음"이라는 뜻이다. 이것은 야곱의 형 에서에게 붙여진 이름이었다. 왜냐하면 그는 붉은 죽을 먹기 위해 장자권을 팔았기 때문이다. 창세기 25:30을 적어 보자.

Note

에돔 족속은 에서에게서 나온 족속이다(창 36:1). 그들은 세일산에서 살았다. 이 산은 사해 남쪽의 산간 지방이다. 오늘날은 요르단으로 알려져 있다. 세일은 "털이 많은", "거치른"이란 뜻이다. 에서는 털이 많은 사람이었다(창 27:11). 형제였던 야곱과 에서에게서 생겨난 적대심은 수세기 지속되었으며 이것은 에돔의 역사에 잘 나타나 있다.

에돔 족속은 이스라엘이 애굽으로 가는 도중에 에돔을 지나가겠다는 요구를 거절했다(민 20:14-21).

에돔은 예수님이 오시기 전에 한 국가로서의 주체성을 잃어버렸고 주후 70년 역사 속에서 사라져 버렸다. 오바댜 시대에는 에돔의 수도가 셀라 혹은 페트라 즉, 빨간 장미 도시였다. 오바댜 전의 고대 수도는 보스라였다(사 63:1). 에돔 족속은 이스라엘에 대한 혹독하고 영속적인 악의를 가지고 있었다. 그들은 모든 야곱 족속을 미워했으며 그것은 커다란 죄였다(10-14절).

이스라엘에 대한 그들의 범죄 때문에 하나님의 심판이 경고되었다(15절). "네가 행한 대로 너도 받을 것인즉." 하나님께서 말씀하신대로 에돔은 망했고 이스라엘은 남아 있게 되었다.

5. 이스라엘의 회복 1:17-21

이 부분에는 하나님께서 백성을 보호하시는 자비가 나타난다. 하나님과 언약을 맺은 백성과의 싸움으로 그들은 형통할 수 없었고, 값비싼 댓가를 치루었다. 이 부분은 메시아 왕국에서의 이스라엘의 밝은 소망에 강조를 두고 있다. 에돔은 망했고 이스라엘은 번영했다.

형제	에서	야곱
국가	에돔	이스라엘
시민권	세상	하늘
성격	교만/반역적	선택/구별

역사는 13절에서 말하는 것처럼 에돔이 예루살렘 멸망을 위해 바벨론을 도운지 5년만에 이루어 진다(바벨론에 의해 멸망). 그 후에 나바데 사람들(아랍족속)이 에돔의 수도 페트라를 차지했다. 3세기에 와서는 에돔의 언어마저 소멸되어 버렸다. 다니엘 11:41에는 에돔에 관한 놀랄만한 예언이 나온다.

요나

1. 본서

요나의 뜻은 "비둘기"이다. 그의 고향은 열왕기하 14:25에 따르면 예수님의 고향인 나사렛에서 약 4.8킬로미터 떨어져 있는 가드헤벨이었다. 요나는 하나님께서 우리와 같은 사람(자기 길을 고집하고 불순종하고 불평하는)을 통해서 일하신다는 좋은 본보기이다. 요나서가 사실의 기록이라면 그것은 하나님에 대한 뚜렷한 계시 중의 하나이다.

반면에 이것이 허구라면 권위를 전혀 갖지 못할 것이다. 요나의 교훈과 이 책의 문자적 해석은 절대적일 수밖에 없다. 왜냐하면 성경의 본질과 예수님의 말씀이 여기에 걸려 있기 때문이다. 요나는 실제 인물이었다(왕하 14:25, 욘 1:1). 요나서의 기록은 실제적이며 성경에 다르게 말한 곳이 없다(요나서를 환상이라고 말하는 사람은 초자연적인 것을 믿을 수 없다고 주장하는 "현대 비평주의자"들이다).

2. 중심 메시지

"일어나–가서–선포하라"(1:2; 3:2).

3. 본서의 구조

도망가는 요나(1장)
기도하는 요나(2장)
선포하는 요나(3장)
배우는 요나(4장)

Note

4. 도망가는 요나 1장

요나는 히브리 사람으로 하나님으로부터 이방 나라인 앗수르의 수도 니느웨에 가서 그들에게 직접 말씀을 선포하라는 명령을 받았다. 그러나 그는 도망쳤다. 하나님으로부터 도망쳤다기 보다는 선지자로서의 부르심을 회피했던 것이다. 그는 니느웨가 구원받는 것을 원하지 않았던 것 같다. 그래서 반대 방향으로 가는 배를 탔던 것이다(3절). 하나님께서는 자신이 원하시는 곳에 그를 보내시기 위해 폭풍을 준비하셨다(12-17절).

5. 기도하는 요나 2장

요나는 징벌이 아닌 보존을 위해서 "준비된 물고기" 배 속에 들어가게 되었다. 요나의 기도는 무엇을 구하는 말은 한마디도 없었다. 감사와 찬양과 재헌신의 기도였다(9절). "나의 서원을 주께 갚겠나이다." 그는 육지에 안전하게 토해졌다.

6. 선포하는 요나 3장

이 외로운 선지자는 큰 성 니느웨에서 하나님의 말씀을 선포했다. 하나님의 종에게 두 번째의 기회가 주어졌고 그는 가서 선포했기 때문에 그 도시는 하나님께로 돌아왔다. 누가복음 11:29-30을 보라. "… 요나가 니느웨 사람들에게 표적이 됨과 같이." 그때에 요나는 큰 물고기 배 속의 이적적인 경험으로 인해 표적이 되었다. 그들은 어떻게 물고기 이야기를 알 수 있었을까? 1장에 나온 사공들을 생각해 보자. 예수님께서는 "인자도 이 세대에 표적이 되리라"고 말씀하셨다. 그 성은 회개했고 하나님께서는 그 뜻을 돌이키셨다.

7. 배우는 요나 4장

이 장에서는 하나님과 요나의 대화가 나온다. 요나는 1-3절에서 기뻐하지 않고 화를 낸다. 니느웨가 구원받으면 이스라엘의 장래가 어둡게 될 것이라고 생각했기 때문이다. 그는 차라리 생명을 거두어 달라고 까지 한다. 요나는 그 성에서 나가 "그 성읍에 무슨 일이 일어나는가를 보려고" 했다. 하나님께서는 그가 기다리고 있는 동안 세 가지를 준비하셨다.

- 6절- 박넝쿨
- 7절- 벌레

• 8절– 동풍

요나가 스스로 죽기를 구하게 되며(8절), 거기에 대해 하나님께서 말씀하심으로 이 책은 끝나게 된다(10–11절).

이 책은 하나님의 마음에 대한 계시이다. 여기서는 요나가 중요한 요인이 되지 않고 하나님께서 중심이 되어 있다. 우리는 분노하고 있는 선지자에게 부드러운 인내를 보여 주시는 하나님을 보아야 할 것이다–물론 한 나라를 택하신 것이 다른 나라들을 버리심을 의미하지는 않는다.

8. 표적으로서의 요나

첫째, 그는 이스라엘 역사의 그림자이다. 이스라엘은 그의 고국으로부터 다른 이방인들에게로 피하게 되며, 여호와께 부르짖게 되고 다른 나라들을 싫어한다–이 모든 것이 요나에게서 보여 지고 있다.

둘째, 요나는 주님의 죽으심, 장사지냄, 부활을 상징하고 있다. 예수님께서는 이 사실을 마태복음 12:38–41에서 확실하게 말씀하신다. 마태복음 말씀을 읽고 40절을 써 보자. ________

____

____

우리는 여기서 구약의 예표론이 하나님의 영감으로 되었다는 확증을 보게 된다.

셋째, 요나는 그리스도의 표상이다. 누가복음 11:29–30을 읽고 30절을 써 보자.

____

____

요나가 니느웨의 표적이 되었던 것처럼 인자도 이 세대에 표적이라고 하셨다. 요나가 밤낮 사흘을 큰 물고기 배 속에 있었던 것처럼 인자도 사흘을 무덤 속에 계셨었다. 이제 복음이 이방인에게로 돌려졌다(요나서가 말해 주는 것처럼). 예수님께서는 요나서와 모든 성경을 확증하셨다.

미가

1. 본서

미가는 성탄절에 자주 인용되는 선지자로서 예수님이 태어나실 실제 도시를 예언하고 있다(미가와 이사야는 많은 유사점을 갖고 있다). 이사야가 예수님의 죽음(사 53장)에 대해 예언한 반면 미가는 예수님의 탄생에 대해 예언했다. 그러나 이사야는 교육을 많이 받은 사람이었고 미가는 농부였다.

미가는 '여호와와 같은 사람'이라는 뜻이다. 가끔 이스라엘과 그 나라의 수도 사마리아를 포함시키기는 했지만 주로 유다에서 하나님의 말씀을 외친 선지자였다. 그는 예레미야 26:18에 나타난 것과 같이 요담, 아하스, 히스기야의 통치 기간 중에 예언을 했다(1:1).

Note

2. 중심 메시지

현재의 심판–장래의 축복

3. 본서의 구조

선포된 심판(1–3장)

약속된 축복(4–5장)

회개를 권면(6–7장)

4. 선포된 심판 1-3장

여호와께서는 심판의 막대기로 앗수르를 사용하셨다(1:9). "그것이(상처, 앗수르) 유다까지도 이르고 그것이("그가" 아님) 내 백성의 성문 곧 예루살렘에도 미쳤음이니라" 10–16절에 나타난 성읍들은 미가가 자라난 작은 성읍들이다.

2장과 3장에는 야곱 족속에게 임할 심판이 자세히 기록되어 있다.

2:7과 3:1을 읽어 보자.

5. 약속된 축복 4-5장

4장은 장래의 왕국을 보여 준다.

5장은 장래의 왕을 보여 준다.

2500년 전의 히브리 선지자가 오늘날의 우리들에게도 앞으로 일어나야 할 일들을 말해 주고 있다고 생각하면 놀라지 않을 수 없다. 4장과 5장은 미래에 되어질 일이며 천년 왕국을 계속 기다리고 있음을 보여 준다.

4:1의 "끝날에"라는 말에 유의하자. 2절의 이스라엘이 아닌 "많은 이방"은 메시아 왕국의 일부가 될 것이다. 그러나 4:9의 "이제 네가 어찌하여 부르짖느냐", 10절의 "

이제 네가 성읍에서 나가서", 11절의 "이제 많은 이방 사람들이 모여서"에 보면 미래 시제가 현재로 바뀌고 있는 것을 보게 된다.

5:3의 "여인이 해산하기까지 그들을 붙여 두시겠고"-그리스도의 오심을 보여 준다.

5:2 그리스도의 탄생지에 대한 명확한 예언이다. 미가가 이 사실을 너무 분명히 말했기 때문에 동방 박사들이 헤롯에게 유대인의 왕으로 나신 이가 어디 계시냐고 물었을 때에 서기관들은 미가 5:2을 근거로 한 확실한 대답을 할 수 있었던 것이다. 마태복음 2:5을 적어 보자. ______

______

______

미가 5:3의 상반절과 하반절의 사이가 지금 우리가 살고 있는 시대이다. 미가는 그것을 예견하지 못했던 것 같다. 나머지 부분은 미래에 있을 왕국 시대를 보여 주고 있다.

6. 회개 권면 6-7장

이 두 장은 여호와와 백성과의 대화(대담)형식으로 되어 있다. 이 변론의 최고 정점은 6:8에 나타나 있다. "사람아 주께서 선한 것이 무엇임을 네게 보이셨나니 여호와께서 네게 구하시는 것은 오직 정의를 행하며 인자를 사랑하며 겸손하게 네 하나님과 함께 행하는 것이 아니냐." 하나님께서는 사유하시며 용서하신다(7:18-19).

7. 미가서의 흥미로운 점

미가에는 다음의 여섯 개의 특별한 예언이 역사에 그대로 나타난다.

- 사마리아의 멸망-기원전 722년(1:6-7)
- 유다 침공-기원전 702년(1:9-16)
- 예루살렘의 멸망-기원전 586년(3:12, 7:13)
- 바벨론 포로-기원전 586년(4:10)
- 포로에서 돌아옴(4:1-8, 7:11, 14-17)
- 베들레헴에서 예수님 탄생(5:2)

복습

- 에돔 족속은 ______________ 로부터 나온 사람들이다.
- 에돔은 국가로서의 ______________ 을 잃어버렸다.

- 에돔의 수도에 붙여졌던 이름들을 열거해 보자.
- 요나서는 사실을 기록한 책인가?
- 요나가 도망친 이유는 무엇인가?
- 예수님의 말씀에 따르면 요나가 상징하는 것은 무엇인가?
- 미가의 어떤 예언이 가장 잘 알려져 있는가?

Note

과제

- 나훔, 하박국, 스바냐를 읽어 보자.
- 이번 주에 배운 것을 복습해 보자.

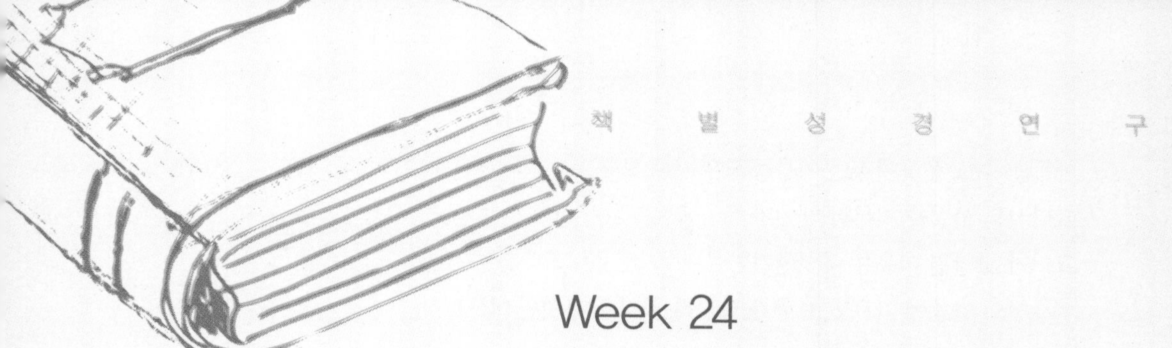

Week 24
나훔, 하박국, 스바냐

나훔

1. 본서

나훔은 요나보다 약 150년 뒤에 예언한 사람이다. 그의 예언 내용은 요나의 예언과 같이 "니느웨의 멸망"이었다. 나훔에 대해서는 거의 알려진 바가 없다. 다만 그는 갈릴리 가버나움 출인인 것으로 추측되고 있을 뿐이다. 그의 이름(Nahum)속에서도 우리는 그가 가버나움(Kapher Nahum)에 살았음을 알 수 있다. 나훔은 유다에게 예언했다(1:15).

2. 중심 메시지

"여호와는 노하기를 더디하시며 권능이 크시며 벌 받을 자를 결코 내버려두지 아니하시느니라"(1:3).

3. 본서의 구조

니느웨의 운명의 확실성(1장)

니느웨 공략과 포로(2장)

심판의 이유(3장)

4. 니느웨 운명 1장

앗수르의 수도 니느웨는 나훔 당시에 세계적인 대도시였다. 소선지자들 요나와 나훔이 특별히 니느웨에 대해 예언한 것은 흥미로운 일이다. 요나가 그들에게 말씀을 선포하고 난 뒤 1세기가 지나자 그들은 다시 더 깊은 죄악에 빠지게 되었다. 두 책을 읽어 보면 요나에서는 하나님의 선하심이, 나훔에서는 하나님의 엄중하심이 잘 나타나 있다. 1:2-3과 1:6-8을 특별히 읽어 보라. 1:15을 유의해 보고 이사야 52:7과 비교해 보자. 로마서 10:15도 읽어 보자.

Note

5. 니느웨 공략과 포로 2장

니느웨는 메데, 바벨론, 스구디아와 다른 나라들의 병합국의 공격을 대비하고 있었던 것 같다(2:1). 전쟁에 대해서도 생생하게 묘사되어 있다-"강들의 수문이 열리고 왕궁이 소멸되며"(2:6).

6. 심판의 이유 3장

이 장은 니느웨의 심판 이유가 그들의 죄악 때문임을 보여 준다(4-6절). 니느웨는 나훔의 예언에 따라 기원전 608년에 망했다. 그후 기원후 2세기에 완전히 파괴되었기 때문에 지금 그 위치가 어디인지 찾아낼 수 없다고 한다.

이 책은 위로의 책이다(나훔은 "위로"를 의미한다). 불경건한 자들이 번영하고 순결한 자들이 짓밟힐 때에도 우리는 하나님께서 그날에 원수를 갚아 주신다는 사실을 기억해야 한다. 누가복음 18:7-8과 로마서 12:19을 읽어 보자.

하박국

1. 본서

하박국은 그 예언의 초점을 바벨론에 맞추고 있다. 오바댜는 에돔의 운명을, 나훔은 앗수르의 운명을, 하박국은 바벨론의 운명을 말하고 있다. 하박국은 그를 괴롭히며, 이방 나라들에 대한 하나님의 통치와 관계있는 문제에 대해 하나님께만 말씀드리고 있다. 이 책의 첫 부분은 하박국과 여호와의 대담(대화, 토론)이라고 말할 수 있으며 마지막 부분은 "하나님의 현현"(하나님께서 나타나심)을 아름답게 묘사하고 있다. 하박국은 기원전 608년, 니느웨의 멸망 후에 기록되었다. 갈대아 사람(바벨론 사람)의 세력이 점점 강해지고 있었다(1:6). 그는 유다에 관해서 기록한다.

2. 중심 메시지

"의인은 그의 믿음으로 말미암아 살리라"–(2:4하반절).

3. 본서의 구조

무거운 짐(1장)

비전(2장)

기도(3장)

4. 무거운 짐 1장

구조는 각 장의 첫 부분들에 나타나 있다.

1장에서 하박국은 하나님의 침묵하심에 대해 고민하였다. 죄악이 관영했으므로 그는 하나님께 부르짖었다(1:2–4). 하나님께서는 5–11절에서 말씀하신다. 그 선지자는 지혜롭게 기다렸으며 "그가 나의 질문에 대하여 어떻게 대답 하실는지 보리라(2:1)"고 말한다.

5. 비전 2장

하나님께서는 2장에서 하박국에게 놀라운 묵시를 주신다(2절 유의). 우리는 여기서 4절과 14절에 나타나는 하나님의 위대한 두 약속을 발견하게 된다. 4절엔 "보라 그의 마음(바벨론 사람)은 교만하며 그 속에서 정직하지 못하나 의인은 그의 믿음으로 말미암아 살리라." 14절엔 "여호와의 영광을 인정하는 것이 세상에 가득함이니라"는 약속이 있다. 4절은 신약에 세 번이나 인용될 정도로 중요하다.

로마서 1:17을 적어 보자. ____________________

____

갈라디아서 3:11 ____________________

____

히브리서 10:38 ____________________

____

14절은 신약의 조명 하에서 읽혀져야만 한다–마태복음 24:30; 25:31, 데살로니가후서 1:7; 2:3에서 여호와께서 하박국에게 하신 말씀은 중요하다–"이 묵시는 정한 때가 있나니… 기다리라 … 정녕 응하리라."

Note

6. 기도 3장

하박국의 기도는 부흥을 간청함으로 시작된다. 3:2을 읽고 밑줄을 그어 보자.

3-15절은 하나님께서 과거에 베푸신 일에 대한 찬양이다. 마지막 부분인 16-19절은 구원의 기쁨, 믿음의 유쾌함을 노래하고 있다. 우리는 최악의 상태에서도 최선의 기쁨을 소유할 수 있다. 당신의 무거운 짐을 주님 앞에 내려놓고 기다리는 교훈을 배우십시오. 하나님께서는 대답해 주실 것이다. 우리는 어떠한 상황에서도 기뻐할 수 있고 또 그래야만 한다. 왜냐하면 "여호와의 영광을 인정하는 것이 세상에 가득"할 것이기 때문이다.

스바냐

1. 본서

스바냐 선지자는 다른 선지자들 보다는 자신의 배경에 대해 많이 말해 주고 있다. 그는 1절에서 그가 히스기야왕의 현손이라고 말하고 있다. 그는 요시아 시대에 예언한 예레미야와 동시대 인물이다(렘 1:2). 그는 영광스러운 구원을 전한 요엘, 스바냐와 같이 유다의 심판에 대해 예언한 선지자였다.

2. 중심 메시지

황폐로부터 구원까지

3. 본서의 구조

유다에 임할 진노(1:1-2:3)

이방 나라들에 대한 진노(2:4-3:8)

진노에서 치료로(3:9-20)

4. 유다에 임할 진노 1:1-2:3

이 부분에 있는 모든 말씀은 유다에 임할 바벨론 포로에 대해 언급하고 있다. 왜 이런 모든 진노가 임했습니까? 17절에서 그 대답을 해 준다-"이는 그들이 나 여호와께 범죄하였음이라." 이 부분은 회개의 권고와 남은 자들에게 주시는 격려의 말씀으로 끝을 맺고 있다.

5. 이방 나라들에 대한 진노 2:4-3:8

이 선지자는 이제 그 눈길을 유다와 예루살렘에서 주변 이방 나라들로 돌리고 있다. 먼저 서쪽의 블레셋과 블레셋 사람들에게(2:4-7), 다음에 동쪽의 모압과 암몬에게(2:8-11), 그 다음에 남쪽의 구스에게(2:12), 그리고 그 다음에는 북쪽의 니느웨와 앗수르에게(2:13-15) 말씀을 전하고 있다. 그는 예루살렘으로 눈길을 돌리면서 하나님께서 주변 이방 나라들을 그렇게 철저하게 심판하신다면 그보다 더 많은 특권을 가진 유다 사람들일지라도 정확히 철저하게 심판하실 것이라는 사실을 시사해 줌으로 결론을 맺고 있다(3:6-8).

6. 진노에서 치료로 3:9-20

여기에서는 선지자의 시야가 예루살렘과 유다에 매여 있지 않다. 그렇다고 이방 나라들에게만 제한된 것도 아니다. 그는 저 너머에 있는 치료와 축복의 때를 바라보고 있다. 임하게 될 메시아 왕국은 모든 나라들을 포용할 것이며 언약의 백성이 그 왕국의 백성이 될 것이다. 스바냐는 3:11-20에서 그의 결론을 말하고 있다. 모든 고통이 사라지고 이스라엘은 "천하 만민 가운데서 명성과 칭찬을 얻게" 될 것이다"(20절).

복습

- 나훔의 주제는 무엇인가?
- 나훔과 같은 주제를 다룬 선지자는 누구인가?
- 하박국의 중심 메시지는 무엇인가?
- 하박국은 무슨 기도를 했는가?
- 스바냐는 왜 유다에 진노가 임한다고 예언해야 했는가?
- 그는 이스라엘의 미래에 대해 어떤 것을 보았는가?

과제

- 매일 2-3장씩 학개, 스가랴, 말라기를 읽어 보자.
- 이번 주에 배운 것을 복습해 보자.
- 나훔, 하박국, 스바냐의 중요한 구절들을 표시해 보자.

Note

Week 25
학개, 스가랴, 말라기

학개

1. 본서

학개, 스가랴, 말라기는 포로 후 시대의 선지자로 알려져 있다. 이들은 예루살렘과 성전의 회복을 선포한 선지자였다. 학개와 스가랴의 중심 메시지는 쉬고 있던 성전 재건을 독려하여 완성케 하는 것이었다. 이에 반해 말라기의 메시지는 하나님 백성의 비극적인 범죄와 배교에 관한 것이었다. 거룩한 성에 돌아오는 영적인 회복은 영적인 냉랭함으로 변해버렸고 구약의 마지막 단어가 '저주'라는 사실은 매우 중요하게 보인다.

2. 학개

학개는 백성의 삶의 실제 정황을 다루고 있다. 유대인의 "남은 자들"이 예루살렘과 유다에 돌아오고 얼마 못되어 그들은 성전 재건을 그만두고 여호와의 일을 소홀히 하면서 자신들의 집을 짓는데 시간을 소모하게 되었다. 14년 동안 그들은 하나님을 잊고 살았다. 이런 상황에서 학개 선지자가 하나님의 말씀 선포자로 부름받은 것이었다. 그는 스룹바벨과 함께 예루살렘에 온 첫 번째 그룹에 끼어 있었다(스 2:2). 아마도 그는 포로 기간 동안에 바벨론에서 태어났을 것이다.

3. 중심 메시지

"너희는 자기의 행위를 살필지니라 … 성전을 건축하라"(1:7–8).

Note

4. 본서의 구조

첫 번째 설교–책망 (1장, 9월 1일–24일)

두 번째 설교–격려 (2:1–9, 10월 21일)

세 번째 설교–축복 (2:10–19, 12월 24일)

네 번째 설교–약속 (2:20–23, 12월 24일)

(각 메시지에 날짜가 주어져 있음에 유의하라)

5. 첫 번째 설교, 책망 1장

학개의 첫 번째 설교는 백성들의 성전 재건을 게을리 하는 것을 책망하는 내용이다. 그들은 성전 건축을 계속 연기하고 있었다. "이 백성이 말하기를 여호와의 전을 건축할 시기가 이르지 아니하였다 하느니라"(2절). 그러나 학개는 이렇게 말했다. "너희는 자기의 행위를 살필지니라 … 성전을 건축하라." 백성들은 자기들의 집에 앉아 그 일을 "하고 싶어질" 때까지 "기다리는" 것에 만족했다. 이것은 오늘날의 우리들에게도 하시는 말씀이다. 우리는 일하지 않고 기다리고만 있다. 우리는 기다리는 일과 행하는 일을 둘 다 해야 된다.

6. 두 번째 설교, 격려 2:1-9

이것은 학개를 통해 하나님께서 하신 격려의 말씀이다. 그는 세 가지 사실을 선포했다.

첫째, 이스라엘과 맺으신 여호와의 언약과 그 언약에 대한 그의 신실성(5절).

둘째, 하나님의 영이 그들과 함께 머물러 계시니 두려워하지 말라는 것(5절).

셋째, 하나님께서는 모든 나라를 진동(고난)시킬 것이며 모든 나라의 보배(그리스도)가 이르리니–"이 성전의 나중 영광이 이전 영광보다 크리라"고 말씀하셨다(6–9절).

우리에게 힘을 주는 몇 가지 사실이 있다–언약, 성령의 임재, 주님의 재림 약속.

7. 세 번째 설교, 축복 2:10-19

백성들은 제사장들에게 모세의 율법에 관하여 묻도록 되어 있다(11절). 성물은 거룩하지 않은 것에 닿는다고 해서 거룩하게 될 수는 없지만 부정한 것을 접촉하면 닿은 것도 부정하게 된다(12–13절). 학개는 이것을 유대인에게 적용했다. 비록 그들은 그 땅에 돌아와 성전도 재건했지만 그들의 마음은 하나님과는 멀었다(14절). 하나님께서는 그들의 마음이 돌이키지 않았기 때문에 그들을 심판하셨다(15-17절). 이제 하나님께서는 "기억하라"고 말씀하신다. 이제는 그들이 순종했기 때문에 복을 주시겠다고 하신다. 하나님의 은혜로 복을 주시는 것이다.

8. 네 번째 설교, 약속 2:20-23

이 메시지는 유다 총독 스룹바벨을 위해 주어진 것이다(6-7절). 그것은 하나님의 최종 목적이기도 하다. 열방의 세력이 끝이 날 것이다. "그 날에" 여호와께서는 스룹바벨로 "인장"(권위의 상징, 더 위대한 다윗의 보증)을 삼으실 것이다. 이것은 메시아를 가리킨다. 스룹바벨은 마태복음 1:12-17과 누가복음 3:27의 예수님의 족보에서 영광을 받고 있다. 그리스도는 다윗의 자손인 것처럼 스룹바벨의 자손이다. 스룹바벨은 그리스도를 예표하는 "인장"이었고 "인장"이 될 것이다. 다윗과 스룹바벨의 자손이시며 원형이신 그리스도는 여호와께서 그의 뜻과 이상을 펼치시는 모든 나라들에게 여호와의 인장이 될 것이다. 우리가 순종할 때 하나님께서는 복을 주신다. 당신은 산돌로 지어진 영적인 성전을 건축하고 있습니까?

스가랴

1. 본서

스가랴는 학개와 동시대 사람이었다(스 5:1; 학 1:1; 슥 1:1). 스가랴는 학개의 메시지를 보충해 주고 있다. 그는 제사장인 동시에 선지자였다. 그는 베레갸의 아들이었고 선지자 잇도의 손자였다(느 12:4). 이 사실은 그가 아론 자손임을 보여 준다.

스가랴와 학개 시대부터 제사장들이 나라의 주도권을 잡았다. 하나님의 백성들의 역사는 세 시대로 구분된다.

- 모세부터 사무엘-사사 통치
- 사울부터 시드기야-왕 통치
- 예수아부터 주후 70년까지-제사장 통치

2. 예언

스가랴는 그리스도에 관해 이사야 다음으로 많은 예언을 했다. 이 책에 나타난 예언들을 열거하고 그것의 성취가 나와 있는 성경을 적어 보면 다음과 같다.

(그리스도에 대한 예언) (성취)

종–스가랴 3:8– 마태복음 12:18

싹–스가랴 3:8, 6:12– 누가복음 1:78

왕–제사장–스가랴 6:13– 히브리서 6:20–7:1

겸손한 왕–스가랴 9:9–10– 마태복음 21:4–5

팔림–스가랴 11:12–13– 마태복음 27:9

찔림 당함–스가랴 12:10– 요한복음 19:37

죽임 당한 목자–스가랴 13:7–9– 마태복음 26:31

재림–스가랴 14:4, 9–아직 성취되지 않음

3. 중심 메시지

"내가 예루살렘을 위하여 질투하노라"–1:14; 8:2

4. 본서의 구조

밤에 본 이상(1–6장)

네 개의 메시지(7–8장)

예언의 취지(9–14장)

5. 밤에 본 이상 1-6장

어떤 사람은 여기에 7개의 이상이 나온다고(혹은 8개, 10개)말한다. 이상들을 잘 분리하면 정확히 수를 세어 볼 수 있는데 저자는 10개라고 생각한다.

1) 붉은 말을 탄 자(1:8–17)

그 의미는 하나님께서 예루살렘을 향해 질투하심으로 그의 언약의 백성들을 학대한 열방들에게 심판이 임할 것이라는 것이다.

2) 네 개의 뿔(1:18)

네 개의 뿔은 이스라엘을 흩은 네 나라를 가리킨다(바벨론, 메데–파사, 헬라, 로마).

3) 네 명의 대장장이(1:20–21)

이들은 네 나라에 임할 심판의 도구이다.

Note

4) 측량줄을 잡은 사람(2:1–13)

예루살렘은 그 사람이 측량하는 대로 측량되지 않으며 여호와 자신이 그 거룩한 성의 성곽이 되실 것이라고 했다.

5) 대제사장 여호수아(3:1–10)

이 이상은 죄과를 제하여 버리는 것과 이스라엘의 장래의 영광을 보여 주고 있다(더러운 옷이 벗겨지고 머리에 관이 씌워지며 아름다운 옷이 입혀진다).

6) 순금 등잔대의 두 감람나무(4:1–14)

하나님께서는 그의 성전을 재건하심으로 그의 능력을 증거하실 것이다(4:6).

7) 날아가는 두루마리(5:1–4)

하나님께서 그의 성전을 재건하시는 동안 그의 말씀은 심판을 선포하고 있다. 그 두루마리는 하나님의 말씀이다.

8) 에바(5:5–11)

측량하는 용기이며 상업의 상징인 에바 속에 던져진 여인은 하나님에 대한 모든 타락은 죄악의 도시 바벨론에 이르게 된다는 사실을 가르쳐 주고 있다.

9) 네 병거(6:1–8)

이것은 열방들에 대한 여호와의 심판을 보여 준다.

10) 여호수아가 쓴 면류관의 상징(6:9–15)

이것은 그리스도의 재림에 대한 이상이다.

이 이상들을 하나로 묶으면 중심 메시지인 "내가 예루살렘을 위하여 질투하노라–내가 예루살렘으로 돌아오리라"(1:14–16)이다.

6. 네 개의 메시지 7-8장

7:1–7, 8–14; 8:1–17, 18–23절에 나온 네 개의 메시지는 스가랴의 중심 메시지를 보완해 주고 있다. 예루살렘을 향한 하나님의 목적은 어떤 의식이나 형식 때문에 바뀌지 않는다. 예나 지금이나 그의 백성을 위하여 '크게 질투하시는 질투의 하나님'이시다. 이 메시지들은 '마음에서 우러나오는 예배'에 대해서 가르쳐 주고 있다.

7. 예언의 취지 9-14장

1) 첫번째 취지는 9–11장에 나온다.

우리는 여기서 9:9의 초림과 9:10–17의 재림을 보게 된다. 10장은 언약의 백성이 흩어

Note

졌다가 마침내 그 땅으로 되돌아오는 모습을 그리고 있다. 11장은 그의 초림과 그를 메시아로 받아들이지 않을 것을 묘사하고 있다. 특별히 11:13을 유의해 보고 마태복음 27:9과 비교해 보자. ______________________

____

2) 재림이 12-14장에 나타난다.

이 장들은 하나의 예언이며, 주제는 그리스도께서 다시 오셔서 지상에 그분의 왕국을 세우실 것을 말한다. 사건의 순서는 다음과 같다.

- 예루살렘의 포위 당함(12:1-3)
- 아마겟돈 전쟁(4-9절)
- 다윗의 집에 나타난 하나님의 은혜와 그리스도의 계시(10절)
- 초림의 메시아를 거부한 것에 대한 경건한 자들의 애통(11-14절)
- 이스라엘에게 "씻는 샘"이 열림(13:1)
- 13-14장에서 이 사건들이 요약되어 있음(14:4 유의)

초림과 재림이 교회시대에 대한 언급이 없이 이 마지막 장들(9-14장)에 기술되어 있음에 유의하라. 여호와께서는 이스라엘과 더불어, 그들을 위해서, 그들을 통해서 그의 거대한 목적을 다시 들어 완성하실 것이다.

말라기

1. 본서

이제 우리는 구약의 마지막 책에 이르렀다. 말라기는 '나의 사자'란 뜻을 가지고 있다. 그는 느헤미야 시대 후에 통탄할 만한 유다의 정황에 대해 예언했다. 그는 신약과 구약의 다리였다(3:1). 말라기의 소리와 "광야에서 외치는 자의 소리"(요 1:23) 사이에는 400년의 침묵이 있다.

2. 중심 메시지

"보라, 그가 임하실 것이라"(3:1하반절).

3. 본서의 구조

하나님의 사랑이 명시됨(1:1–5)

하나님의 사랑이 멸시받음(1:6–2:17; 3:7–15)

하나님의 사랑이 나타남(3:1–6; 3:16–4:6)

4. 하나님의 사랑 1:1-5

“여호와께서 이르시되 내가 너희를 사랑하였노라.” 이에 대해 모든 이스라엘 사람들은 여호와께 무례한 질문들을 했다. 이러한 질문들은 하나님께서 그의 사랑을 나타내시는 일에 실패했다고 말하는 사람들에게서 나왔다. 다음 일곱 개의 질문을 살펴보자.

주께서 어떻게 우리를 사랑하셨나이까?(1:2)

우리가 어떻게 주의 이름을 멸시하였나이까?(1:6)

우리가 어떻게 주를 더럽게 하였나이까?(1:7)

우리가 어떻게 여호와를 괴롭혀 드렸나이까?(2:17)

우리가 어떻게 하여야 돌아가리이까?(3:7)

우리가 어떻게 주의 것을 도둑질하였나이까?(3:8)

우리가 무슨 말로 주를 대적하였나이까?(3:13)

5. 멸시받는 하나님의 사랑 1:6-2:17; 3:7-15

하나님의 사랑이 제사장들에게 멸시를 받았다(1:6–2:9). 그들은 저는 것, 병든 것으로 희생을 드려 여호와를 속였다. 가장 좋은 것으로 드리지 않았던 것이다(특히 1:12–13에 유의). 하나님의 사랑은 백성들에게도 멸시를 받았다. 그들은 형제를 속임으로(2:10), 이방 신의 딸과 결혼함으로(2:11), 부도덕으로(2:14), 불성실로(2:17), 하나님의 것을 도둑질함으로(3:8–10), 여호와를 대적함으로(3:13–15) 여호와의 사랑을 멸시했다.

6. 나타나는 하나님의 사랑 3:1-6, 3:16-4:6

첫째, 그의 아들을 보내심으로(3:1–6) 나타난다.

이것은 세례 요한에 의해 선포되었다. 말라기 3:1과 마태복음 11:10을 비교해 보자. 그의 재림은 선지자 엘리야에 의해 소개될 것이다(4:5–6). 다음 구절들도 찾아 보자. ____________

누가복음 1:11–17

마태복음 11:10–14

요한복음 1:21

둘째, 하나님의 것임을 기억함으로(3:16–17) 나타났다. 하나님의 소유는 그에게 얼마나 귀중한 것일까! '기념책'에는 여호와의 '보석들'이 기록되어 있다. 구약은 최고의 말씀으로 그 끝을 맺고 있다–"그가 임할 것이라", "내 이름을 경외하는 너희에게는 공의로운 해가 떠올라서 치료하는 광선을 비추리니"(4:2).

"주 예수여, 오시옵소서!"

Note

복습

- 포로 후 선지자들은 누구였는가?
- 학개의 주요 메시지는 무엇인가?
- 이사야와 스가랴의 책은 다른 책들보다 많이 ____________________에 대해 예언하고 있다.
- 스가랴의 메시지는 무엇인가?
- 말라기는 그의 예언을 언제 기록했는가?

과제

- 성경은 말라기부터 마태복음까지가 한 두 페이지로 되어 있지만 실제로는 400년의 공백 기간이 있다.
- 오늘 배운 것을 복습해 보자.
- 성경을 읽다가 깨닫게 된 새로운 진리들을 찾아 밑줄을 그어 보자.
- 마태복음을 시작하기 전에 "중간기"에 대해서 공부하게 된다.

Week 26
신구약 중간시대(침묵의 400년)

1. 400년

말라기와 마태복음 사이에는 약 400년의 기간이 있다. 이 시대를 아는 것이 복음서를 이해하는 데 그렇게 중요하지 않지만, 예수님의 말씀이나 그 당시 예수님과 만났던 부류의 사람들을 이해하는 데 도움이 된다. 구약성경은 약 기원전 397년경의 말라기로 끝을 맺는다.

2. 시작

우리는 400년이 시작될 때의 유대인의 정황을 살펴볼 필요가 있다. 200년 전에 예루살렘은 파괴되었고 백성들은 바벨론의 포로로 잡혀갔다(기원전 587년, 앗수르는 북왕국 이스라엘을 그보다 135년 전, 즉 기원전 722년에 멸망시켰다).

다니엘의 예언대로(단 2장, 7장) 바벨론은 메데-바사왕국에게 멸망했다. 고레스는 유대인들이 고국에 돌아가 성전을 건축하도록 격려했다. 그리하여 스룹바벨의 지도로 '남은 자들'이 돌아왔고 21년 만에 성전은 완성되었다(기원전 515년). 에스라도 적은 무리를 데리고 와서 성전에서의 예배를 회복했으며 그로부터 12년 후에 느헤미야는 성벽을 재건했다. 이러한 것들이 말라기와 마태복음 사이 초기에 있었던 사건들이다-남은 유대인이 돌아오고 성전과 예루살렘이 재건되고 예배가 회복되었다. 그러나 더 많은 유대인들이 포로의 땅에서 살고 있었다. 우리는 이 남은 자들이 보존한 구약과 신약 사이의 유대인 역사를 발견할 수 있다.

3. 정치적 배경

말라기와 마태 사이의 400년의 유다 역사는 6시대로 나누어진다.

바사-기원전 538년

Note

헬라–기원전 333년
애굽–기원전 323년
시리아–기원전 204년
마카비–기원전 165년
로마–기원전 63년에서 그리스도까지

4. 바사 통치

팔레스틴 바사의 통치는 헬라 왕국의 알렉산더 대왕 때까지 계속되었다(기원전 333년). 이 왕국은 다니엘이 언급한 두 번째 나라이다. 이것은 유대인들이 말라기의 말기에 바사의 통치 아래 있었으며 바사의 통치는 중간기의 처음 60년 까지 계속되었다. 이때 사마리아인들에 대한 차별이 시작되었다.

북왕국이 기원전 721년에 앗수르에 의해 멸망당한 뒤 메데의 성읍들로 흩어져 살게 되었다. 정복군인 앗수르 사람과 사마리아 사람들 사이에 혼혈이 일어났다. 그 후 이들은 느헤미야가 예루살렘에서 일할 때 그의 일을 방해했던 자들이다(느 2:10, 4:1–3). 이러한 적대감은 신약시대에도 찾아 볼 수 있다.

5. 헬라 통치

20세의 알렉산더 대왕은 10년 동안에 세계의 모양을 바꾸어 놓았다. 다니엘은 그에 대해 다니엘 7:6; 8:1–7, 21–23절에서 말하고 있다.

6. 애굽 통치

이 통치가 중간기의 6시대 중 가장 긴 기간이다. 알렉산더 대왕이 죽자 유대인들은 첫 프톨레미의 통치자, 프톨레미소터(프톨레미는 애굽을 통치한 헬라의 왕조였다)의 손에 들어갔고 두 번째 프톨레미 필라델푸스는 알렉산드리아 도서관을 설립했다. 그의 통치 기간 중에 히브리어에서 헬라어로 번역된 그 유명한 구약 70인역이 나오게 되었다. 팔레스틴은 애굽과 시리아의 전쟁터가 되어 가고 있었다(셀루씨데는 시리아의 왕조였다).

7. 시리아 통치

이 기간이 유대인에게 있어 중간기 중 가장 처참한 때였다. 안디오커스 에피파네

스가 정권을 잡은 후 그는 유대인들에게 공포 정치를 시행했다(기원전 175년). 그는 예루살렘을 파괴하고 성벽을 헐었으며 백성들을 학살했다. 또한 그는 여러 방법으로 성전을 더럽혔다. 제단에 돼지를 드리거나 제단 위에 신상을 세웠다(단 8:13).

8. 마카비 통치

이때가 모든 역사 중에서 가장 영웅적인 기간이었다. 안디오커스 에피파네스의 과도한 정치는 나이 많은 제사장 맛다디아의 혁명을 유발시켰고 그의 아들 유다 마카비가 이를 성공시켰다. 유다 마카비는 안디오커스에 의해 더럽혀진 성전을 회복하고 정통 예배가 다시 이뤄지게 했다. 그러나 유다 마카비는 시리아와 있었던 한 전투에서 전사하고 말았다 그러자 그의 동생 요나단이 지도자 겸 대제사장이 되어 민정권과 성직권을 한 사람이 가짐으로써 대제사장 하쉬만 계보가 이루어지게 되었다(하쉬만은 마카비의 증조부였다). 요나단이 죽자 그의 동생 시몬이 지도자가 되었다. 시몬이 죽게 되자 그의 뛰어난 아들 요한 힐가누스가 29년을 통치하게 된다. 하쉬만계 지도자들이 몇 번 바뀌고 난 뒤에 헤롯 가계가 로마 시대의 장을 열면서 등장하게 된다.

9. 로마 통치

유다는 로마 왕국의 한 지방이 되었다. 마카비 계보가 끊어지자 율리우스 가이사는 기원전 47년에 안디바를 유다의 지도자로 세웠다. 안디바는 그의 헤롯으로 하여금 갈릴리를 통치하게 했다. 로마는 기원전 40년에 그를 유대 왕으로 세웠고 그는 그의 아내와 그의 아들들을 포함한 그의 가족들을 제외하고는 거의 모두 살해해 버렸다. 이 사람이 바로 주님께서 태어 나실 때 왕이었던 '헤롯 대왕'이다. 이상이 400년 동안의 유다의 정치적 배경이다.

10. 400년 동안의 종교적 배경

정치적 배경이 유다를 변화시켰지만 유대인의 종교적 관습에는 그렇게 큰 변화가 없었다. 서기관, 바리새인, 사두개인과 같은 새로운 무리들과 회당이나 산헤드린과 같은 기관도 생겨 났다. 유다에 생긴 이러한 변화 때문에 말라기와 마태 사이의 중간기는 매우 중요하다.

후손들에게 전해 내려온 유전이 기원후 2세기 말씀에 탈무드에 기록되었다. 유대인들은 오늘날까지도 그것의 권위를 인정하고 있다. 주님 당시에는 그 유전들이 주로 기록되어 있지 않았었다. 주님께서는 마태복음 15:1–9에서 이 유전을 공격하셨으며 산상설교에서는 여섯 번이나 "너희가 들었으나 나는 너희에게 이르노니"라고 말씀하신다. 그분이 성경을 인용하실 때는 "기록된 바"를 사용하셨다.

Note

11. 바리새인과 사두개인

바리새인들은 유전이 모세, 여호수아, 장로들, 선지자들과 회당장의 모든 남자들에게 주어졌다고 주장했다. 바리새인들은 이 유전의 해석자였다. 사두개인들은 이를 거부하고 모세오경만을 받아 들였다. 또한 바리새인들이 천사와 영과 부활을 인정하는 반면에 그들은 이 교리들을 부정했다(행 23:8). 바리새인과 사두개인들은 항상 서로 반목질시했다. '바리새'는 '구별된 자'라는 뜻이었고 '사두개'는 '의로운 자'를 의미했다. 바리새인에 관한 참고 구절은 누가복음 7:39; 15:2, 마태복음 9:11과 그 외 여러 곳에서 찾을 수 있을 것이다. 사두개인에 대한 것은 마태복음 16:1, 11절; 22:23, 사도행전 23:6에 기록되어 있다.

12. 서기관

바벨론 포로 때부터 사본가나 서기와는 다른 사람으로 성경을 해석하고 보호하며 가르치는 새로운 계급이 생겨나게 되었다. 그들은 국가적으로도 높은 위치에 있었다. 그들은 제사장들이나 바리새인들과는 구분되어 있었다. 마태복음 5:20; 12:38; 15:1, 마가복음 2:16, 누가복음 5:21에서 바리새인들과 같이 언급되고 있으나 같은 사람이거나 기능이 같은 것을 의미하는 것은 아니다. 예수님께서는 그들의 타락과 외식을 책망하셨다(마 23:13-18).

13. 회당

구약엔 회당이라는 말이 한 번도 나오지 않는다. 그러나 신약에 가면 이 단어가 여러 번 나온다. 회당은 포로 전에는 없었으며 포로기간 동안에 만들어 진 것으로 그때에야 유대인들이 전체적으로 우상숭배에서 돌이키게 되었다. 그곳에는 성전이 없었기 때문에 성경을 읽기 위한 장소가 필요했다. 그리하여 회당을 짓게 된 것이다(이렇게 해서 회당이 생기게 되었다고 한다). 예수님 당시에 회당에서 가르치는 것은 흔한 일이었다(마 4:23; 9:35, 누가복음 4:15, 44절; 행 13:5; 14:1, 17:10; 18:19).

회당은 성직자적이 아니고 회중적이었다. 그 위대한 복음 선포는 회당에서 시작되었던 것이다. 사도들에 의해 조직되고 예배를 주요 의식으로 갖고 있던 초대 교회는 이 배경에서 나왔다. 또한 신약에 나오는 장로, 감독, 집사 같은 교회 직분도 이 회당에서 비롯된 것이다.

14. 산헤드린

산헤드린이라는 또 다른 유대인의 기관이 있었다. 이것이 신약시대의 민사 및 종교의 최고 재판 기관이었다. 예수님을 십자가에 못 박은 실무 책임은 이 기관에게 있었다. 본디오 빌라도는 로마 제국의 형식적인 승인자에 불과했다. 산헤드린은 헬라어의 '순네드리온'이 '공회'로 번역되어 여러 곳에 언급되어 있다.

마태복음 26:59

마가복음 14:55; 15:1

누가복음 22:66

요한복음 11:47

사도행전 4:15

사도행전 5:21, 27, 34, 41절

사도행전 6:12, 15

사도행전 22:30

사도행전 23:1, 6, 15, 20, 28절

사도행전 24:20

산헤드린은 대제사장과 제사장직의 24반차를 대표하는 24제사장들과 '백성의 장로들'(마 21:23)로 불려진 24장로들과 종교 및 민사 율법을 해석하는 22서기관들로 구성되어 있었다. 그러므로 산헤드린은 71명의 공회원으로 되어 있었던 것이다. 이스라엘 역사 중에서 마태복음 26:59보다도 더 슬픈 일은 없을 것이다.

마태복음 26:59을 적어 보자. ______________________________

____

____

그들은 주님에게 형벌을 주기 위해서는 빌라도의 동의를 얻어야만 했다. 그들은 불법으로 공회청이 아닌 대제사장의 집에서(요 18:15)모임을 가졌다. 그들이 행한 그리스도의 죽음을 둘러싼 모든 행위는 불법이었으며 그릇된 것이었다. 이 상은 간단하고 불완전한 배경이지만 이것을 통해서 말라기와 마태 사이의 400년 동안에 생긴 기관들에 대해 어느 정도 알 수 있게 되었다. 이 시대에 관해 더 많은 사실을 알고 싶다면 요세푸스의 11, 12, 13권의 책과 마카비에서 1, 2권을 참고해 보라.

복습

- 사복음서에 대해서 예습해 보자.
- 중간기에 대한 공부를 복습해 보자.
- 성경을 읽다가 깨닫게 된 새로운 진리들을 찾아 밑줄을 그어 보자.

Note

Week 27
신약개요와 사복음서

1. 신약에 대한 올바른 전제

신약에 들어가기 전에 알아야 할 일은 어떤 선입관도 갖지 말고 열린 마음을 가지라는 것이다. 그러나 이러한 충고가 좋은 것만은 아니다. 왜냐하면 열린 마음이 항상 빈 마음만은 아니기 때문이다. 만약 우리가 어떤 올바른 전제 없이 신약을 접하게 된다면 많은 것을 놓칠 수 있다. 신약에 들어가기 전에 반드시 기억할 올바른 전제는 바로 이것이다. 즉, 모든 신약에 가득 찬 것은 성취의 독특한 사상과 개념이다.

2. 신약의 열쇠인 성취

마태는 시작부터 12번이나 이 열쇠를 사용하고 있다.

마태복음 1:22–"주께서 선지자로 하신 말씀을 이루려 하심이니"

마태복음 2:15, 17, 23–"이는 주께서 선지자를 통하여 말씀하신 바 … 함을 이루려 하심이라"

마태복음 4:14–"이는 선지자 이사야를 통하여 하신 말씀을 이루려 하심이라"

마태복음 8:17–"이는 선지자 이사야를 통하여 하신 말씀에 … 함을 이루려 하심이더라"

마태복음 12:17–"이는 선지자 이사야를 통하여 말씀하신 바 … 함을 이루려 하심이니라"

마태복음 13:35–"이는 선지자를 통하여 말씀하신 바 … 함을 이루려 하심이니라"

마태복음 21:4–"이는 선지자를 통하여 하신 말씀을 이루려 하심이라"

마태복음 26:56–"이렇게 된 것은 다 선지자들의 글을 이루려 함이니라"

마태복음 27:9, 35–"이에 선지자 예레미야를 통하여 하신 말씀이 이루어졌나니"

우리 주님께서 그의 사역을 시작하실 때 맨 먼저 하신 말씀은 "우리가 이와 같이 하여 모든 의

Note

를 이루는 것이 합당하니라"였다(마 3:15).

"완전하게 하려 함이라"–마태복음 5:17

마가는 "때가 찼고 하나님 나라가 가까이 왔으니"(예수님의 말씀을 기록하면서)라고 기록하고 있다(막 1:15). 누가는 예수님의 말씀에 대해 "이 글이 오늘 너희 귀에 응하였느니라"(누가복음 4:21)라고 기록했다. 요한은 주님의 첫 번째 선언(가르침)을 제시하기 전에 주님을 영접한 자들의 반응을 제시한다–"우리가 만났다"(요 1:41, 45절)라고 기록했다. 다른 복음서 저자들처럼 요한도 "이는 성경을 응하게 함이라"를 7번 사용했다(요 12:38; 13:18; 15:25; 17:12; 19:24, 28, 36절).

3. 신약은 구약의 응답

더욱 정확히 말한다면, 그리스도는 선지자들이 보았고 시인과 작가들이 노래했고 소망했던 모든 것의 성취이다.

예를 들어 보자. 구약에서 남아 있는 인상 중의 하나가 동물 제사일 것이다. 그래서 창세기 4장 이후부터 이 제사와 의식에 대해 나와 있다. 당신의 마음속에는 이것이 어떤 실체를 외형적으로 보여 주는 것이라는 인상이 남아 있을 것이다. 그러나 이것이 아직 명확하게 설명되어 있지 않다. 또한 당신은 하나님께서 노아와 아브라함에게 맺으시고 이삭과 야곱에 와서 새롭게 하신 언약에 대해서 읽었을 것이다. 당신은 애굽의 종살이에서 풀려 나와 시내산에서 율법을 받고 가나안 땅을 정복해 들어간 열두 지파에 대해서도 알고 있을 것이다.

그 다음에 이스라엘의 반역과 징벌을 기록한 사사기, 그 다음엔 신정에서 왕정으로 바뀌게 된 사무엘서가 나타난다. 열왕기에 와서 그 왕국은 둘로 나눠지며 두 왕국 모두 포로 생활에 들어간다. 역대기는 비극적인 이야기를 다시 보여 주고 있다. 에스라, 느헤미야, 에스더에 와서 남은 자들만이 유다에 돌아오게 된다. 성전과 성벽이 재건되지만 다윗의 왕좌는 끊어진지 오래였다. 당신은 선지서들을 다보아도 거기에 남은 자들이나 널리 흩어진 자들에 초점을 맞추는 것을 찾아 보지 못할 것이다.

학개, 스가랴, 말라기에서 조차 남은 자들에 대한 기록을 찾아 볼 수 없다. 여기서 당신은 성취되지 않은 목적이 있음을 발견할 수 있을 것이다. 구약의 예언은 지금도 말씀하고 있다. 그러나 장래에 대해 다른 것을 말씀하고 있는 것이 아니라 "어떤 분이 오고 계시다"는 사실에 초점을 맞추고 있다. 말라기는 "너희가 구하는 바 주가 갑자기 그의 성전에 임하시리니"(말 3:1)라고 했다. 그러나 구약은 성취되지 않은 채 끝이 났다.

4. 구약의 완성 신약

구약의 제사 제도는 예수님에 의해서 성취된다. 이스라엘 백성에 의해서 성취되지 않았던 목적은 이제 그들의 메시아이시며 우리들의 메시아인 예수님 안에서 성취되었다. 구약의 예언들은 은혜의 주님 안에서 성취를 찾게 된 것이다.

구약에서는 그분이 오실 것이라고 했으나 복음서에서는 그분이 오셨다고 했다. 서신서에서는 그가 성령으로 와 계신다고 말하며 계시록에는 다시 오실 것이라고 기록되어 있다. 그의 초림의 성취는 구약의 예언이 신적인 것임을 증명해 주며–구약과 신약의 아직 성취되지 않고 남아 있는 것들도 반드시 성취될 것이라는 보증이 된다.

5. 사복음서

왜 4개의 복음서가 필요한가? 마태, 마가, 누가, 요한은 너무도 자연스럽게 예수님의 독특한 네 개의 모습을 그려낸다는 해석도 있다. 예를 들어 사복음서와 에스겔의 "네 생물"사이에 중요한 평행이 존재한다는 해석이다. 에스겔은 1:10에서 "그 얼굴들의 모양은 넷의 앞은 사람의 얼굴이요 넷의 오른쪽은 사자의 얼굴이요 넷의 왼쪽은 소의 얼굴이요 넷의 뒤는 독수리의 얼굴이니" 사자는 강함과 왕권을 말하며 사람은 높은 지능, 소는 낮게 섬김, 독수리는 하늘, 신성에 대해 말하는 것이다.

사복음서에서도 이것을 찾아 볼 수 있다:

마태복음–메시아–왕(사자)

마가복음–여호와의 종(소)

누가복음–인자(사람)

요한복음–하나님의 아들(독수리)

주권자로서, 그는 다스리시고 통치하시기 위해 오셨다. 종으로서, 그는 섬기시고 고통을 받으시기 위해 오셨다. 인자로서, 그는 인간과 함께 하시며 함께 느끼시기 위해 오셨다. 하나님의 아들로서, 그는 구속하시기 위해 오셨다. 우리는 사복음서에서 통치, 겸손, 인성, 신성을 찾아 볼 수 있다.

6. 사복음서 저자들의 강조점

만약 우리가 에스겔의 네 상징에 대한 네 제자들의 평행을 따른다면 우리는 사복음서가 놀라우신 같은 인격체이신 하나의 모습 즉 예수님이심을 알게 된다.

Note

1) 마태–사자는 다윗 왕족인 유대 지파의 상징이다. 마태복음에서는 우리 주님이 "유대 지파의 사자," "다윗의 뿌리"(계 5:5; 사 11:1, 10)로 독특하게 표현되어 있다. 그는 "왕"이시며–"여호와 우리의 공의"(렘 23:5)가 되신다. 마태복음의 첫 문장이 열쇠를 던져 주고 있다. "아브라함과 다윗의 자손 예수 그리스도의 계보라"(1:1에 유의)누가가 아담까지 거슬러 올라가며 요한은 영원까지 거슬러 올라가는 반면에 마가는 족보에 대해서 아무 말도 하지 않고 있다. 마태복음은 예수님을 유대인의 왕으로 표현하고 있다.

2) 마가–소는 낮은 위치에서 섬기는 것을 상징한다. 마가복음은 "행동의 복음서"이다. 마가복음은 족보가 나와 있지 않으며 그리스도의 활동에 강조점을 두고 있다. 낮은 종으로서의 특징적인 단어는 "즉시(곧)"이다.

3) 누가–"사람의 얼굴"이 나타나 있다. 그는 왕권과 신성에 대해서는 강조하지 않았다. 그러나 그의 인성에 대해서는 확실하다. 그의 사랑스런 인성은 누가가 주님의 부모와 그의 탄생에 대해서 말할 때 잘 나타나 있다. 후에 그는 "왕"과 "구세주"라고 불리움을 받으셨다. 누가는 주님의 소년시절에 대해 언급하고 있다(누가복음 2:41–52).

4) 요한–에스겔이 말한 상징의 마지막 국면은 독수리이다. 요한은 영원까지 거슬러 올라간다. "태초에 말씀(예수님)이 계시니라 이 말씀(예수님)이 하나님과 함께 계셨으니 이 말씀은 곧 하나님이시니라 … 만물이 그로 말미암아 지은 바 되었으니 지은 것이 하나도 그가 없이 된 것이 없느니라 그 안에 생명이 있었으니 이 생명은 사람들의 빛이라"(요 1:1–4) 요한은 그를 "하나님의 아들"로 제시한다(1:18, 34). 그는 "말씀", "빛", "생명", "아들"이시다. 그는 육신을 입으신 하나님이시다. 그는 하나님이시며, 인간이시다.

7. 사복음서 저자들의 독특한 특징

마태는 그의 많은 구약 인용에서 알 수 있듯이 히브리인들을 의식하고 마태복음을 썼다. 마가는 베드로의 동역자였으며 일차적으로 로마인들을 의식하며 썼다. 예수님이 현저하게 기적을 베푸시는 분으로 나타나 있다. 누가는 바울의 동역자이시며 의사였고 헬라인들을 의식하여 누구와도 비교될 수 없게 주님의 인성에 강조를 두고 기록했다. 요한은 우리 주님의 신성을 주로 기록한 사람으로 교회에 대한 메시지의 저자로 불려 질 수 있다. 그러나 교회에 대한 메시지보다 더 중요한 것이 있다. 그는 예수님을 민족의 차별이 없는 모든 세상에 대한 하나님의 계시로, "은혜와 진리"로 계시하고 있다. "말씀이 육신이 되어 우리 가운데 거하시매 우리가 그 영광을 보니 아버지의 독생자의 영광이요."

8. 사복음서의 끝맺음의 특징

마태복음은 주님의 부활로 끝난다(마 28장).

마가복음은 주님의 승천으로 끝나고 있다(막 16:19–20).

누가복음은 성령에 대한 약속으로 끝나고 있다(누가복음 24:49).

요한복음은 우리 주님의 재림에 대한 약속으로 끝을 맺고 있다(요 21:20–23).

여기서 우리는 다음 사실을 알 수 있을 것이다.

메시아, 왕으로 나타나신 마태복음은 부활(그가 메시아로 인정되신 증거)로 끝나야 한다. 낮은 종으로 나타나신 마가복음은 낮아지셨던 분이 영광과 존귀의 위치로 승천하심으로 끝나야 한다. 이상적인 인간으로 나타나신 누가복음은 인간에 귀한 위로자(보혜사)에 대한 약속으로 끝남이 마땅하다. 하나님의 아들로 나타나신 요한복음은 그의 재림에 대한 자신의 약속으로 끝맺음 되는 것이 당연하다. 그러므로 사복음서는 우리들에게 완전한 주님의 모습을 보여 주시기 위한 성령의 작품임이 분명하다.

복습

- 구약에서 신약으로 들어 갈 때 신약에 나타난 두드러진 개념은 무엇인가?
- 사복음서가 필요한 이유는 무엇인가?
- 그리스도는 사복음서에 어떤 모습으로 나타나는가?
- 사복음서 각각의 차이점들은 무엇인가?

과제

- 마태복음은 28장으로 되어 있다. 매일 4장씩 읽어 보자. 메시아로 나타난 그리스도의 모습에 초점을 맞추고 읽어 보자.
- 신약개요와 사복음서를 복습해 보자.
- 성경을 읽다가 깨닫게 된 새로운 진리들을 찾아 밑줄을 그어 보자.

Note

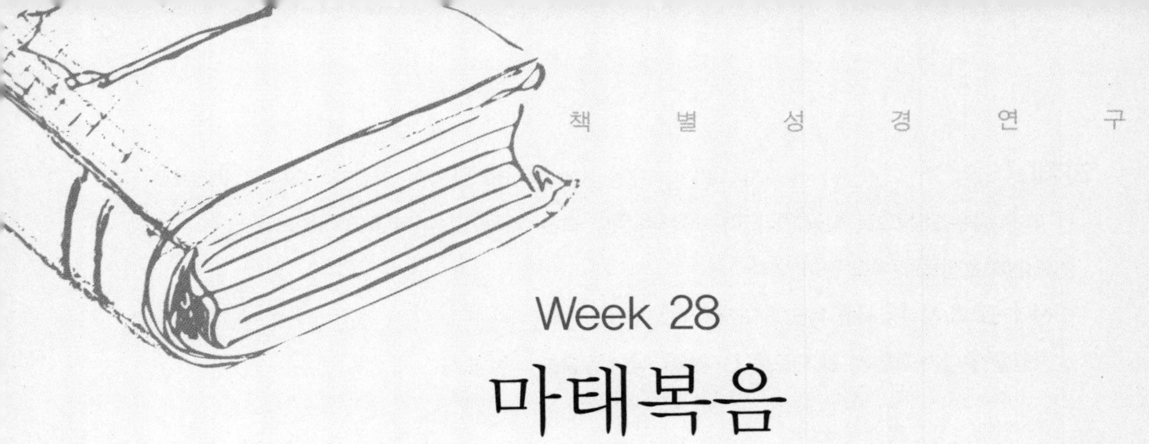

Week 28
마태복음

1. 사복음서

신약에 들어오게 되면 우리는 사복음서가 예수님의 4개의 독특한 모습을 제시하고 있다는 사실을 발견하게 된다.

- 마태복음–메시아–왕
- 마가복음–여호와의 종
- 누가복음–인자
- 요한복음–하나님의 아들

세 개의 복음서(마태, 마가, 누가복음)은 흔히 공관복음이라고 불린다(일반적으로 같은 집합적인 관점을 갖고 있기 때문이다). 요한복음은 때와 성격 면에 있어 공관복음과 다르다. 공관복음 저자들은 예수님 생애의 외적, 인간적, 공적인 면을 제시하고 있다. 요한은 예수님 생애의 내적, 신적, 개인적인 면을 보여주고 있다. 마태는 예수님을 왕, 다윗의 자손, 아브라함과 솔로몬과 요셉의 자손으로 제시한다(예수님의 법적 계보–마 1:1–16). 누가복음 3:23–38은 마리아를 통한 예수님의 계보를 보여 준다.

2. 본서의 저자

마태는 본서의 저자이다. 그는 유대인이 증오하는 로마를 위해 세금 징수원이 된 유대인 세리였다(10:3). 그래서 이들은 "세리와 죄인들"이라는 말로 불리워졌으며, 이것은 그들이 낮은 도덕적 수준이었음을 말해준다. 마태는 누가복음 5:27과 마가복음 2:14에서는 레위로 불리워졌다. 그는 예수님의 제자(9:9), 사도(보냄을 받은 자, 10:2–3)가 되었다.

3. 중심 메시지

Note

"이는 선지자를 통하여 말씀하신 바를 이루려 하심이라"(마태는 약속된 메시아–왕을 제시하는 데 구약을 12번 언급하고 있다–"이는 선지자를 통하여 말씀하신 바를 이루려 하심이라")

4. 본서의 구조

개요(1장–4:1–11)

족보, 그리스도의 탄생, 세례, 시험.

갈릴리에서의 사역(4:12–18장)

- 그의 가르침(5–7장)
- 그의 사역(8–10장)
- 사람들의 반응(11–18장)

유대에서의 사역(19–28장)

- 왕으로 나타나심(19–25장)
- 십자가 사건(26–27장)
- 영광스러운 부활(28장)

5. 개요 1장-4:11

1) 족보가 맨 처음 나오는 이유는 무엇인가?

마태는 본서를 일차적으로, 그들의 메시아가 구약성경에 따라 어느 지파에서 나오실 것이라고 믿는 유대인들을 위해서 썼다. 마태는 히브리 민족의 조상인 아브라함으로부터 시작해서 다윗을 통한 족보와 메시아에 대한 언약의 약속을 보여 주어야만 했다. 1:17을 유의해서 보라. 아브라함부터 그리스도까지 42세대가 나와 있다(남자 혈통). 누가복음 3:23–38은 성령에 의해 잉태한 마리아를 통해 그리스도의 족보가 나와 있다.

2) 그리스도의 탄생과 그의 오심을 둘러싼 사건들

구약의 예언과 성취가 나열되어 있다. 살펴보고 당신의 성경에 표시해 보자.

예언

이사야 7:14

이사야 11:1

예레미야 31:15

호세아 11:1
미가 5:2

신약의 성취
마태복음 1:22-23
마태복음 2:23
마태복음 2:17-18
마태복음 2:15
마태복음 2:5-6

3) 세례를 받으신(3장) 후, 그는 시험을 받으셨다(4장). 우리 예수님께서 인간으로서 시험을 받으셨다는 것은 분명한 사실이다. 그는 모든 면에서 시험을 받으셨다—육체적: "이 돌들로 떡덩이가 되게 하라", 정신적: "뛰어내리라", 영적: "내게 엎드려 경배하라"—이것이 바로 사탄의 수법이다(육체적, 정신적, 영적인 시험).

6. 갈릴리에서의 사역-4:12-18장

4:12에서 우리는 "예수께서 요한이 잡혔음을 들으시고 갈릴리로 물러가셨다가"란 말씀을 보게 된다.

1) 예수님의 가르침(5-7장)

보통 산상수훈이라 일컬어지는 가르침이 나와 있다. 이 유명한 가르침은 다음 것들에 대해 언급하고 있다.

- 덕, 윤리, 동기 5장-6:18
- 물질적, 현세적, 사회적 6:19-7:6
- 격려, 요약, 권고 7:7-7:27

산상수훈은 주님의 왕국의 규율이다. 주님께서는 모세의 율법을 다루시면서 "내가 너희에게 이르노니"를 14번이나 사용한다(성경에 표시해 보자). 이 설교에는 오늘날의 실제적인 삶에 관한 것이 많이 언급되어 있다.

다음을 유의하여 읽어 보자.

- 두 길 7:13
- 두 문 7:14

- 두 목적지 7:21–23
- 두 기초 7:24–27

2) 예수님의 사역(8–10장)

이 세 장에는 10개의 기적이 기록되어 있다. 다음 성구들을 읽고 기적들의 이름들을 붙여 보자.

8:1–4 ________

8:5–13 ________

8:14–15 ________

8:23–27 ________

8:28–34 ________

9:1–8 ________

9:18–22 ________

Note

9:23–26

9:27–31

9:32–34

여기에는 10가지의 기적만이 언급되어 있지만, 9:35은 그가 모든 도시와 마을에 두루 다니사 "모든 병과 모든 약한 것을 고치시니라"고 말한다. 두드러진 사건들을 유의하여 보고 그 기적을 행하실 때 예수께서 하신 질문들을 살펴보자. 마태복음 8:18–22; 9:9–13, 14–17절을 읽어 보자. 10장에서 예수님은 그가 아버지께로 돌아가신 후를 위해 12명의 증인을 택하신다. 다시 그들은 다른 사람들을 훈련시키게 된다. 마태는 다른 복음서 보다 많이 12제자에 대한 주님의 가르침을 기록하고 있다. 유대인들은 이방인들 보다 먼저 복음을 들을 수 있었다(10:5–6, 28:19).

3) 사람들의 반응 11–18장

"왕국"(하나님의 나라)이란 단어가 마태복음에는 55번 사용되었다. 그래서 이 복음서는 왕의 복음서로 알려져 있다. 유대인들은 이 단어를 잘 알고 있었다. 시내산에서 하나님께서 이스라엘에게 말씀하셨다. "너희가 내게 대하여 제사장 나라가 되며 거룩한 백성이 되리라"(출19:6). 선지자들은 이것을 거듭거듭 말했다. 그리스도께서 하나님 나라에 대해 가르치신 후에 그의 갈릴리 사역의 분명한 결과가 언급되고 있다.

- 질문–세례 요한 11:2–15

Note

- 회개치 아니하는 도시들 11:20–30
- 부당한 바리새인 12:10, 14, 24
- 믿지 않은 군중 13:13–15
- 관습적인 서기관들 15:1–2
- 바리새인과 사두개인이 구한 표적 16:1

13장은 천국의 비밀을 말해 주고 있으며(13:11) 이것은 완벽한 하나의 교훈을 제시해 준다. 또한 우리는 여기서 16:17–18을 간과 할 수 없다. 하나님의 나라가 거절 당하자 예수님과 그의 제자들은 가이사랴 빌립보로 갔다. 거기서 그는 교회에 관한 위대한 진리를 선포하셨다. 교회란 단어는 에클레시아(ecclesia)로부터 나온 "부르심을 입은 자들"이라는 뜻을 가지고 있다. 예수님은 유대인과 이방인이 새로운 한 몸이 되는(엡 2:14–18을 읽으십시오) 새로운 조직을 세우신 것이다. 사도행전 10:34–48을 읽어 보자.

7. 유대에서의 사역 19-28장

19장은 "예수께서 이 말씀을 마치시고 갈릴리를 떠나 요단강 건너 유대 지경에 이르시니"라는 말로 시작된다. 여기서부터 그의 예루살렘과 유대에서의 사역이 시작되는 것이다.

1) 왕으로 나타나심(19–25장)

이것은 주님께서 예루살렘에서 자신이 이스라엘의 메시아–왕이심을 공적으로 표명하셨음을 의미한다. 예루살렘을 향해가는 여정이 19장과 20장에 나와 있다. 예수님께서는 그가 당하실 일을 다 알고 계셨다(20:17–19, 28). 성경 본문을 적어 보자. ______________________________

____

____

마태복음 21:1–17에 나와 있는 주님의 승리의 입성에서는 그분이 스스로 이스라엘의 메시아–왕이심을 나타내 보이시는 것을 알 수 있다. 스가랴 9:9의 말씀이 성취된 것이다. 21:18–23장에는 갈등이 기록되어 있다. 그들은 주님을 거부했고 주님도 그들을 거부하셨다(비난자들과 분파주의자들). 갈릴리에서 "복이 있나니"를 8번 사용하셨던 주님께서는 여기서 8번의 "화 있을진저"를 사용하신다.

감람산 설교가 24–25장에 나온다. 이것은 성 밖에서 행해진 일이다. 이 말씀은 참된 예언자의 확실한 예언이었다. 예수님의 승리의 입성은 그의 종국적인 승리의 말씀으로 끝을 맺고 있다. "예수님께서 거부당하실 것을 미리 아셨다면 도대체 그는 왜 자신을 예루살렘 사람들에게 맡기셨는가?"라는 의문이 생길 수 있다. 예수님께서는 그의 십자가를 언급하실 때마다 반드시 부활에 대해서도 말씀하셨다.

마태복음 16:21 ______________________________

____

마태복음 17:22–23 ______________________________

____

____

마태복음 20:17–20 ______________________________

____

마태복음 26:28–32 ______________________________

____

감람산 설교의 예언이 우리 눈앞에 펼쳐지고 있음을 날마다 볼 수 있는 시대에 살고 있다.

2) 십자가 사건 26–27장

첫 번째, 주님은 제자들로부터 버림을 당한다(26:1–56). 그리스도께서는 앞으로 일어날 모든 일을 알고 계셨다.

마태복음 26:12을 적어 보자. ______________________________

____

최후의 만찬에서 유다의 배반을 말씀하셨다.

마태복음 26:25을 적어 보자. ______________________________

____

그는 "나의 피 곧 언약의 피"라고 말씀하셨다.

마태복음 26:28 ______________________________

____

두 번째, 예수님은 산헤드린 공회 앞에 서 계신다(26:57–75). 그는 거기서 이스라엘의 메시아라는 주장에 대해 정죄를 당한다. 그분은 계속 잠잠하시다가 "네가 말하였느니라"고 말씀하셨다(64절). 참람하다고 하여 사형선고를 받게 된다(66절).

Note

세 번째, 그분은 로마의 통치자 앞에 섰다(27:1-26).

네 번째, 십자가에 못 박히심(27:27-66). 마태는 그리스도의 죽음을 둘러싸고 일어난 기적적인 사건들에 대해 마가, 누가, 요한보다 더욱 생생하게 묘사하고 있다-한낮에 어두움이 임함, 땅이 진동, 바위가 터짐, 무덤이 열림-성소 휘장이 위로부터 아래까지 찢어짐. 못 박히신 분은 바로 하나님의 아들이셨다.

3) 영광스러운 부활 28장

20절 밖에 안되는 이 장에서 우리들의 모든 믿음의 승리의 절정을 제시해 주고 있다. 마태의 관심은 사실에 대한 신학적인 논점에 있지 않고 오직 사실 그 자체에 있다.

- 천사가 부활을 알림 28:1-7
- 주 예수님께서 보이심 8-10절
- 유대 당국의 그것에 대한 거짓말 11-15절
- 열한 제자와 우리들에게 명령하심 16-20절

8. 기타

1) 주님께서는 13장에서 비유들을 사용하신 이유를 밝힌다. 13:10에서 제자들의 질문에 유의하면서 주님의 대답을 살펴보자.

마태복음 13:11을 적어 보자. ______________________________

____

2) "베드로와 교회"(마 16장)

모든 신자는 교회가 시몬 베드로 위에 세워졌었거나 세워져 있지 않음을 알아야 한다. 16:18의 실제 번역은 "너는 베드로라(반석) 내가 이 반석(전능한 반석 즉, 그리스도) 위에 내 교회를 세우리니"이다. 그리스도께서는 우리들의 구원의 반석되시는 그 자신 위에 에클레시아, 즉 부르심을 입은 자들을 세우셨다.

3) 감람산 설교(24-25장)

이것은 주님께서 설명하신 마지막 날에 관한 기록이다. 관주와 함께 공부하시면 도움이 될 것이다.

4) 십자가 상의 마지막 7언

(대부분의 사람들은 한 복음서에 순서대로 나와 있는 것으로 생각하지만 그렇지는 않다)

마지막 7언은 다음과 같다.

누가복음 23:34

누가복음 23:43

요한복음 19:26

마태복음 27:46

요한복음 19:28

요한복음 19:30

누가복음 23:46

복습

- 마태는 그리스도를 ______________________________으로 제시한다.
- 마태, 마가, 누가복음은 무엇이라고 불리는가?
- 마태복음의 중심 주제는 무엇인가?
- 마태복음의 족보와 누가복음의 족보가 다른 이유는 무엇인가?
- 마태는 예수님께서 주로 두 장소에서 사역하셨다고 기록했다. 그 장소는 어디인가?

과제

- 매일 3장씩 마가복음을 읽어 보자.
- 마태복음 공부를 복습하자.
- 성경을 읽다가 깨닫게 된 새로운 진리들을 찾아 밑줄을 그어 보자.

Week 29
마가복음

1. 배경

사복음서는 같은 기본 사실을 다루고 있으며 첫 세 권은 공관복음이라고 한다(Synoptists, syn, 같은 함께+opsis, 관점). 요한복음이 주님 생애의 신성 쪽에 관심을 두고 있는 반면에 마태, 마가, 누가복음은 공관복음으로 같은 관점을 가지고 있다.

성경에서 요한 마가(마가라 하는 요한)로 알려진 마가는 일차적으로 로마인들을 의식하며 이 책을 기록했다. 요한은 그의 유대식 이름이고 마가는 로마식 이름이다. 그는 유대인이였으며 마리아의 아들이었다(행 12:12). 그는 바울의 전도여행에서 동역자였으며 베드로부터 배웠고 그의 가까운 동역자이기도 했다. 베드로가 그를 주님에게 인도한 것으로 믿어지고 있으며 마가복음에 베드로의 문체와 영향이 눈에 띈다(벧전 5:13).

2. 본서의 저자

마가는 그리스도를 종으로 제시한다. 마가는 주님께서 하신 일 즉, 일하시는 예수님을 보여주고 있다. 예수님께서 하신 일을 통해서 그가 어떤 분이심을 알 수 있다. 마태처럼 족보도 제시하지 않으며 그리스도의 탄생에 대한 설명도 하지 않는다. 마가복음 1장은 마태복음의 1–8장에 해당된다. 마가는 예수님께서 하신 많은 말씀을 생략했다.

마가는 주님의 하신 일들을 계속 제시한다–20개의 기적을 상세하게 기록했다. 중심 단어는 "유세오스(eutheos)"로서 "곧", "즉시", "바로" 로 번역되는 단어이다. 예를 들어 1:10, 18, 20, 21, 29, 30, 42, 43절(모두 1장에 있다). 이 단어가 마가복음에 42번 나타난다. 마태복음에는 7번, 누가복음엔 한번이 나올 뿐이다.

3. 중심 메시지

"인자가 온 것은 섬김을 받으려 함이 아니라 도리어 섬기려 하고 자기 목숨을 많은 사람의 대속물로 주려 함이니라"(막 10:45).

예수님은 여호와의 종이시다.

빌립보서 2:7–8을 적어 보자. ______________________________

____

4. 본서의 구조

성화–서론(1:1–13)

봉사(1:14–8:30)

희생(8:31–15장)

부활과 승천 (16장)

5. 서론- 성화 1:1-13

마가는 예수님을 소개하는데 시간을 소비하지 않고 있다. 그는 1:1에서 간단히 진술한다. "예수 그리스도의 복음의 시작이라"–마가가 예수님의 시작이 아닌 복음의 시작을 제시하고 있음에 유의하라. 아래의 음성이 예수님을 알리고 있다.

마가–"하나님의 아들 예수 그리스도" (1절)

이사야–"주의 길을 준비하라" (3절)

세례 요한–"나보다 능력 많으신 이가 내 뒤에 오시나니" (7절)

하나님–"너는 내 사랑하는 아들이라" (11절)

마가복음은 복음의 시작이 소개된 다음에 바로 시험 받으신 것이 나온다. 12절을 유의해 보라. "성령이 곧 예수를 광야로 몰아내신지라."–신적 허용을 말함. 13절–"사탄에게 시험을 받으시며"–실제 시험을 말한다.

6. 봉사- 예수님의 사역 1:14-8:30

갈릴리에서 예수님의 사역은 그가 "하나님의 복음을 전파"하심으로 시작된다(1:14–15). 그는 12명 중 4명을 우선 선택하셨다(1:16–20). 그는 가르치셨고(21절) 뭇 사람이 그의 교훈에 놀랐으며(22절), 귀신들이 쫓겨났으며(23–26절), 열병이 떠나고(31절), 각종 병든 자를 고치셨고(34절), 나병환자를 치료하셨다(41절). 사람들이 그의 권세에 놀랐다(27절). 갈릴리에 퍼진 그의 명성이

Note

1장에 나와 있다. 마가는 한 장에 빠르고 급하게 이 모든 것을 소개하고 있다. 2장에서도 급한 반응이 나타난다.

바리새인들로부터16절, 24절,

서기관들로부터 7절

예수님의 완벽하신 대답을 유의해 보자(8절-11절, 17절).

이 두 장은 주님의 전능하신 사역의 예를 보여 주고 있으며 3장은 12명을 택하신 것과 더 많은 반대를 당하신 것을 다루며 4장에서는 비유를 통해 가르치신다. 본서의 구조 중에서 이 부분의 나머지는 제자들과 더 많은 기적으로 사역하신 주님의 모습을 설명해 준다. 그러한 기적들은 그가 그리스도이심을 확신케 하는 일이다.-그러한 일들이 지구상에 나타난 적이 없었다. 그분은 진실로 하나님의 아들이셨다. 백성들이 그를 보고, 그의 말씀을 듣기 위해 모여 들었다. 치료받은 자들, 고마워하는 자들, 복받은 자들 모두가 그를 환호했다. 화면이 어두워지면서 장면이 갑자기 바뀐다. 베드로가 예수님께 "주는 그리스도시니이다"라는 말을 한 직후에-주님께서는 그가 왜 오셨는가를 가르치기 시작하신다. 갑작스런 전환이며 여기서 십자가는 주님의 마음에서 최고조에 달한다.

8:31에서 주님께서 말씀하셨다.

"인자가 많은 고난을 받고 장로들과 대제사장들과 서기관들에게 버린 바 되어 죽임을 당하고 사흘 만에 살아나야 할 것을 비로소 그들에게 가르치시되"(32절에 주의-"드러내 놓고 이 말씀을 하시니"-마태나 누가는 이 말을 사용치 않음). 장면은 봉사와 그의 사역에서 비극적인 희생(본서에서)으로 바뀐다.

7. 희생 8:31-15장

주님께서 반복해서 십자가에 대해 말씀하신다. 찾아 적어 보자.

마가복음 9:12, 31(그의 죽음에 대한 중심 구절을 써 넣으십시오). ____________

____

____

마가복음 10:32-34 ____________

____

____

마가복음 10:45(마가복음의 중심절) ____________

마가복음 14:8 ______________________________

마가복음 14:24-25 ______________________________

그분은 왕관 대신 십자가가 주어질 것을 알고 있었다. 11장부터 15장까지에서 마가는 십자가 사건에 대해 마태나 누가보다 더 생생하게 묘사하고 있다. 예를 들면, 감람산 강화는 마태복음에서 97절로 설명되는 반면에 마가복음은 37절만으로 설명한다. 마가복음에는 다른 복음서들에게 있는 예수님께서 기소당하신 사건이 생략되어 있다. 또한 회개치 않았던 갈릴리 사람들에 대한 경고(마 11장)에 서기관들과 바리새인들에 대한 책망(마 23장, 누가복음 11장)과 그 외눈에 띌만한 사건들이 생략되어 있다. 그 이유는 마태복음에서의 왕으로서 가지셨던 그러한 심판이 종의 관점에서 기록된 마가복음에 걸맞지 않기 때문에 생략된 것이다. 또한 죽어가는 강도에게 십자가에서 말씀하실 때 하늘나라에 대한 약속이 생략된 것도 같은 이유다. 그분이 원하시면 하실 수도 있는 천군을 다스리시는 권한에 대한 언급도 생략되어 있다. 이러한 것들은 모두 "종"이 아닌 "왕"의 속성에 속하기 때문이다.

8. 부활과 승천 16장

예수 그리스도의 몸의 부활은 기독교 신앙에 있어서 기본적 교리 중의 하나이다. 사복음서가 모두 이 사실을 기록하고 있다. 사도행전의 모든 설교가 부활에 관한 메시지이다. 마가복음 16장에 오게 되면 더 큰 논제가 마지막 12절에 주어진다–그것들이 정경의 일부인지 아닌지에 관한 논제이다(부활 사실에 전혀 주의를 기울이지 않았기 때문).

첫째로 부활 사실이 마가복음에 언급되어 있다. 여자들, 천사, 돌, 그리고 천사가 말한대로 제자들에게 전한 것(7절)에 대해 기록되어 있다–여자들이 심히 놀라 아무에게 아무 말도 하지 않게 된다(8절). (마가가 여기서 그의 복음서를 끝내고 있는 것으로 볼 수는 없다) 15절의 지상명령에 유의하라. 우리는 여기서 마태복음에서처럼 왕께서 말씀하시는 "하늘과 땅의 모든 권세를 내게 주셨으니"라는 말을 들어 볼 수 없다. 여기 마가복음에서 우리는 그의 제자들이 그 자리를 이어 받아 그들 안에서, 그들을 통해서 사역하라는 예수님의 말씀을 접하게 된다.

16:20을 읽고 적어 보자. ______________________________

그는 지극히 높아지신 종이신 주님이시다. 우리 안에서, 우리를 통해서 역사하고 계시다.

“우리는 하나님의 동역자들이요”–고린도전서 3:9(마지막 12절–마지막 12절은 영감된 말씀이며 우리에게 그렇게 주어졌으므로 이것에 대한 논쟁이나 토론이 필요없다. 나의 개인 견해로는 마가의 기록이 거의 모두 사도 베드로의 영향을 받았다는 것이다. 이 장의 중간에서 마가는 9절 이후부터 그 자신의 속기로 그 사건에 대한 설명을 해야 했다. 한 장면에서 다른 장면으로 급히 바뀌는 것은 마가의 문제이다. 요점은 마지막 절들이 소망과 확신과 도움과 위로를 준다는 사실이다. 그것들은 하나님의 말씀이며 우리는 그렇게 받아야 한다).

Note

복습

- 마태, 마가, 누가복음은 무엇이라 불리는가?
- 마가의 다른 이름은 무엇인가?
- 마가는 일차적으로 누구에게 이 글을 쓰고 있는가?
- 마가는 그리스도를 어떠한 분으로 묘사하고 있는가?
- 마가복음의 중심 단어는 무엇인가?
- 중심절은 어디인가?

과제

- 매일 4장 씩 누가복음을 읽어 보자.
- 마태복음과 마가복음을 복습하자.
- 성경을 읽다가 깨닫게 된 새로운 진리들을 찾아 밑줄을 그어 보자.

Week 30
누가복음

1. 본서

마태복음에서 예수님은 왕으로 나타나셨고 마가복음에서 그분은 종이셨다. 누가복음에서 예수님은 '인자'로 묘사된다. 마태복음은 히브리인들을 위하여, 마가복음은 로마인들을 위하여, 누가복음은 헬라인들을 위하여 기록되었다.

누가는 의사이며 누가복음과 사도행전을 기록했다. 누가복음과 사도행전은 같은 사람에게 보내졌다–"데오빌로"–(눅 1:3, 행 1:1). 우리는 누가에 대해서 별로 아는 바가 없다. 그는 복음서에서 자신에 대해서는 언급하지 않고 있다–사도행전에서 그는 바울의 선교여행 동역자였을 때에 사용한 "우리는", "우리들에게"라는 말로 자신을 언급하고 있을 뿐이다.

예를 들면 사도행전 16:10의 "그들"에서 "우리"로 바뀐 사실은 그가 드로아에서 바울의 동역자가 되었음을 말해 준다.

사도행전 10:6도 유의해 보자. 그때부터 누가는 바울이 순교할 때까지 바울과 함께 있게 된다(골 4:14, 딤후 4:11). 우리는 골로새서 4:14의 바울의 말로부터 그가 의사였음을 알 수 있다–"사랑을 받는 의사 누가와 또 데마가 너희에게 문안하느니라" 우리는 그의 글에서 의사로서의 사고방식을 유추해 볼 수 있다. "그가 나를 보내사 치료하게"–4:18(예수님의 말씀) "의사야 너 자신을 고치라"–4:23. 의학에 관한 이와 같은 구절은 5:12, 18절; 7:2; 13:11에서도 발견된다.

2. 중심 메시지

"인자가 온 것은 잃어버린 자를 찾아 구원하려 함이니라"(눅 19:10). 본서의 중심 단어는 인자이다. 왜냐하면 누가는 주님의 인성을 다루고 있기 때문이다.

Note

3. 본서의 구조

예수님의 탄생, 소년시절, 청년시절(1:1–4:13)

갈릴리에서의 사역(4:14–9:50)

예루살렘에 가심(9:51–19:44)

그의 희생과 승리(19:45–24장)

4. 예수님의 탄생, 소년 시절, 청년 시절 1:1-4:13

1) 누가는 그리스도의 탄생에 대해 다른 복음서와 비교되지 않을 정도로 상세하게 다루고 있다. 마가와 요한은 주님의 베들레헴 탄생에 대해 아무것도 말하지 않고 있다. 마태는 주님의 탄생에 대해 말하지만 누가처럼 그의 탄생, 어린시절 소년시절에 대해서 말하지 않고 있으며 그의 설명은 누가가 설명한 것의 1/4에 불과하다.

2) 마태와 누가는 모두 주님의 조상을 보여 주는 족보를 제시한다. 마태는 족보로 그의 책을 시작하지만 누가는 예수님께서 세례를 받으신 후에야 족보를 언급한다. 그 이유는 마태에게 있어서 가장 중요한 일이 주님께서 다윗의 왕권을 계승하셨음을 보여 주는 것임에 비해 누가의 첫 관심사는 실제적이고 인간적인 탄생과 성장, 완전한 인성에 있었기 때문이었을 것이다.

3) 마태는 육신적이 아니고 법적인 그의 아버지인 요셉을 통한 족보를 제시하며 누가는 그의 실제 인성의 어머니인 마리아를 통한 족보를 보여 준다. 마태는 아브라함부터 시작해서 다윗을 통한 왕통을 추적해 내려온다. 누가는 아담까지 거슬러 올라가며 그리스도를 인간으로서–인자–역사상에 나타나심에 초점을 맞추어 추적해 낸다(요한은 아담을 넘어 영원에까지 거슬러 올라간다. 다음에 공부하게 될 것이다).

4) 주님의 생애 중 이 부분은 30세까지에 해당된다(3:23). 첫 두 장은 12살까지를 기록하고 있다(2:42). 그는 지혜와 키가 자라갔다(2:52). 예수님께서는 세례를 받으신 후 시험을 받으셨다. 누가는 "예수께서 성령의 충만함을 입어 요단강에서 돌아오사 광야에서 사십 일 동안 성령에게 이끌리시며 마귀에게 시험을 받으시더라"고 말하고 있다(4:1). 이것은 우리 주님께서 시험을 받으시고 피곤하시고, 훈련받으심이 성령에 의해 통제되었음을 보여 준다. 그의 세례 받으심과 그 사건을 둘러싸고 일어난 일은 주님께서 그러셨듯이 우리도 축복을

받은 후에 시련과 연단의 위치에 놓일 수 있음을 보여 준다.

5. 갈릴리 사역 4:14-9:50

1) 주님의 갈릴리 사역에 대한 누가의 설명은 마태나 마가의 것보다 훨씬 짧다. 우리가 보았듯이 마태복음은 예수님께서 하신 말씀에, 마가복음은 예수님께서 하신 일에 누가복음은 예수님 자신에게 그 강조점을 두고 있다.
2) 예수님의 갈릴리 사역은 나사렛의 회당에서 시작된다(누가복음에서만 기록됨). 예수님 자신의 인성에 강조점을 두고 시작된다.
   누가복음 4:18, 21, 22을 적어 보자. ______________________________

   ____

   ____

   ____
3) 우리는 누가복음에서만 주님께서 베드로에게 고기가 많은 곳을 가르쳐 주신 것과 그가 주님의 놀라운 능력을 깨닫게 된 사건을 볼 수 있다(5장). 7장에 나오는 나인성 과부의 아들을 살리신 사건도 누가복음에만 나온다. 이것들은 누가가 주님의 인간적 감정에 강조점을 둔 예들임을 말해 준다.
4) 예수님께서는 12사도를 뽑으셔서(4:14–6:16) 배가사역을 위해 보내신다(9:1–17). 베드로의 고백(9:20)이 전환점을 보여 주며 그때부터 예수님께서는 그가 당하실 고난과 죽음에 대해 말씀하신다.
5) 변형(9:28–36)은 그가 하나님의 아들이시라는 신적 인증이었다. 누가는 여기서 주님을 하나님께서 보내신 자로 묘사하고 있다. 9:35을 보라. "이는 나의 아들 곧 택함을 받은 자니 너희는 그의 말을 들으라."
6) 예루살렘으로 가시기 전, 갈릴리에서의 마지막 공적 기적은 귀신들린 아들을 낫게 해주신 것이었다(9:37–50).
   참고, 마지막 세 사건에서 십자가에 관한 언급을 볼 수 있다.
   누가복음 9:22을 적어 보자. ______________________________

   ____

   누가복음 9:31 ______________________________

   ____

   누가복음 9:44 ______________________________

Note

6. 예루살렘에 가심 9:51-19:44

1) 갈릴리 사역에서는 불과 몇 장 안에 21개의 기적을 기록한 반면에 여기 여러 장(11) 안에는 5개의 기적만을 담고 있다. 여기에는 많은 말씀과 하신 일, 비유, 책망이 있다—모두 인간이심을 반영하고 있다.

2) 누가는 우리들을 위해 다른 복음서 저자들이 기록하지 못한 매우 귀중한 말씀들과 사건들을 제시하고 있다. 여기서 예수님의 대답의 기술을 관찰하고 적어 보자.

13:1-5

13:31-33

17:20-21

3) 이 부분은 다시 거의 똑같은 두 부분으로 나뉜다. 13:34에 예수님께서 예루살렘의 모습을 한탄하는 것으로 끝나는 첫 부분과 19:41-44에서 하시는 두 번째 한탄이 들어 있는 두 번째 부분으로 되어 있다. 이 부분은 예수님께서 예루살렘으로 여행하시는 것에 관련되어 있음을 잊어서는 안 된다. 누가복음 13:22-33을 읽고 22절을 적어 보자.

33절도 적어 보자.

7. 그분의 희생과 승리 19:45-24장

1) 이 부분은 주님께서 성전에 계신 것으로 시작해서 그분의 십자가, 장사, 부활, 승천으로 끝이 난다.

2) 주님의 인성이 곳곳에 나타나고 있다. 그분의 기도와 고통당하심에서-"땀이 땅에 떨어지는 핏방울 같이 되더라"(22:44)-그러나 대답과 복종, 부활, 부활하신 후의 사역, 승천을 통해 주님의 신성을 더욱 볼 수 있다-그때에 사람들은 "늘 성전에서 하나님을 찬송하니라"-(24:53)

8. 누가복음에 두드러진 사건들

누가와 다른 복음서 저자들 간의 차이점을 지적하지 않을 수 없다.

1) 예수님의 인성이 기도에 잘 나타나 있다.

마태나 마가도 주님의 겟세마네 기도를 기록하고 있다. 그러나 이것 외에 마태는 주님의 기도에 대해 두 차례 언급하며(마 14:23; 27:46) 마가도 마가복음 6:46; 15:34에서 두 번 언급할 뿐이다. 누가복음에는 예수님의 기도의 삶이 거듭거듭 나온다. 함께 찾아 보자.

누가복음 3:21-"예수도 세례를 받으시고 기도하실 때에"
누가복음 5:16-"예수는 물러가사 한적한 곳에서 기도하시니라"
누가복음 6:12-"밤이 새도록 하나님께 기도하시고"
누가복음 9:18-"예수께서 따로 기도하실 때에"
누가복음 9:28-"기도하시러 산에 올라가사"
누가복음 9:29-"기도하실 때에 용모가 변화되고"
누가복음 11:1-"예수께서 한 곳에서 기도하시고"
누가복음 22:32-"내가 너를 위하여 기도 하였노니"-베드로를 위하여
누가복음 22:44-"예수께서 힘쓰고 애써 더욱 간절히 기도하시니"
누가복음 23:34-예수님의 십자가 상의 첫 말씀-기도
누가복음 23:46-예수님의 십자가 상의 마지막 말씀-기도

2) 기도에 대한 가르침

누가복음 11:5-13-(밤중에 간구함)
누가복음 18:1-"항상 기도하고 낙심하지 말아야"
누가복음 18:9-14-(겸손한 기도)
누가복음 21:36-"항상 기도하며"
누가복음 22:46-"일어나 기도하라"

Note

누가복음에는 이 외에도 많은 기도의 예와 실제가 나와 있다. 그래서 이 책은 기도복음으로 불려지기도 한다.

3) 누가복음에는 성령에 대한 언급이 눈에 띄게 많다.

성령에 대한 언급이 마태복음이나 마가복음보다, 그리고 요한복음보다 훨씬 더 많이 나온다.

누가복음 1:35–성령과 그리스도의 잉태

누가복음 4:1–누가만이 "성령의 충만함을 입어"를 말한다.

누가복음 4:14–누가만이 "성령의 능력으로 갈릴리에 돌아가시니"를 말한다.

누가복음 4:18–누가만이 "주의 성령이 내게 임하셨으니"를 말한다.

누가복음 11:13–누가만이 "너희 하늘 아버지께서 구하는 자에게 성령을 주시지 않겠느냐"를 말하고 있다(마 7:11과 비교해 보라).

4) 누가는 예수님의 모든 총괄적인 사역에 강조를 두고 있다.

이것은 누가복음에만 나타난 비유들을 보아도 알 수 있다–그것들은 모두 인자의 개념을 강조하고 있다.

- 두 빚진 자–7:41–50
- 선한 사마리아인–10:30–37
- 큰 잔치–14:16–24
- 잃은 드라크마를 찾은 여인–15:8–10
- 잃은 아들을 되찾은 아버지–15:11–32
- 바리새인과 세리–18:9–14

그리스도를 인자로 나타낸 누가의 사역은 확실한 것이었다. 이것이 시므온의 말에 잘 나타나 있다.

누가복음 2:29–32을 적어 보자. ______________________________

____

____

____

누가만이 시돈 땅의 이방 과부와 수리아 사람 나아만에 대한 주님의 주해를 기록하고 있다(4:26–27).

누가만이 10명의 나병 환자가 깨끗함을 입었는데 그 중에 사마리아 사람 한 사람만 돌아와 감사를 표시한 이야기에 대해 말하고 있다(17:15–16).

5) 누가복음에서는 여자에 대한 언급이 자주 등장한다.

누가만이 예수님께서 용서하신 "죄를 지은 한 여자"에 대해 기록하고 있다(7:37-50).

마르다를 돌봐 주신 것과 그 여자의 "많은 일로 염려하고 근심함"에 대한 언급도 누가복음에만 나온다(10:41).

누가는 "열여덟 해 동안이나 귀신 들려 앓으며 꼬부라져 조금도 펴지 못하는 한 여자"를 고치신 사건을 기록하고 있다(13:10-17).

누가는 "열 드라크마를 찾은 여자"에 대해서 기록하고 있다(15:8).

누가는 예수님께서 여자들에게 "예루살렘의 딸들아 나를 위하여 울지 말고 너희와 너희 자녀를 위하여 울라"고 하신 말씀을 기록하고 있다(23:28).

누가는 요한의 어머니, 엘리사벳(1:5)과 안나와 그 여자들의 주님에 대한 찬양을 기록하고 있다(2:36-38).

누가복음에는 이 외에도 여자에 대한 언급이 있다. 그러나 이것만으로도 여러분은 예수님께서 생각하신 여자의 위치를 잘 알 수 있을 것이다. 아직도 이 책에 대해 말할 것이 참으로 많다. 누가에 대해 더 자세히 공부하려면 누가가 바울과 함께 사역한 것에 대해 기록한 성경 구절들을 주의 깊게 공부해 보라.

복습

- 누가는 주님을 누구로 표현하고 있나?
- 누가가 기록한 성경은 무엇인가?
- 누가복음의 중심 단어는 무엇인가?
- 누가는 그리스도의 어떤 면을 제시하고 있는가?

과제

- 매일 3장씩 요한복음을 읽어 보자.
- 누가복음 공부를 복습해 보자.
- 성경을 읽다가 깨닫게 된 새로운 진리들을 찾아 밑줄을 그어 보자.

Week 31
요한복음

1. 본서

요한복음은 그리스도 안에 나타난 하나님의 충만한 계획이 절정을 이룬다. 우리는 다른 세복음서에서 예수님께서 말씀하신 것, 하신 일, 느끼신 것에 대해서 배웠다. 우리는 예수님의 삶과 사역에 나타난 두드러진 면들을 살펴왔다.

- 그분의 초자연적 탄생
- 그분의 세례 받으심
- 그분의 변형
- 그분의 십자가에 못 박히심
- 그분의 부활
- 그분의 승천

다른 복음서들이 그리스도를 제시하는 것이었다면 요한복음은 그에 대한 해석을 기록하고 있다. 세 복음서가 예수님의 외부적인 것을 보여 준다면 요한복음은 예수님의 내부적인 것을 보여 준다. 요한은 예수님의 신성을 제시한다. 세 제자들이 우리 주님의 공적인 선포에 관심을 갖고 있다면 요한은 주로 주님의 사적인 대화의 생각에 관심을 갖고 있다.

2. 본서의 저자

사도 요한이 저자이다. 예수님은 세베대의 아들이었고 야곱의 형제였다(마 4:21). 주님께서는 이 두 사람에게 "우레의 아들"이란 별명을 붙여 주셨다(막 3:17). 요한은 세 개의 서신서와 계시록 그리고 요한복음서를 썼다. 요한은 에베소서에서 사랑받는 목회자였으며 그후(기원후 95년) 도미티안 황제에 의해 밧모섬으로 귀양가게 되었고 거기서 계시록을 쓰게 되었다.

3. 중심 메시지

"영접하는 자, 곧 그 이름을 믿는 자들에게는 하나님의 자녀가 되는 권세를 주셨으니"(요 1:12). 역시 이 모든 복음서를 망라하는 중요한 절은 요한복음 20:31이다. "오직 이것을 기록함은 너희로 예수께서 하나님의 아들 그리스도이심을 믿게 하려 함이요 또 너희로 믿고 그 이름을 힘입어 생명을 얻게 하려 함이니라."

4. 본서의 구조

서론(1:1–18)

공적 사역(1:19–12:50)

사적 사역(13–17장)

수난과 죽음(18–19장)

죽음을 이기심(20–21장)

5. 서론 1:1-18

서론에 우리의 주의를 끌만한 많은 것이 나타나 있다. 먼저 주님에 대한 다음 네 가지 명칭을 유의해 보자.

"말씀"–"생명"–"빛"–"아들"(1, 4, 9, 18절)

아버지와의 관계에서 그는 "말씀"이시고 "아들"이시다. 우리 주 예수님은 말씀이시다(1절). 모든 사람들을 향한 하나님의 표현이시며 모든 피조물 앞에서의 하나님의 표현이다(2, 3절). 예수님은 태초로부터 계신 것이 아니라 태초에 계셨다. 그는 단순히 하나님과 함께 하신 분이 아니라 그 자신이 하나님이셨다(1절). 예수님은 아버지의 "품속에" 계신 아들이시다 … 영원한 아들 되심 없이 영원한 아버지 되심이 있을 수 없다.

우리들과의 관계에서 그분는 생명이시고 빛이시다. 그로부터 모든 지적이고 영적인 조명이 있게 된다(4–9절). "생명"과 "빛"이 두 단어는 "말씀"과 "아들"과 연관을 가지면서 함께 다닌다. "말씀"으로서 그분은 표현자, 계시자, 조명자, 빛이시다. "아들"로서 그는 소생시키는 자, 생명을 주는 자–하나님께서 육체 가운데 거하시는 자(성육신)이시다.

여기서 유의해야 할 다른 두 단어가 있다–은혜와 진리(14, 16절). 성육신(육체가 됨)하신 분은 "은혜와 진리"가 충만했다. 인류를 구속하는 "은혜"가 충만했던 것이다. 왜냐하면 그분은 하나님–사람이시고 계시자시며 구속자시기 때문이다.

(당신이 서론에 나온 사실들을 다 잊으신다 해도 1절과 14절을 비교한 다음 표만은 꼭 기억해 보자)

Note

1절	14절
태초에 말씀이 계시니라 → 이 말씀이 하나님과 함께 계셨으니 → 이 말씀은 곧 하나님이시니라 →	말씀이 육신이 되어 우리 가운데 거하시매 은혜와 진리가 충만하더라

18절을 유의해 보자–"본래 하나님을 본 사람이 없으되 아버지 품 속에 있는 독생하신 하나님이 나타내셨느니라"(나타나게 하심–충만한 계시).

말씀이신 예수님은 태초에 계셨다.

골로새서 1:15–19을 적어 보자. ______________________________

요한일서 5:7을 적어 보자. ______________________________

6. 공적 사역 1:19-12:50

1) 요한은 예수님께서 하나님의 아들이심을 알 수 있는 7개의 표적(기적)을 기록하고 있다. 니고데모는 이것을 요한복음 3:2에서 말하고 있다. __________

7개의 기적은 다음과 같다.

물을 포도주가 되게 하심(2:1–11)

왕의 신하의 아들을 고치심(4:46–54)

베데스다에서 한 사람을 치료하심(5:1–18)

5000명을 먹이심(6:1–14)

물 위로 걸으심(6:15–21)

맹인을 고치심(9:1–41)

나사로를 살리심(11:1–57)

2) 요한은 예수님과 니고데모와의 대화에서 거듭남에 대해 3장에서 기록하고 있다. 특별히 3–18절을 읽으시고 밑줄을 그어 보자.

3) 4:1–42에 요한은 사마리아 여인 이야기를 기록하고 있다. 요한은 여기서 예수님께서 "생수"임을 말해 준다. 그 여자는 어떤 일을 하게 되었는가?

39절 말씀을 통해 알아 보자. ____________________

____

4) 그리스도의 4중적인 증거(5:32–47)

예수님은 그의 이적에 대해 유대인들에게 대답하시면서 그가 메시아이심을 4중적으로 말씀하셨다.

- 세례 요한 5:33–35
- 그의 사역 5:36
- 아버지 5:37–38
- 성경 5:39–47

5) 9장에서 예수님은 소경을 고치셨고–10장에서 선한 목자에 대한 위대한 강화를 주셨다. 특히 14절과 27–30절을 읽고 적어 보자. ____________________

____

____

6) 나사로의 부활은 요한복음에 나타난 마지막 표적이다(11장). 그는 다른 사람들과 다를 바 없는 사람으로 나흘 동안 죽어 있었다. "마지막 날 부활"에 대한 마르다의 말에 유의하라. 여기에는 부활과 사망과 생명에 대한 예수님의 위대한 말씀이 기록되어 있다. 25절, 26절을 읽고 적어 보자. ____________________

____

7. 사적 사역 13-17장

1) 우리는 여기서 예수님의 마음을 볼 수 있다. 그는 항상 말과 행동으로 그의 제자들과 우리들을 가르치신다.

13장– 겸손(5절), 깨끗게 하심(10절), 사랑(34절).

14장– 위안, 그의 재림(1–6절), 성령을 약속하심(16–18절과 26절).

Note

15장– 그리스도 안에 거함(7–9절), 다시 또 성령을 약속하심(26–27절).

16장– 성령의 사역(7–11절), 성령에 의해 드러난 새 진리(12–14절).

17장– 우리 주님의 기도(11, 17, 21, 24절에 유의).

2) 이 부분에서는 예수님께서 승천하신 다음에 아버지로부터 오시는 보혜사로 보내겠다고 약속하신 성령에 대해 유의해야 한다. 성령은 항상 그 자신이 아닌 예수님을 영화롭게 한다. 성령은 우리들의 선생이시며 인도자시며 위로자이시다(13–17장).

8. 수난과 죽음 18-19장

1) 17장에서 기도를 하신 후에 예수님은 겟세마네 동산(18:1"동산")에 가시게 된다. 거기서 잡히심–심문 당하심–멸시 당하심–십자가에 못 박히심–죽으셨다. 예수님께서는 이 중 어떤 일도 지체하시거나 피하시지 않으셨다. "간고를 많이 겪었으며 질고를 아는 자"(사 53:3)는 "죽기까지 복종하셨으니 곧 십자가에 죽으심이라"(빌 2:8).

2) 대제사장 안나스에게 유대의 심문 당하심–18:12–14, 19–23

빌라도에게서 로마의 심문 당하심–18:28–38

- 헤롯 앞–누가복음 23:6–12
- 다시 빌라도 앞–요한복음 18:39–19:36

3) 죽으심–당신은 다음 여섯 가지를 기억하여야만 한다.

- 그의 신분(19:19)
- 그의 옷(19:23)
- 그의 어머니(19:25–27)
- 그의 죽음(19:28–30)
- 실증된 그의 죽음–구약의 예언(19:36)
- 장사된 그의 시체(19:38–42, 39절에 니고데모가 언급되었음에 유의). 요한만이 "다 이루었다"라는 말씀을 기록하고 있다.

9. 죽음을 이기심 20-21장

1) 죽으신지 사흘 만에 무덤은 비게 되었고 그는 영광스러운 몸으로 무덤을 나오게 되었다. 부활하신 후 그는 10차례 나타나셨다. 일곱 번째가 도마에게 나

타난 것이다(요 20:28을 읽어 보자).

2) 그의 마지막 교훈은 베드로와 우리들에게 주신 것이다. "너는 나를 따르라—내가 올 때까지"(21:22).

10. 요한복음이 다른 복음서와 다른 점

1) 요한복음에 생략된 것

족보가 전혀 나타나지 않았다(마태복음이나 누가복음에는 나온다).

그분의 탄생에 대한 설명이 없다— 태초에 계셨기 때문이다.

그분의 소년 시절에 대한 기록이 없다.

그분의 시험받으심에 대한 기록이 없다.

그분의 변형에 대한 기록이 없다.

승천에 대한 설명이 나오지 않다.

지상명령이 기록되지 않는다(21:25을 읽게 되면 기록되지 않은 것이 얼마나 많은지 알게 될 것이다).

2) 요한복음의 세 중심 절

요한복음 20:31 ________________

____

요한복음 16:28 ________________

____

요한복음 1:12 ________________

____

3) 현저한 평행

성막기구와 요한복음 사이에 현저한 평행이 나타난다. 이 둘에서 하나님께 나아가는 방법은 하나이며 동일하다. 요한은 우리들을 성막의 7기구와 정확히 같은 순서로 그것들이 상징하는 위대한 실체들로 인도한다. 그는 1장에서 우리들을 놋쇠로 만든 희생 제단으로 인도한다—"보라 하나님의 어린양이로다"—29절.

3장에서 그는 우리들을 정결케 하고 새롭게 하는 물두멍으로 데리고 간다—"사람이 물과 성령으로 나지 아니하면"—5절.

4—6장에서 그는 우리들을 떡상으로 인도한다. 그것은 "생수"—4:14과 "산 떡"—6:51과 관련되어 있다.

8, 9장에서 그는 우리들을 금촛대 앞으로 데리고 간다. 예수님께서 두 번 말씀하셨다–"빛이로라"–8:12; 9:5.

14–16장에서 우리는 금향단 앞에 와 있다. 이곳에서 기도를 배운다–기도는 우리 주님의 이름으로 호흡할 때 나는 향기와 같다.–14:13–14; 16:23–24

17장에는 우리의 대제사장 되신 예수님의 위대한 중보 기도가 나온다. 우리들은 지성소 "휘장" 안으로 인도된다–17장의 모든 것.

18, 19장에서 우리는 갈보리를 보게 된다–예수님께서 어떻게 언약궤가 되시며 그의 피를 뿌리신 속죄소가 되는지를 알게 된다. 20장에서 그의 아버지 곧 우리 아버지, 그의 하나님 곧, 우리 하나님에게 돌아가시는 것을 말씀 하신다. 여러분들이 그리스도에 대한 구약의 이 가르침을 잊지 않도록 표를 만들어 보았다.

성막기구	상징적 의미	표상적의미
1. 놋 제단	희생을 통한 속죄	그리스도의 십자가를 통한 속죄
2. 물두멍	영적희생	그리스도께서 우리들의 흠과 주름을 깨끗하게 하심
3. 떡상	영적 양식	산 떡으로서의 그리스도
4. 금촛대	조명	그리스도–우리들의 빛
6. 법궤	대제사장을 통해서 나아감	그리스도께서 우리들의 하나님 앞에 나아감이 되심
7. 속죄소	피희생을 통한 속죄	그리스도께서 속죄소–"화목제물"–로마서 3:25

(4) 7개의 "나는 … 이다"

예수님은 그분의 신성을 나타내셨다. 다음 말씀에서 하나님으로서의 속성이 나타나 있다.

"나는 생명의 떡이니"–6:35

"나는 세상의 빛이니"–8:12

"아브라함이 나기 전부터 내가 있느니라"–8:58

Note

"나는 선한 목자라"−10:11

"나는 부활이요 생명이니"−11:25

"내가 곧 길이요 진리요 생명이니"−14:6

"나는 참 포도나무요"−15:1

이 과에서 다루지 못하고 그냥 지나친 것이 참으로 많다. 그러나 당신이 읽고 이 과에 나온 자료들을 당신의 성경에 표시해 보자.

복습

- 요한은 그리스도를 어떻게 나타내고 있는가?
- 예수님은 베들레헴에서 시작하는가?
- 예수님의 다른 세 가지 이름은 무엇인가?
- 성육신의 의미는 무엇ㅇ니가?
- 주님의 중보기도는 어디에 기록되어 있는가?

과제

- 매일 2장 씩 사도행전의 첫 12장을 읽어 보자. 우리들은 사도행전을 2번에 나눠 공부하게 될 것이다(1−12장, 13−28장).
- 요한복음 공부를 복습해 보자.
- 요한복음을 읽고 특별히 마음에 남는 곳에 밑줄을 그어 보자.

Week 32
사도행전 I (1–12장)

1. 본서

누가복음의 저자인 누가가 사도행전의 저자이다. 누가복음이 예수님의 승천으로 끝나며(눅 24:49–51) 사도행전이 누가복음에 이어져 있음을 보아서 같은 저자임을 알 수 있다(행 1:10–11). 누가는 두 책을 데오빌로에게 보내는 같은 방법으로 시작한다. 사도행전은 "성령 행전"이라고도 불린다. 12사도의 모든 이름이 1장에 언급되며 사도행전에 약 23회 나타난다. 그러나 주로 두 사람의 이야기가 자세히 기술되어 있다–베드로와 바울.

2. 중심 메시지

사도행전 1:8–"오직 성령이 너희에게 임하시면 너희가 권능을 받고 예루살렘과 온 유대와 사마리아와 땅끝까지 이르러 내 증인이 되리라." 그러므로 진리는 모든 곳에서–증거하는–권능이다.

3. 본서의 구조

사도행전은 두 부분으로 되어있다.

Ⅰ(1–12장)

Ⅱ(13–28장)

두 부분의 구조를 비교해 보면 다음과 같다.

I (1–12장)	II (13–28장)
• 예루살렘 중심 • 베드로가 주요 인물 • 복음–예루살렘, 유대, 사마리아까지 • 베드로가 옥에 갇힘	• 안디옥 중심 • 바울이 주요 인물 • 복음–"땅끝", 로마까지 • 바울이 옥에 갇힘

4. 부활 후 사역과 승천 1장

주님의 부활부터 오순절까지의 50일은 40일과 10일로 나뉜다. 주님께서 부활하신 후 사역하신 40일은 1:3에 나타나 있고 그 후 10일은 1:4–5에 명시되어 있다. 우리는 예수님께서 "40일 동안 그들에게 보이시며" 그분이 제자들에게 떠나지 말고 기다리면 몇 날이 못되어 성령의 권능을 받게 될거라고 말씀하신 사실에서 그 기간이 10일임을 알 수 있다. 그들은 오순절이 이를 때까지 다락방에서 기다렸기 때문이다(오순은 숫자 "50"을 가리킨다).

그는 그의 부활하신 몸을 40일 동안 보이셨다. 그 후 영광 중에 승천하셨다. 50일이 되어 성령께서 강림하셨다(레 23:15–16–초실절 후를 살펴보자).

사도행전 1:4–5은 우리에게 "너희는 성령으로 세례를 받으리라"고 말한다. 우리는 성경을 성경에 비교해 볼 때 예수님의 말씀이 성경이 말하는 바를 정확히 의미하고 있음을 알게 된다. 우리는 성령 세례에 의해 그리스도의 몸 즉, 그의 영광스러운 몸, 교회에 연합된다.

고린도전서 12:13

에베소서 4:5

로마서 6:3–5

갈라디아서 3:27

골로새서 2:12

베드로전서 3:21을 보라.

성령은 우리가 그리스도를 영접하는 순간에 우리들을 그리스도의 "몸", "집", "신부"가 되게 하는 세례를 베푸신다. 권능을 받자 그들이 증인이 되었다는 사실에 유의하라(1:8–9). 우리는 1장에서 절정에 이르게 될 그리스도께서 약속하시고 가르치신 모든 것을 접하게 된다.

5. 오순절의 성령 강림 2장

Note

1) 성령 강림–임하여 있더니(1–3절)
   그들이 다 성령의 충만함을 받고(4절)
   성령께서 그들을 통해 역사 하심(41–47절)
2) 오순절(2장). 하나의 오순절만이 필요하다–오직 하나의 갈보리, 하나의 부활, 하나의 재림이 필요하듯이 반복될 수 없다.
3) 오순절 성령 강림의 독특성
   오순절에 성령께서 새 성전에 들어오셨다. 성막은 출애굽기 40:34–35까지 비어 있었다.

   솔로몬의 성전은 열왕기상 8:10–11까지 비어 있었다.

   신약에 와서 주 하나님께서는 새 성전을 선택하고 계신다–가죽이나 천으로 만들지 않은–돌이나 정교한 장식으로 만들지 않은 이 새 성전은 산돌이신 그리스도의 기초 위에 세워진 것이며 주안에서 거듭난 신자들은 산돌이다(벧전 2:5). 오순절에 성령께서 하나님의 교회 즉, 우리 모든 사람 안에 거하시게 되었다–마치 여호와의 영광이 여호와의 임재와 함께 성막과 성전을 두르듯이 성령께서 그의 교회 안에 거하신다.
   오순절 성령 강림의 두 번째 독특한 점은 성령께서 모든 신자들안에 인격적이고 개인적으로 거하시게 되었다는 것이다.
   요한복음 14:17을 적어 보자.

   고린도전서 6:19을 적어 보자.

   구원받은 우리 각자는 성령께서 인격으로 거하시는 성전이다.
   세 번째 특징은 예수님께서 승천하신 후 보내주신 성령의 선물은 모든 신자에게 인격적으로 거하시며 결코 거두시지 않는다는 것이다. 구약에서는 하나님의 뜻에 따라 임하기도 하시고 떠나기도 하셨다.

왜 오순절 사건의 전후에 차이점이 생기게 되었을까요? 그 대답은 예수님께서 그렇게 말씀하셨기 때문이다. 다음 구절들을 찾아 당신의 성경에 표시해 보자.

요한복음 14:16-17

요한복음 14:26

요한복음 15:26

요한복음 16:7

요한복음 16:12-14

4) 표적-오순절의 이적(2:1-8)

오순절의 표적과 이적의 목적은 무엇이며 그것들이 의미하는 바는 무엇인가? 이러한 선물들을 위해서 우리는 기도해야 하는가? 우리는 오늘날에도 이러한 사건을 기대할 수 있는가? 창조에 관한 것들과 계시록의 놀라운 종말을 제외하고 성경에 나타난 이적들을 세 시대로 나눌 수 있다.

- 첫째 시대-율법이 주어진 모세시대
- 둘째 시대-이스라엘이 배교한 엘리야와 엘리사 시대
- 셋째 시대-새로운 은혜시대가 시작되는 예수님과 사도들의 시대

이 시대들의 모든 이적들은 어떤 공통점을 가지고 있다. 이것을 간단히 말하자면 이적과 표적의 목적은 예외 없이 모두 인증을 위한 것이었다. 하나님께서는 그의 메시지를 가진 그의 종을 하늘로부터 온 표징으로 보여 준다.

출애굽기 4:1-9과 열왕기상 18:36-37을 읽어 보자.

오순절에 나타난 표징들(2:1-4)

- 그들이 다 같이 모였더니-한 곳에
- 급하고 강한 바람 같은 소리-
- 그들에게 보여-불의 혀같이
- 그들이 다 성령의 충만함을 받고-
- 성령이 말하게 하심을 따라 다른 언어들로 말하기를

이러한 체험은 성령이 충만함으로 생겨난 일이다. 여기서 다른 언어는 "알려지지 않은 말"을 가리키는 것이 아니고 성령께서 다른 말로 말할 수 있는 능력을 주셨음을 말한다(예를들면 중국어와 같이 알려진 말). 이러한 체험들은 사도행전과 서신서들에 산재해 있다.

베드로의 설교와 첫 교회(2:14-47)

베드로는 이 은혜의 시대와 관련된 요엘 2:28-29을 인용했다. 그는 이 시대의 종말과 그

Note

리스도의 재림에 관련된 요엘 2:30-31을 인용했다. 그의 설교 요지는 단순히 "예수님은 하나님께서 인정하신 분"이시라는 것이었다.

41절-3000이 더함

42-47절-기쁨, 하나님을 찬미-"주께서 구원 받는 사람을 날마다 더하게 하시니라" 교회는 그리스어로 "에클레시아"이며 그 뜻은 "부르심을 받은 자들"이다.

초대교회에 나타난 사도들의 첫 번째 이적과 베드로의 두 번째 설교(3장)

13-15절에 특히 유의해 읽고 적어 보자. ______________________________

____

____

6. 5000명이 구원받음-첫 핍박 4장

4절을 보라. "말씀을 들은 사람 중에 믿는 자가 많으니 남자의 수가 약 오천이나 되었더라." 베드로와 요한은 옥에서 풀려나자 교회에 돌아왔고 그들은 기도했다(31절).

7. 초대교회가 당한 시험과 승리 5장

1-11, 17, 27-28, 33-40절에 시험이 나타나 있다. 시험에 따라 하나님께서는 12-16, 19-26, 29-32, 41-42절에서 승리도 주셨다.

8. 스데반의 순교-권능을 가지고 말한 집사 6-7장

7:51-53을 읽어 보자. 그는 첫 순교자였다. 그리고 그의 죽음은 그의 믿음으로 인해 바울에게 도전을 주게 된다. 7:55-56에 나타난 스데반의 말을 유의해 보자.

____

____

____

58절에는 사울(바울)이 언급되어 있다.

____

____

9. 예수님께서 사도행전 1:8에서 말씀하신 것과 같은 교회 8장

예루살렘 교회에 대핍박이 일어나자 교회는 유대와 사마리아에 흩어지게 된다(8:1, 4). 열쇠를 가진 베드로가 성도들에게 손을 얹자 사도행전 1:8과 사도행전 2:38과 같이 성령이 충만하게 된다(예수님께서 마 16:19에서 베드로에게 약속하셨다).

10. 사울의 회심-바울 9장

그는 다메섹 도상에서 구원받아 하나님의 택한 그릇이 되었다(15절). 즉시 전파하기 시작했다.

11. 이방인에게까지 미친 복음 10장

이 장은 하나님께서 유대인이나 이방인 모두에게 구원을 승인하신 장이다. 44–48절은 "이방인의 오순절"로 불리워진다. 오순절에 베드로는 유대인들에게 복음의 문을 열기 위해 "왕국의 열쇠"를 사용했었다. 여기서 그는 이방인들에게 복음의 문을 열기 위해 그 열쇠를 다시 사용하고 있다. 그들은 이해할 수 있고 알아들을 수 있는 방언으로 말했다.

12. 이방교회의 중심이 된 안디옥교회 11장

예루살렘 교회는 안디옥에 교회를 세울 때 일한 베드로의 사역을 알고 싶어 했다. 그러나 그는 단지 성령께서 나타내신 것이라고만 했다. 14–18절을 읽어 보라. 예루살렘교회는 바나바를 안디옥교회의 목회자로 보냈다(22–24절). 그리고 그는 바울이 도와주기를 원했다(25절). 중요한 26절을 읽으라.

13. 다시 핍박이 일어남-그러나 말씀은 흥왕하여 더함 12장

- 요한의 형제 야고보가 죽임당함–베드로가 옥에 갇힘
- 교회는 베드로를 위해 기도–5절
- 헤롯의 죽음–하나님께서 그를 치심–23절
- 그러나 이러한 와중에도 교회는 흥왕하여 더함–24절

사도행전의 첫 부분은 예수님께서 사도행전 1:8에서 말씀하신 그대로 정확히 성취하고 있는 복음과 더불어 끝을 맺고 있다. 베드로의 사역은 15장의 간단한 변론을 제외하고는 여기서 끝이 난다. 베드로는 하나님께서 주권적으로 선택하신 자이며 그가 받은 천국 열쇠의 선물을 통해 사람들은 성령이 충만하게 되었다. 예루살렘의 초대교회는 급성장했다.

사도행전 1:14-15-120문도

사도행전 2:41-3,000명이 더함(하루만에)

사도행전 4:4-5,000명의 남자와 여자들과 아이들

사도행전 5:14-더함.

사도행전 6:1-7-더 심히 많아짐

역사는 예루살렘 교회가 7년 만에 100,000으로 성장했음을 말해 준다.

Note

복습

- 사도행전의 저자는 누구인가?
- 사도행전 첫 부분의 주요 인물은 누구인가?(13-28장)
- 예수님께서는 복음전파에 있어 지리적인 계획을 보여 주셨습니까? 그렇다면 그 계획에 이름을 붙여 보자.
- 오순의 의미는 무엇인가?
- 오순절 성령 강림의 독특성을 하나만 들어 보자.

과제

- 사도행전의 나머지 부분을 읽어 보자.
- 사도행전의 첫 부분 공부를 복습해 보자.
- 성령의 "세례"와 "충만"에 관한 성구들은 성경에 표시해 보자.

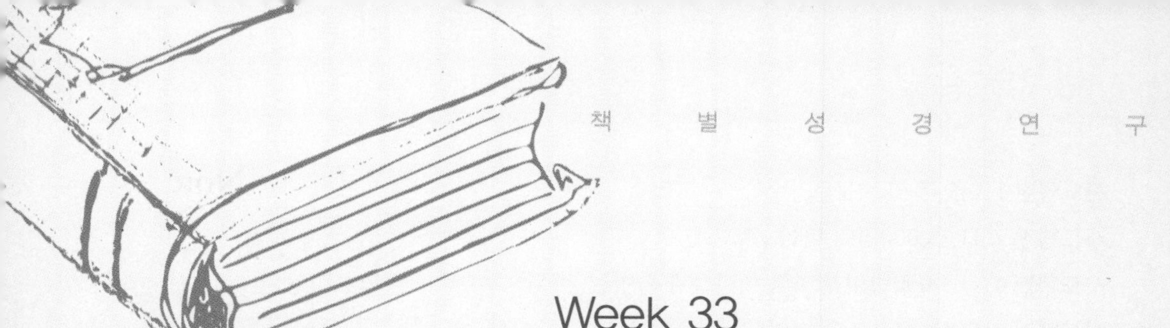

Week 33

사도행전 II (13–28장)

1. 바울

이번 과에서는 주로 사도 바울의 생애와 사역에 대해서 연구하게 될 것이다. 우리는 앞 과에서(9장) 사울(13:9에서 바울로 불리게 됨)의 회심을 보았다. 그는 스데반이 돌에 맞아 순교하던 곳에 있었다(7:59–8:3). 바울의 회심은 그가 그리스도인들에게 행한 일에 기인된 것이었다. 예수님께서 이르시기를 "네가 어찌하여 나를 박해하느냐–나는 네가 박해하는 예수라–가시채를 뒷발질하기가 네게 고생이니라"–9:4–5; 22:7–8; 26:14–15.

바울은 하나님의 섭리로 그의 사역을 위해 준비되어 있었다–그는 유대인으로 태어났고–로마 시민이었으며, 그리스 문화 속에서 교육을 받았으며, 성령의 인도함으로 이미 예루살렘에서 성경에 대하여 훈련을 받았다.

2. 중심 메시지(사도행전 1과 같다)

사도행전 1:8–특히 이 과에서는 "너희는 땅끝까지 이르러 내 증인이 되리라"가 중요하다.

3. 이 과의 구조

안디옥 중심
바울–주요 인물
복음–"땅끝까지"
바울이 옥에 갇힘
또한 우리는 이 과에서 바울의 세 번에 걸친 선교여행을 보게 된다.
사도행전의 이 부분을 기억하기 쉽게 다음과 같이 표로 만들 수 있다.

Note

교회 확장(13장-21:17)			
첫 번째 선교여행 13:1-14:28	예루살렘 공회 15:1-15:35	두 번째 여행 15:36-18:22	세 번째 여행 18:23-21:17

옥에 갇힌(21:18-28:31) 바울				
군중 앞에서 21:18-22:29	공회 앞에서 22:30-23:30	벨릭스와 베스도 앞에서 23:31-25:12	아그립바 왕 앞에서 25:13-26:32	로마에서 재판을 기다림 27:1-28:31
예루살렘		가이사랴		로마

4. 첫 번째 선교여행 13:1-14:28

1) "내가 불러 시키는 일을 위하여 바나바와 사울을 따로 세우라"-13:2
성령께서 그들을 부르셨다. 교회는 두 사람을 안수하여 보냈다(13:3).

2) 여행은 안디옥에서 시작되었다-13:1

- 실루기아(4절)-구브로의 살라미(5절)-
- 바보(6절)-버가(13절)-비시디아 안디옥(14절)-
- 이고니온(51절)-루스드라(14:6)-더베(14:6)-
- 다시 루스드라(14:21)-다시 이고니온(14:21)-다시 비시디아 안디옥(14:21) -앗달리아(14:25)-안디옥에 돌아옴(14:26)

이것이 첫 선교여행이다. 그 교회들은 갈라디아에 있는 고대 로마 지방의 교회들이었다. 그래서 바울은 그곳에 갈라디아서를 써 보냈다.

5. 예루살렘 공회 15:1-35

여기에 그 공회 과정이 나온다. 바울은 갈라디아서 1장과 2장에 그 공회의 결과를 기록하고 있다. 그 결과는 베드로와 야고보와 요한은 유대인들에게 복음을 전파하며 바울과 바나바와 다른 사람들은 이방인에게 가기로 한 것이다(갈 2:1-9).

6. 두 번째 선교여행 15:36-18:22

1) 바울과 바나바는 요한 마가 문제를 두고 의견이 맞지 않아 갈라서게 된다. 바울은 실라를 데리고 갈라디아에 있는 교회들을 다시 돌아보게 되며 여행 중에 디모데를 만나게 된다(16:1).

2) 바울은 아시아쪽으로 가기를 원했지만(16:6-7) 성령께서 그것을 막으시고 서쪽에 있는 드로아로 가게 하신 후 바다를 건너 가게 하셨다. 하나님께서는 바울에게 마게도냐 사람의 환상을 보게 하셨던 것이다. 저자 누가가 그들 중에 끼게 된다. "우리"라는 말에 유의하라(10절).

3) 그들은 네압볼리로 건너 갔다(16:11)-빌립(16:12)-아볼로니아(17:1)-데살로니가(17:1)-베뢰아(17:10)-아덴(17:15)-고린도(18:1)-에베소(18:19)-가이사랴(18:22)-예루살렘에 갔다가 안디옥으로 돌아감. 이것이 바울의 두 번째 여행이다.

7. 세 번째 선교여행 18:23-21:17

1) 바울은 첫 번째 여행 때 방문했던 곳을 다시 방문하여 교회들을 굳게 한다(18:23). 두 번째 여행 때에 갔던 곳도 다시 방문한다(20:3). 그는 에베소에서 두로까지 갔다.(21:3)-가이사랴(21:8)까지(성령님께서는 바울이 예루살렘에 가는 것을 그 때에 금하신다). 그러나 21:14-17에서 바울은 그럼에도 불구하고 예루살렘에 간다.

2) 이것이 간단히 살펴 본 세 번째 여행이다.

8. 바울, 예루살렘에서 붙잡힘-군중 21:18-22:29

1) 사도행전 21:18-26은 형식이 아닌 내용이 중요함을 분명히 해 준다. 또한 고린도전서 7:17-18과 고린도전서 9:19-23에도 같은 말씀을 하고 있다.

2) 21:27-40에서 바울은 군중에게 붙잡혀 몰매를 맞는다. 그는 천부장에게 자기 신분을 밝히고 백성들에게 말할 기회를 얻는다(39-40).

3) 군중 앞에서 변명하는 바울(22:1-29)
21장부터 이 책의 마지막까지 바울은 잡힌 채로 있다.

9. 바울은 예루살렘에서 산헤드린 공회 앞에 선다 22:30-23:30

1) 산헤드린은 당시 유대인의 최고 재판기관이었다(성경은 주로 "공회"라는 말을 사용하고 있다). 산헤드린은 바리새인들과 사두개인들로 구성되어 있었다. 바리새인들은 기록된 율법에

유전을 덧붙였다. 그러나 사두개인들은 율법만을 받아들였다.

23:8을 적어 보자. ______________________________

____

2) 주님께서 바울에게 확신을 갖게 해 주신다(23:11).

10. 총독들 앞에 선 바울 23:31-25:12

1) 벨릭스와 베스도는 유대 총독으로 바울을 심문하기 위해 등장한다.
2) 24장에 오면 그는 가이사랴에서 벨릭스 앞으로 심문을 받으며 그 결과 2년 동안 구류되어 있게 된다(27절).
3) 25장에서 바울은 베스도 앞 재판 자리에 앉게 되며(6절), 예루살렘에 가겠느냐고 묻자 그는 가이사에게 호소한다(9-10절).

11. 아그립바 왕 앞에 선 바울 25:13-26:32

1) 총독 베스도는 바울에 관한 문제를 아그립바 왕에게("유대인의 모든 풍속과 문제"를 잘 아는 사람) 의뢰하게 되며 바울의 변명을 들을 기회를 요청한다. 바울은 베스도, 버니게, 아그립바 이 세 사람에게 복음을 전파한다. 바울이 그의 간증을 말하고 있는 사실에 유의하라(26:1-28).
2) 왕은 바울에게 아무 잘못도 찾을 수 없었다. 가이사에게 호소하지만 않았다면 놓을 수 있을뻔 하였다고 말했다(32절).

12. 로마에서 재판을 기다리는 바울 27:1-28:31

1) 주님께서는 사도행전 23:11에서 바울이 로마에서도 주님을 증거하게 될 것이라고 말씀하셨다. 위험한 행위였지만 바울은 안전하게 도착할 것을 확신하고 있었다. 그는 압비오 길을 통해 로마에 도착했고 그를 지키는 군사와 함께 따로 있을 수 있게 허락되었다.
2) 그는 거기에 2년 동안 머물렀으며 자기 집에 오는 모든 사람에게 복음을 전파했다(28:30-31). 사도행전은 여기서 끝난다.

Note

13. 결론

누가는 사도행전을 주후 64년경에 기록했다. 그때 바울이 처음 옥에 갇혔다. 풀려 나온 어느 때일 가능성이 짙다. 바울은 옥에 있을 때 빌립보서, 에베소서, 골로새서, 빌레몬서를 기록했다. 목회서신(디모데전후서, 디도서)은 사도행전 기록 기간에 쓴 것이 아니다. 그러나 우리는 디모데후서 4장을 통해 그가 순교하기 직전에 디모데후서를 기록했음을 알 수 있다. 그는 주후 68년경에 마머딘(Mamertine) 감옥에 있었다. 또 그는 디모데전서를 옥에서, 혹은 마지막으로 예루살렘으로 가기 직전에 썼을 것이다. 기록이 결론도 없이 사도행전의 끝에서 멈춰진다. 왜냐하면 성령행전은 우리들의 그의 몸인 교회 안에서, 교회를 통해서 계속되기 때문이다. 그리스도께서 교회를 위해 다시 오실 때 결론이 내려질 것이다.

복습

- 바울은 하나님의 섭리로 그의 사역을 위해 어떻게 준비되어 있는가?
- 바울의 첫 번째 여행에 함께한 이는 누구인가?
- 사도행전 15장의 예루살렘 공회의 결과는 무엇인가?
- 저자 누가도 바울의 여행에 함께했는가?
- 바울은 항상 어떤 일을 했는가?(총독 앞에서, 왕 앞에서, 감옥에서)

과제

- 매일 2장씩 로마서를 읽어 보자.
- 사도행전 두과의 공부를 복습해 보자.
- 성경을 읽다가 깨닫게 된 새로운 진리들을 찾아 밑줄을 그어 보자.

Week 34
로마서

1. 서신서

이제부터 우리는 서신서들을 공부하게 된다. 먼저 바울이 이방교회(로마, 고린도, 갈라디아, 에베소, 빌립보, 골로새, 데살로니가)에 보낸 9개의 서신서들을 살펴보려고 한다. 이 서신서들 속에는 교회의 교리들이 잘 나타나 있다. 그리고 교회를 하나되게 하신 하나님의 목적이 설명되어 있다. 우리가 기억해야 할 것은 에베소서 3:9의 말씀과 같이 "영원부터 만물을 창조하신 하나님 속에 감추어졌던 비밀의 경륜"이라는 사실이다.

2. 교회

"바울을 통해서만 우리는 교회가 조직체가 아니고 그리스도의 몸으로서의 유기체임을 알 수 있다. 이 기관은 그리스도의 생명과 부르심과 약속, 섭리로 가득 차있는 유기체이다. 우리는 바울 서신들을 통해서 지상 교회의 성격, 목적, 조직의 형태, 올바른 교회생활에 관해서 알 수 있다." "영화로우신 주님과의 인격적인 만남을 통해서 회심하여 그리스도의 증인이 된 바울은 모든 것들 위의 머리되시는 영광스러운 그리스도를 힘있게 증거했다. 그리스도는 교회의 머리되시며, 교회는 그의 몸이시다"(스코필드성경).

3. 로마서

로마서는 바울이 고린도를 세 번째 방문했을 때 그곳에서 기록한 서신이다. 바울이 이 책을 쓸 때는 로마 세계에 복음이 들어간지 약 25년이 되어 많은 그리스도인이 생긴 때였다. 그들은 "하나님의 은혜, 복음과 율법, 아브라함의 언약" 등에 관해서 질문을 했다. 그 외에도 많은 질문들이 있었다. 그러나 바울이 이 서신을 쓸 때는 아직 그가 로마에 가보지 못한 때였다.

4. 중심 메시지

로마서 1:16, 17절–"내가 복음을 부끄러워하지 아니하노니 이 복음은 모든 믿는 자에게 구원을 주시는 하나님의 능력이 됨이라. 먼저는 유대인에게요 그리고 헬라인에게로다. 복음에는 하나님의 의가 나타나서 믿음으로 믿음에 이르게 하나니 기록된 바 오직 의인은 믿음으로 말미암아 살리라 함과 같으니라"(점이 찍힌 부분이 이 서신서에 나타난 대주제이다).

5. 본서의 구조

복음과 구원(1–8장)

복음과 이스라엘(9–11장)

복음과 행위(12–16장)

6. 복음과 구원 1-8장

1) 첫 8장은 교리 부분으로서 복음의 기본적 교리를 가르쳐 준다. 간단한 개요를 마치고 (1–15) 바울은 곧바로 "복음이 어떻게 우리들을 구원하는가?"하는 문제에 대한 교리문제로 들어 간다.

1:18–3:20은 인간에게 있어서 복음의 필요성을 말한다.

첫째, 이교도(이방인)–1:18–32

21–24절을 유의하라. 또한 24–28에 나타난 "하나님께서 그들을 내버려 두사"라는 말에 유의하라.

둘째, 도덕적인 사람(위선자)–2:1–16

이것은 유대인 모두에게 해당된다(11–12절).

셋째, 종교적인 사람(유대인)–2:17–3:8

넷째, 모두 죄를 범함–유대인, 이방인–3:9–20

모든 사람이 죄를 범함–범죄–모두 죄에 빠져있음–내적 상태(3:23)

2) "이제는"(But now)–칭의–3:21–5:21

우리는 성경에서 "의롭게 한다"(Justify)는 말을 읽을 때마다 "의로운"(righteous)이란 단어를 연상한다. 이 두 단어는 헬라어의 같은 어원이다. 3:24, 26, 28절에 유의하라. 칭의에서 하나님께서는 예수 그리스도를 믿는 믿음을 근거로 죄인을 의롭다고 하신다. 속량(3:24)은 "값을 지불하여 구원하거나 구하는 것"을 의미한다. 그는 우리의 구원과 칭의를 위하여 값을 지불하신 것이다.

Note

고린도전서 6:20을 적어 보자. ______________________________

____

화목제물은(3:25) “희생”을 가리킨다. 그리스도는 우리의 화목 제물이시며 완전한 희생 제물이시다. 우리가 그의 흘리신 피를 받아들인다면, 히브리서 2:17을 찾아보자. “화목제물”은 “속죄소”와 같은 뜻으로 쓰였다.

4장–바울은 칭의의 예를 보여 주기 위해 구약의 이스라엘 사람 중 하나를 택한다–아브라함

하나님의 칭의는 시간의 제약을 받지 않는다. 그는 그리스도 이전이나 이후, 어느 때에라도 칭의하신다. 4:3을 읽고 창세기 15:6과 비교해 보자. 그러면 우리는 아브라함이 85세 때에 의롭다하심을 받았음을 알 수 있다(창 16:16). 창세기 17:24에 보면 그는 99세 때에 할례를 행하게 된다. 그러므로 그는 할례 받기 14년 전에 의롭다 하심을 받은 것이다. 칭의는 의식과는 별개의 것임을 알 수 있다. 그는 할례에 의해서 의롭게 된 것이 아니라 그의 믿음으로 된 것이다(4:13). 그가 하나님께 받은 바 되고 세상의 후사로 약속된 것은 율법으로 된 것이 아니로(4:13) 믿음으로 된 것이었다. 이 약속은 모세의 율법이 주어지기 430년 전에 아브라함에게 주어진 것이다. 갈라디아서 3장 17절 말씀을 적어 보자. ______________________________

____

아브라함은 믿었다(롬 4:20–24). ______________________________

____

____

5장–칭의의 열매는 화평이다(1절). 그의 은혜에 들어감, 하나님의 영광을 바라고 즐거워 함(2절). 환난 중에도 즐거워함, 인내, 소망(3–4절). 하나님의 자유의 선물이 12–21절에 펼쳐지고 있다.

18절을 적어 보자. ______________________________

____

아담은 죄가 세상에 들어오게 했다. 죄는 자유의지를 잘못 사용한 결과였다.

6장–이 장의 동사 시제는 모두 과거이다–예를 들면 6절–“우리의 옛 사람이 십자가에 못 박힌 것은” “옛 사람–죄의 몸”이란 표현은 아담의 후손을 가리키는 것이다. 이 장에 풍성함이 있다–이 장에 나오는 다음 세 단어를 기억하라.

"알거니와"–3, 6, 9절

"여길지어다"–11절

"드리라"–13절

7, 8장–바울은 복음이 신자의 실제 체험에서 어떻게 죄 문제를 다루는 지를 보여 준다. 7:17–20에 날카로운 지적이 나온다–"내 속에 거하는 죄니라." 그리고나서 8장에 가면 영광스러운 대답을 제시한다. 바울은 여기서 신자 안에 있는 생명의 성령의 법이 "누가 나를 건져내랴?"의 외침에 대한 충분한 대답이 됨을 보여 준다. 이 장에는 성령이란 말이 19번씩이나 언급된다.

8:1을 읽고 적어 보자. ______________________________

____

8:14, 16 ______________________________

____

8:26–27을 다시 읽어 보자.

8:28을 암송하라.

당신이 구원을 받았다면 그것이 영원히 안전하다는 사실을 아십니까? 8:35–39을 읽으십시오. 어떤 것도 우리를 그리스도 예수 안에서 소유하게 된 사랑에서 끊을 수 없다. 아멘! 아멘!

7. 복음과 이스라엘 9-11장

1) 9장–구약시대 때에 이스라엘을 택하심

바울은 온 세상을 위해 주어진 복음이 하나님의 이스라엘을 향한 특별한 목적을 무효화시키는 것이 아님을 말한다. 그 사실을 이스라엘의 역사와 하나님의 주권을 들어 보여 준다.

6–9절 이삭을 택하심

10–13절 야곱을 택하심(즉, 이스라엘)

14–23절 이스라엘과 바로에게 나타난 하나님의 긍휼

24–26절 호세아서에 예언된 대로 이방인에게 나타난 하나님의 긍휼

27–29절 이사야의 예언

27절에 유의하라.

30–33절 바울의 결론–이방인들은 믿음으로 의롭다 함을 얻었다–반면에 이스라엘은 율

법을 통해, 그것을 좇아가기까지 했지만 의를 얻지 못했다(32절).

2) 10장–이스라엘의 현재 상태와 그들의 메시아 거부

1–8절에 유의하라. 바울은 이스라엘에게 말한다. "말씀이 네게 가까워 네 입에 있으며 네 마음에 있다 하였으니 곧 우리가 전파하는 믿음의 말씀이라"(8절).

9–13–유대인과 이방인을 위한 단순한 구원 계획. 9절을 쓰십시오.

14–21절–복음 전파하도록 부르심. 바울은 다윗, 모세, 이사야의 이 슬픈 거부를 예언한 글을 인용한다.

3) 11장–장래 이스라엘의 회복

바울은 복음이 이스라엘에 대한 약속을 성취시킬 뿐만 아니라 이스라엘을 향한 위대한 전망(온 이스라엘이 구원을 얻게 되는)을 확정시켜줌을 말한다. 하나님께서는 이스라엘을 버리시지 않으셨다. 그러나 이스라엘이 믿지 않음을 통해서 이방인이 복을 받았다(11–12절). 11절에 밑줄을 그으라.

25절의 "이방인의 충만한 수"는 유대인과 이방인으로 이뤄진 그리스도 몸의 완성을 가리킨다–오순절부터 공중 잔치까지.

이스라엘은 구원받게 될 것이다–구원자(예수님)가 오실 때 야곱(이스라엘)에게서 죄를 없이 할 것이다. 왜냐하면 이것이 바로 하나님께서 그들과 맺은 언약이기 때문이다–25–26절을 읽고 밑줄을 그으라. 33–36절에 나오는 바울의 은혜로운 축도를 읽어 보자.

8. 복음과 행위 12-16장

12장–헌신과 변화를 권고(1–2절). 이 장의 나머지 부분은 1, 2절의 결과로서의 봉사를 권고하고 있다. 이것이 그리스도인의 삶이다.

13장–그리스도인이 국가에 갖는 의무(8–14절)

14장–그리스도인과 연약한 신자. 우리는 판단해서는 안된다.

15장–이방인 신자와 유대인 신자는 그리스도 안에서 하나이다.

4절을 적어 보자. ____

____

바울은 로마에서의 사역을 예견하고 있다(29–32절).

16장–바울은 28명의 이름을 각각 들어 천거와 문안을 하고 있다. 로마서의 서

Note

두에서 그는 "항상 내 기도에 쉬지 않고 너희를 말하며"(1:9)라고 말했다. 그는 여기서 그들의 일부를 말하고 있다–남자, 여자, 유대인, 이방인.

바울의 마침 기도(16:25–27)는 "복음–영원하신 하나님의 명을 따라 선지자들의 글로 말미암아 모든 민족이 믿어 순종하게 하시려고 알게 하신 바 그 신비의 계시를 따라 된 것이니"을 다시 언급한 축도이다.

9. 결론

로마서는 유대인과 이방인에게 말씀하고 있다. 그러나 의는 예수 그리스도 안에 있는 믿음을 통해서만 얻어질 수 있다. 인간의 마음은 바뀌지 않았기 때문이다. 로마서는 종교개혁을 시작한 마틴 루터를 뒤흔든 책이다(1:17). 루터는 로마서에 대해 이렇게 말했다. "신약의 진수이며 한 단어, 한 단어를 외울만한 가치가 있는 책이다."

복습

- 로마서를 쓴 이유는 무엇인가?
- 중심 메시지는 무엇인가? 가능하다면 암송한 것으로 대답해 보자.
- 구원 계획을 제시할 때 사용되어야 할 세 구절은 무엇인가? 로마서 3:23; 6:23; 10:9–10을 찾아보자.
- "의롭게 된다"는 것은 어떤 의미인가?
- "구속"이 뜻하는 바는 무엇인가?

과제

- 매일 2장씩 고린도전서를 읽어 보자.
- 로마서를 복습해 보자.
- 성경을 읽다가 깨닫게 된 새로운 진리들을 찾아 밑줄을 그어 보자.

Week 35
고린도전서

1. 본서

이 서신서는 고린도교회에 일어난 문제들에 대해서 질문한 것(고전 7:1)을 답장으로 보낸 바울의 서신이다. 바울의 답장은 잘못을 바로잡고 진리를 굳게 하는 서신이다. 바울은 고린도전서를 에베소에서 썼다(행 20:31, 고전 16:5–8). 이 책은 그 당시 교회 안의 분쟁을 다루고 있는데 놀랍게도 이와같은 일이 오늘날의 교회에서도 많이 일어나고 있다. 이 책은 모든 교회에서 '교훈'과 '책망'과 '바르게 함'을 위해서 가르쳐야 할 성경의 생생한 한 부분이다.

2. 고린도

도시 고린도는 그 당시 로마제국의 '죄악의 중심지'였다. 이 도시는 아덴에서 서쪽으로 40마일쯤 떨어진 곳에 위치하고 있었다. 또한 이 도시는 세 개의 큰 항구를 가진 로마제국의 상업의 중심지이기도 했다. 옛 고린도의 타락상을 오늘날에도 볼 수 있다. 그 곳의 역사적 배경을 알게 되면 바울의 설교와 가르침을 이해하는데 도움이 될 것이다.

3. 중심 메시지

"하나님의 지혜"–고린도전서 1:24, 30절; 2:4–8(특히 1:30과 2:7을 유의하라)

4. 본서의 구조

인사와 감사(1:1–9)

교회안의 분쟁을 바로잡음(1:10–6장)

문제점들에 대한 답변(7–16장)

5. 인사와 감사 1:1-9

첫 아홉 절 안에 주 예수 그리스도가 6번 언급되었다. 바울이 고린도교회에 있는 사람들이 구원을 받았고, "거룩하여졌으며" "성도라 부르심을 받은 자들"이며 "예수 그리스도로부터 하나님의 은혜가 주어진 자들"임을 강조하고 있다. 그는 그들이 믿고 있다는 사실을 강조하고 있다. 바울은 이 글을 불신자들에게 쓰고 있는 것이 아니라, 바울이 "육신에 속한 자", "그리스도 안에서 어린아이들"이라고 부르는 교회에게 쓰고 있다(3:1–4). 바울은 그들의 잘못을 바로잡기 전에 그들의 믿음과 "그들 안에 있는" 하나님의 은혜의 영광스러운 것들에 대해 먼저 말하고 있다.

6. 교회 안의 분쟁을 바로잡음 1:10-6장

1) 바울은 먼저 "너희 가운데 분쟁이 있다는 것이라"고 말한다(1:11).

그 분쟁은 예수님 대신 어떤 사람을 높이는 사람들에 의해서 기인된 것이었다.

12절을 읽어 보자.

- 바울에게
- 아볼로에게(행 18:24–28)
- 게바에게(베드로)
- 그리스도에게

우리는 여기서 네 개의 분당을 보게 된다.

- 자랑하는 그룹: 바울에게 속한 자들, 복음이 가져다 준 자유를 자랑함
- 아볼로 그룹: 지적인 자들, 그의 인격과 총명에 끌림
- 게바 그룹: 그들의 지도자(베드로)는 사도들 중의 권위자라고 함
- "그리스도" 그룹: 다른 사람들에 대한 열등감을 감추려고 "나는 그리스도의 것이다"라고 말하는 식으로 "그리스도"란 단어를 사용한다. 얼마나 어리석은 일인가! 이러한 일이 오늘날에도 있다.

바울은 그들을 책망한다(1:18–31). 교회 안에서 분쟁을 일으키는 사람이 높임을 받는 계획은 잘못된 것이다. 왜냐하면 십자가에 의한 구원은 사람들에겐 미련한 것이기 때문이다. 하나님께서는 구원하시는데 "전도의 미련한 것"을 사용하신다.

2장–바울은 참된 지혜는 하나님에게서 나온다는 사실을 가르친다. 성령께서 가르쳐 주시지 아니하시면 어느 누구도 신령한 것을 알 수 없다(11–12절).

13–14을 읽고 밑줄을 그으라("영적인 일은 영적인 것으로 분별" 한다는 것은 간단히 "성경은 성경으로 분별"한다는 것을 말한다고 볼 수 있다).

Note

3장–우리는 주님 대신 사람에 대해 잘못 배운 어리석음을 지적해 주는 세 장을 살펴 보았다. 3:5–사역자는 "종"이다.

3:6을 읽고 적어 보자. ______________________________

____

2) 집을 지어야 되는 유일한 터 3:9–23

- 그 터는 그리스도–11절
- 세운 공력에 따라 상을 주심–12–15절
- 불이 모든 사람의 공력을 시험–금, 은, 보석은 남아 있음; 나무, 풀, 짚은 불에 타버림.

다시 말하자면 만약에 그리스도인이 신령한 것들(금, 은, 보석으로 표현된)로 지으면 상을 얻게 되나(14절), 자기 영광, 자기 만족(나무, 풀, 짚)으로 짓게 되면 그의 공적은 불타버릴 것이라는 말이다. "그러나 자신은 구원을 받되 불 가운데서 받은 것 같으리라." 상은 구원받은 자에게 주어지는 것이다. 그것들을 주님께 봉사함으로 얻어진다. 상을 잃는다는 것이 구원도 잃게 된다는 것은 아니다.

3) 4장–그리스도의 일꾼은 "하나님의 비밀을 맡은 청지기"를 가리킨다. 그들은 겸손과 믿음의 본이 되어야 한다(4:9–10).

4) 5장–고린도교회 안의 추문(5:1–6:20) 계모와의 근친, 음행의 악(1절)–교회가 그것을 묵인함. 4–5절에서 바울은 "그를 회개할 때까지 교제에 끼지 못하게 할 것"을 말하고 있다. 이것은 죄성을 멸함이지 진멸이 아니다. "묵은 누룩을 내어버리라"–죄악을 제거(7절)하기 위해서이다.

5) 6장–신자들 간의 의견 차이는 교회 안에서 해결되어야 함. 신자들은 불신자들이 판단하는 법정에 신자들을 송사해서는 안 된다(6절).

11절을 읽고 적어 보자. ______________________________

____

19–20절–우리는 성령의 전이다.

7. 문제들에 대한 답변 7-16장

1) 바울의 답변이 7:1에 나타나 있다–"너희가 쓴 문제에 대하여 말하면" 첫 번째 답변은 결혼에 관한 것이다. 내용은 분명하다–한 남편에게 한 아내–한

쪽 배우자가 불신자이면 신자는 같이 살면서 그 배우자가 믿을 수 있게 노력해야 된다 (10–40절).

2) 8–10장에서 우리는 바울이 그들과 하나가 되어 행동과 그리스도인의 자유에 관한 문제에 대해 말하고 있음을 보게 된다. 8:1, 8, 9과 특히 13절에 유의하라. 이 장들은 그리스도인의 행동과 그것이 약한 형제들에게 끼치는 영향을 다루고 있다. 이 세 장 안에 약한 형제를 염두에 두라는 표현이 5번이나 나타난다.

   8:9–"약한 자들에게"

   8:13–"내 형제를 실족하게 한다면"

   9:22–"약한 자들을 얻고자 함이요"

   10:24 "누구든지 자기의 유익을 구하지 말고 남의 유익을 구하라"

   10:32–"거치는 자가 되지 말고"

   10:13을 찾아 외워 보도록 하십시오.

3) 11장에서 바울은 여자와 성찬에 관하여 말하고 있다.

   11:5에서 바울은 크게 잘못된 행동을 지적하고 있다. 여자의 위치에 관한 원리가 3절에 나타나 있다.

   - 남자의 머리는 그리스도
   - 여자의 머리는 남자
   - 그리스도의 머리는 하나님

   원리는 4–6절에 적용되고 있다. 고린도교회 여자들은 분명히 "예언"(즉 가르침, 말함, 훈계함, 위로함)을 했다. 이 구절에서 바울의 관심사는 단지 공적 예배 때에 사용하는 머리에 쓰는 것에 있다. 10절에서 보면 그것이 여자가 말하거나 기도하는 권리를 갖기 위해 사용하는 "권세"의 표임을 말하고 있다. 바울은 사실 여성 옹호자였다. 그런데 그것이 크게 잘못 이해될 때도 있다. 성찬이 17–34절의 주제이다. 성찬은 사복음서가 모두 자세히 다루고 있다. 그러므로 이것은 모든 신자에게 중요한 것이다. 17–22절에서 알 수 있듯이 초대교회는 성찬예식을 거행하기 전에 식사를 했다. 그 식사는 사랑의 잔치라고 불리워졌다. 그런데 거기에 무질서가 자리잡게 되었다. 바울은 그 무질서가 계속되지 않도록 하라고 명하고 있다. 23–26절–바울은 주님에게서 직접 받은 것을 전하고 있다(23절). 그는 성찬의 의미와 명료성을 말한다–"이것을 행하여 나를 기념하라"–"주의 죽으심을 그가 오실 때까지 전하는 것이니라"

4) 12, 13, 14장은 성령의 은사에 관하여 이야기한다.

이 세 장은 하나로 다뤄져야 한다. 모든 사람에게 하나님의 뜻에 따라 은사가 주어졌다.

Note

12장:

- 은사는 여러 가지나 성령은 한 분–4–11절
- 많은 지체가 있으나 몸은 하나–12–27절
- 여러 직책이 있으나 교회는 하나–28–31절

13장–"내가 또한 가장 좋은 길을 너희에게 보이리라"–(12:31)

12장의 모든 것이 사랑이 없으면 울리는 꽹과리이다. 모든 은사를 가졌다고 해도 하나님 사랑을 갖지 못하면 그것들이 아무 유익이 되지 못한다.

14장: "사랑을 추구하며"–(1절)

이 장은 "방언"에 있어 유명한 장이다. 우리가 그것을 논하자는 것은 아니지만 12장과 13장의 관계 속에서 논의되어야 할 것이다. 중요한 은사는 예언이다(1절). 어떤 영어 성경에서 "unknown"이라는 말이 이탤릭체로 쓰여진 것은 원본에는 그 단어가 없음을 가리킨다. "알려지지 않은"(혹은 알 수 없는) 방언은 없다. 방언은 존재하는 언어이다. 전에 배운 일이 없는데도 사람의 영광이 아닌 하나님의 영광만을 위해서 사도시대 교회 때에 다른 언어를 말할 수 있는 능력이 주어졌었다(4절).

오늘날 방언이 "성령 세례"의 징표라고 가르치는 사람들이 있는데 그것은 고전 12:13에서 말하는 바울의 가르침은 아니다. 논란이 되고 있는 절은 34절이다. 여기 본문을 볼 때 여자는 교회에서 방언할 수 없도록 되어 있다. 그러나 바울은 11:5–34절의 말씀은 강요하지 않고 있다.

14장의 강조점은 예언하는 것과 교회를 굳게 하는 것과 불신자들이 믿을 수 있게 하는 것에 있다(22–25절).

40절을 읽고 적어 보자. ________________________________

____

5) 15장은 부활에 관하여 말한다.

바울은 십자가로 시작하고 있다(3–4절). "그리스도께서 우리 죄를 위하여 죽으시고 장사 지낸 바 되었다가 성경대로 사흘 만에 다시 살아나사." 주님의 부활 입증–5–19절

주님을 보았던 사람의 이름을 적어 보자.

① ______________________________

② ______________________________

③ ______________________________

④ ______________________________

⑤ ______________________________

⑥ ______________________________

부활의 순서가 20-28절에 나온다.

우리들 부활의 유형이나 양상이 42-50절에 7가지가 나온다.

"썩을 것으로 심고 썩지 아니할 것으로 다시 살아나며"-42절

"욕된 것으로 심고 영광스러운 것으로 다시 살아나며"-43절

"약한 것으로 심고 강한 것으로 다시 살아나며"-43절

"육의 몸으로 심고 신령한 몸으로 다시 살아나나니"-44절

"흙에 속한 자의 형상을 입은 것같이 또한 하늘에 속한 이의 형상을 입으리라"-49절

"혈과 육"의 몸으로 심고 변화된 몸으로 다시 살게 됨-50-52절

"죽을" 몸으로 심고 "죽지 아니 할" 몸으로 다시 살게 됨-53절 바울의 최고의 도전은 '58절'이다.

6) 16장은 연보에 관하여 말한다.

언제, 어디서, 얼마만큼 인가에 대해서 2절에 나와 있다. 나머지 부분은 개인적이며 바울의 마지막 권고와 축도이다(유의-주님께 드리는 것(긍휼을 베푸는 것)은 은사이다-롬 12:8. 그것은 모든 신자들을 위해 즐겨내는 것이 되어야 한다).

복습

- 바울은 먼저 교회 안에 있는 ______________________________에 대해서 썼다.
- 고린도교회에 있었던 주요 분파 중 하나의 이름을 말해 보자.
- 바울이 편지를 쓰게 된 두 번째 이유는 무엇인가?
- 고린도전서에 대해서 당신의 마음에 남아 있는 두드러진 사실 세 가지를 말해 보자.

과제

- 매일 2장씩 고린도후서를 읽어 보자.
- 고린도전서를 복습해 보자.
- 성경을 읽다가 깨닫게 된 새로운 진리들을 찾아 밑줄을 그어 보자.

Note

Week 36
고린도후서

1. 본서

고린도교회에 보낸 바울의 첫 서신은 에베소에서 쓰여졌으나(고후 1:8) 두번째 서신인 이 책은 빌립보에서 쓰여졌다. 바울은 고린도에 그 자신이 직접 갈 수 없어서 디도를 보냈다. 디도는 고린도교회 소식을 가지고 드로아에서 바울과 디모데를 만나기로 되어 있었으나 그가 그곳에 오지를 못했다(고후 2:13-14). 디도가 못오게 되자 바울과 디모데는 고린도교회의 기쁜 소식을 가지고 돌아온 디도가 있는 빌립보에 가게 되었다(고후 7:5-11). 바울은 어떤 다른 서신에서 보다 많이 이 서신에서 그 개인의 이야기와 그 자신의 느낌을 말하고 있다.

2. 중심 메시지

"그리스도로 말미암은 하나님의 위로"(1:3; 13:11)

3. 본서의 구조

하나님의 위로(1-7장)
그리스도인의 연보(8-9장)
바울의 사도직에 대한 자기 변명(10-13장)

4. 하나님의 위로 1-7장

1) 바울은 에베소(아시아)에서 심한 고통을 겪었다(1장). 그는 "우리는 우리 자신이 사형 선고를 받은 줄 알았으니 이는 우리로 자기를 의지하지 말고 오직 죽은 자를 다시 살리시는 하나님만 의지하게 하심이라"고 말하고 있다(1:9). 3-7절까지의 다섯절 안에 "위로"라는

단어가 10번 사용되었다. 이 단어는 성령에 대해 말할 때 사용하는 "보혜사"(위로자)와 같은 단어이다. 바울은 하나님께서 그가 겪은 고생을 그가 다른 사람들을 위로할 수 있도록 보전하시고 격려하신다는 간증을 고린도교회에게 하고 있다(8-14절). 그의 원하는 바와 계획은 고린도에 가는 것이었으나 하나님께서는 그의 계획을 바꾸셨다. 15-24절을 읽어 보자.

Note

참고:

- 성령께서 신자들을 "굳건하게"하심-21절
- 성령께서 신자들에게 "기름을 부으심"-21절
- 성령께서 신자들에게 "인치심"-22절
- 성령께서 "보증"이 되심-22절

2) 고린도전서 5장에서 나왔던 범죄한 사람에 대해 5-13절에 언급하고 있다(2장). 이제 우리는 그 사람이 회개했고 바울은 그들에게 그를 교제에 회복시킬 것을 권하고 있음을 볼 수 있다(8절). 그를 용서하지 않으면 사탄에게 이익을 끼치는 결과를 가져오게 될 것이다(11절). 14-17절에는 그리스도인의 승리의 삶이 드러나 있다(14절에 밑줄을 그으라).

3) 우리는 옛 언약(율법 조문)과 새 언약의 대조를 보게 된다(3-4장).

- 옛 언약은 "편지" 즉, 율법을 의미하며 새 언약은 성령에 의해 "육의 마음판"에 쓴 것을 의미한다(3, 6절).
- 옛 언약은 "죽이는 것"이며, 새 언약은 "살리는 것"이다(6절).
- 옛 언약: "없어질 것도 영광으로 말미암음"-새 언약-"길이 있을 것은 더욱 영광 가운데 있음"(11절).
- 옛 언약: 모세의 얼굴에 나타남-새 언약:그리스도 예수의 얼굴로부터 비췸(3:13; 4:6).
- 옛 언약의 상징은 "수건"이며, 새 언약의 상징은 "거울"이다(3:13-18). 17절을 적어 보자. ______________________________

____

옛 언약과 새 언약의 차이점에 대해서 알아보았다. 이제 우리는 주님의 영광을 반사하는 거울이 되었다(4:3-6).

6절을 적어 보자. ______________________________

____

4:7-10에서 어떤 위로를 얻을 수 있을까요? 우리는 질그릇에 불과하다(7절). 이 질그릇은 그 속에 담긴 보배가 빛을 발하게 하기 위해 깨어져야만 한다-"이는 심히 큰 능력은 하나님께 있고 우리에게 있지 아니함을 알게 하려 함이라." 이제 8-9절을 보자.

- "사방으로 우겨쌈을 당함"-"싸이지 아니함"
- "답답한 일을 당함"-"낙심하지 않음"
- "박해를 받음"-"버린 바 되지 않음"
- "거꾸러뜨림을 당함"-"망하지 않음"

16절-"겉사람은 낡아지나"-"우리의 속사람은 날로 새로워지도다" 얼마나 큰 위로인가! 이 세상에서의 그리스도를 위한 환란은 영원한 영광의 중한 것을 이루게 한다(17-18절).

4) 죽음의 영혼은 몸(장막)으로부터 떠나감을 의미한다(5장). 우리가 가진 몸은 일시적인 것이며, 고통을 당한다(1-5절). 죽음은 우리가 이 몸을 떠나 곧바로 주님의 면전에 있게 되는 것을 의미한다.

8절을 적어 보자. ______________________________

____

9-13절에서 신자들은 그리스도의 심판대 앞에 서게 되며 상급을 받게 된다. 그러나 상이 없을 수도 있다. 구원은 그리스도를 영접할 때 확정된다. 그러나 이것은 죄에 대한 심판이 아니고 그리스도를 위한 선행에 대한 심판을 받는 것이다.

14-21절에서 바울의 사역의 목적은 사람이 하나님과 화목하게 되는 것임을 알 수 있다. 17절에 밑줄을 그어 보자. 20-21절도 밑줄을 그어 보자.

5) 바울은 그가 사역 중에 경험한 것을 나열(4-7장)하고 있다(6장). 9개의 대조가 나열되어 있다. 8-10절에서 찾아보자. 우리는 11-18절에서 고린도의 그리스도인에게 세상과 구별되게 살라는 개인적인 권고를 읽게 된다.

14절을 읽고 적어 보자. ______________________________

____

바울의 마음에 있는 하나님의 위로가 4, 6, 7, 13절에서 발견된다(7장). 10절을 유의해서 읽고 밑줄을 그어 보자.

5. 그리스도인의 연보 8-9장

이 두 장은 그리스도인의 구제에 관한 상세한 가르침을 주고 있다. 1-6절에서 보면 연보는 하나님의 은혜이다. 하나님께서는 당신이 무엇을 드리는 것보다 먼저 당신 자신을 원하신다(5

Note

절). 7-15절에서는 그리스도인의 연보 원리를 제시하고 있다. 그러나 이것은 명령으로 하는 말이 아니다.

참고, 우리는 균형있게 드려야 한다-12-14절

우리는 풍성하게 드려야 한다-9:6

우리는 즐겨 드려야 한다-9:7

8:9을 적어 보자. ______________________

누가복음 6:38을 적어 보자. ______________________

헌금(구제-긍휼 베품)은 "은사"이다-로마서 12:8을 적어 보자. ______________________

____

6. 바울의 사도직에 대한 자기변명 10-13장

이 부분에서 바울은 그 자신의 사도직에 대해 말하고 있다. 바울의 "자랑"은 주 안에 있는 것이며 그 자신에게 유익을 주기 위한 것이 아니었다(10:8).

10:12을 보고 밑줄을 그어 보자.

11장에 나오는 바울의 변명은 극히 개인적인 것이다. 그는 스스로 생계 문제를 해결했다(11:9). 그는 11:16-33절에서 그의 생애를 자세하고 생생하게 묘사하고 있다. 만약에 그러한 어려운 일들이 당신의 앞에 놓여있다면 당신은 얼마나 참아낼 수 있겠는가? 22-28절을 보라. 12:1-10에서 믿음의 영웅의 삶을 볼 수 있다. 바울은 2-7절에서 "14년 전에 셋째 하늘에 이끌려 간 자라-그가 낙원으로 이끌려 가서 말로 표현할 수 없는 말을 들었으니-사람이 가히 이르지 못할 말이로다-내 육체에 가시 곧 사탄의 사자를 주셨으니 이는 나를 쳐서 너무 자만하지 않게 하려 하심이라"고 말하고 있다. 바울은 14년 동안 이것을 말하지 않았다. 그는 이 "가시"가 없어지기를 위해 세 번 간구했다. 그러나 하나님께서는 더 좋은 계획을 가지고 계셨던 것이다.

12:9을 적어 보자. ______________________

____

기억해야 할 것은 다음과 같다.

"내"-하나님을 말함

"은혜"-값없이 주심

"족함"-충분함을 넘음

"-니라"-현재 시제

바울은 "도리어 크게 기뻐함으로 나의 여러 약한 것들에 대하여 자랑하리니 이는 그리스도의 능력이 내게 머물게 하려 함이라"고 말하고 있다. 마지막 13장 5절에서 "너희는 믿음 안에 있는가 너희 자신을 시험하고 너희 자신을 확증하라"고 말한다. 바울은 이 편지를 "위로의 하나님"을 말함으로 결론을 맺고 있다(11절). 눈에 익은 아름다운 축도를 읽어 보자(13절).

복습

- 고린도후서의 중심 메시지는 무엇인가?
- 하나님께서는 왜 고난과 환란을 허락하셨나?(1:3-4)
- 그리스도인이 죽으면 어디로 가게 되나?
- 바울은 그리스도인의 분리에 대해 무엇을 말해 주는가?
- 연보(구제)는 ______________________________다. 하나님께서 당신의 돈을 원하시는가? 아니면 당신 자신을 더 원하시는가?

과제

- 매일 갈라디아서를 읽어 보자.
- 고린도후서를 복습해 보자.
- 성경을 읽다가 깨닫게 된 새로운 진리들을 찾아 밑줄을 그어 보자.

Week 37
갈라디아서

1. 본서

사도 바울은 이 책에서 "다른 복음"을 말하는 사람들로부터 복음의 순수성을 보존하기 위해 애를 쓰고 있다: "다른 복음은 없나니 다만 어떤 사람들이 너희를 교란 하여 그리스도의 복음을 변하게 하려 함이라."

4장 13절을 유의해 볼 때 바울이 갈라디아 교회에 서신을 띄우기 전에 그 곳을 두 번 방문했었음을 알 수 있다: "내가 처음에 육체의 약함으로 말미암아 너희에게 복음을 전한 것을 너희가 아는 바라." 사도행전은 바울이 처음 갈라디아를 방문했던 것은 그의 두 번째 선교여행 때였으며(행 16:6) 그 후 약 3년 후에 세 번째 선교여행 중에 그 곳을 방문했음을 말해 주고 있다(행 18:23).

갈라디아 사람들은 감정적이고, 열심있는 사람들이었다. 그들은 본래 발틱해의 북방에서 온 가울족속의 한 지파였다. 버논 맥기(J.Vernon McGee)씨는 다음과 같이 말했다. "갈라디아서는 단호하고 엄격하고 위엄있는 책이다. 고린도에 보낸 편지처럼 행동을 바로잡고 있지는 않다. 그러나 바로잡음을 권하고 있다.

바울의 글 중에서 그의 감사를 표현하고 있지 않은 책은 이 책 밖에 없다. 이 교회는 그가 기도를 요구하지 않은 유일한 교회였다. 여기에는 찬양에 대한 권고도, 그리스도 안에 서있는 것에 대해서도 언급되어 있지 않다. 그의 동역자 중 어느 누구도 그 이름이 언급되고 있지 않다. 이 책에는 사도의 믿음이 그대로 드러나 있으며 깊은 감정과 강한 느낌이 나타나 있다. 이 책은 바울의 투쟁 서신이다.

갈라디아서는 모든 형태의 율법주의로부터의 해방을 선언하고 있다. 이 책은 마르틴 루터가 가장 좋아하던 서신서로서 종교개혁의 머릿 글자가 되었던 것이다. 이것은 성경에 있는 혹은 성경으로부터의 믿음에 의한 칭의 교리에 대한 가장 강한 변증이다.

2. 중심 메시지

"그리스도께서 우리를 자유롭게 하려고 자유를 주셨으니 그러므로 굳건하게 서서 다시는 종의 멍에를 메지 말라"(갈 5:1).

3. 본서의 구조

개요(1:1–10)

개인적–간증(1–2장)

교리적–믿음에 의한 칭의(3–4장)

실제적–그리스도안의 자유(5–6장)

4. 개요 1:1-10

바울은 처음에 냉담한 인사를 하고 있다. 왜냐하면 그는 그의 사도직이 사람으로부터 받은 즉, 율법주의적이 아닌 것임을 말하고 있기 때문이다. 사람으로 말미암은 것이 아니라는 것은 의식적인 것이 아님을 의미한다. 그의 사도직은 "그리스도로 말미암은"것이었다. 예수님께서는 그를 부르셨고 직임을 위해 구별해 놓으셨다(행 9:15–16). 본서의 인사는 매우 냉담하고 간단하고 공식적이다.

당신은 6–10절에서 바울이 말한 것에 주의를 기울일 필요가 있다–오직 한 복음만이 있다. 바울은 "다른 복음"이라고 불려지고 있는 것을 듣지 말라고 경고하고 있다. 유대주의자들은 은혜에 율법을 더하려고 했다–은혜 더하기 율법 즉, 다른 말로 하면 바울은 이것을 "그리스도의 복음을 변하게 하려 함이라"고 말했다(7절).

5. 개인적 간증 1-2장

처음 두 장을 읽게 되면 바울이 자기의 사도직에 대한 변명을 하고 있음을 알 수 있다. 바울은 여기서 그가 전한 복음의 진실성과 권위를 말하고 있다. 그는 1절에서 이미 그의 사도직이 사람에게서나 사람으로 말미암은 것이 아님을 말했다. 11, 12절에서 그가 전한 것은 주 예수 그리스도의 "직접적인 계시로" 말미암은 것임을 알 수 있다. 그는 이 직접 계시와 위탁을 받은 후에 혈육과 의논하지 않았다(16절). 그는 또한 그보다 먼저 사도된 자들을 만나려고 예루살렘으로도 가지 않고 오직 아라비아로 갔다(17절).

16절을 적어 보자. ______________________________

____

Note

3년 후에 베드로를 만나려고 예루살렘에 가서 거기서 그와 함께 15일 동안 머물렀다(18절). 그리고 야고보를 제외하고는 다른 사도들을 보지 못했다(18, 19절). 여기 1장의 목적은 그가 전한 복음이 사람에게서 온 것이 아니고 예수 그리스도의 직접 계시였기 때문에 그 근원에 있어 진짜임을 보여 주는 것이었다.

2장에서 바울은 바나바와 디도와 함께 예루살렘에 갔다(1-10절). 이것은 그가 예루살렘을 처음 방문하고 나서 14년이 지난 뒤였다. 그는 바나바와 디도를 데리고 갔고 거기에서 그들은 거기에 있던 자들과 의견 교환을 가졌다. 그것은 복음의 중심 교리를 다루는 것이었다–오로지 그리고 전적으로 은혜로만 되는 것이었다. 그러므로 후에 베드로와 다른 사람들이 안디옥에서 유대주의적인 행동에 빠지자 바울은 바로 그 의견 교환의 기본 교리를 가지고 베드로를 책망했다(11-21절). 여기 두장에서 우리는 베드로와 바울과 다른 사도들이 전한 복음의 근본적인 동질성을 발견할 수 있다. 특별히 주의를 기울일 필요가 있는 것은 바울이 예루살렘으로부터 어떤 영향력있는 유대인들이 도착하자 이방인 신자들에게 물러나 유대주의자들로부터 압박을 받을 구실을 만든 베드로를 점잖게 꾸짖었다는 사실이다. 이것은 로마 교회로서는 해석하기가 참으로 어려운 부분이다. 왜냐하면 천막 제조업자인 바울이 "첫번째 교황"으로 여기는 베드로를 책망하고 있기 때문이다. 2:20에 유의해서 보고 밑줄을 그으라.

6. 교리적인 부분-믿음에 의한 칭의 3-4장

바울은 여기서 어처구니 없는 놀라움을 표시하고 있다. 왜냐하면 그는 어느 누가 영광스런 자유와 놀라운 복음에의 율법주의 속박으로 떨어질 수 있다는 것이 거의 믿어지지 않았기 때문이다. 그의 첫 마디는 "어리석도다 갈라디아 사람들아–누가 너희를 꾀더냐?"이다. 어떤 최면적인 마력에 의해서나 일어날 수 있는 일로 보였던 것이다. 3절에서 "어리석다"는 말을 다시 찾을 수 있다.

바울은 이 두 장 전체에서 복음의 유대주의에 대한 우위성을 보여 주고 있다.

- 행위가 아닌 믿음(3:2)
- 육체가 아닌 성령(3:3)
- 율법이 아닌 믿음으로 의롭게 됨(8, 11절)
- 저주가 아닌 복(9, 10절)
- 모세를 통한 율법이 아닌 아브라함에게 하신 "약속"(12-14절)

• 모세에게 맺은 언약이 아닌 아브라함에게 맺은 언약(16-22절)

오늘날의 모든 신자들에게 중요한 교훈 중의 하나는 3장 6절에서 시작되는 바울의 합법적인 예증을 이해하는 것이다. 아브라함은 율법이 주어지기 오래 전에 하나님을 믿음으로 의롭다 함을 받았다(3:6, 17절). 하나님께서는 아브라함에게 창 12:3에서 이방인들도 믿음으로 의롭다 함을 받게 될 것을 말씀하셨다(3:8, 9절). 하나님께서는 믿음으로 죄인들을 용서하실 뿐만 아니라 믿음으로 그들을 보존하신다. 왜냐하면 "의인은 믿음으로 살게 되어"있기 때문이다(3:11). 이것은 하박국 2:4절로부터 인용된 것으로 로마서 1:17과 히브리서 10:38에도 인용되어졌다.

10절에서 우리는 만약에 구약의 율법이 무너진 것이라면("누구든지 율법 책에 기록된 대로 모든 일을 항상 행하지 아니하는 자는 저주에 아래 있는 자라") 모든 율법이 무너진 것임을 알게 된다.

그 율법은 믿음으로 의롭게 된다는 약속이 주어진 430년 뒤에 주어진 것이다. 우리는 이 기간에 대해 창세기에서 이미 공부했었다. 그 기간은 시내산에서 율법이 주어질 때까지 야곱에게 하신 그의 약속에 대한 확정으로 나온 430년 임을 기억할 수 있을 것이다. 율법은 죄 때문에 들어오게 된 것이다. "범법함으로 더하여진 것이라"-그것은 천사들을 통하여 한 중보자의 손으로 베푸신 것이었다(3:19). 율법은 이스라엘의 몽학선생과 같은 역할을 했다. 왜냐하면 "율법이 우리를 그리스도께로 인도하는 초등교사"이기 때문이다(3:24). 어떤 의미에서 율법은 그리스도를 믿음으로 말미암아 의롭게 되는 그리스도의 필요성을 느끼게 하는 역할을 하는 것이다(3:24). 그러므로 율법이 주어졌다는 것이 아브라함에게 맺은 언약을 무효화하는 것은 아니다. "너희가 다 믿음으로 말미암아 그리스도 예수 안에서 하나님의 아들이 되었으니"(26절), "너희가 그리스도의 것이면 곧 아브라함의 자손이요"(29절)라는 강조의 말로 3장을 끝맺고 있다. 특별히 3장 28절과 29절을 유의해 보자.

그리스도께서는 회개한 모든 죄인들을 그의 몸으로 하나가 되게 하셨다. 왜냐하면 우리는 "유대인이나 헬라인이나 종이나 자유인이나 남자나 여자나 다 그리스도 예수 안에서 하나이니라"고 말하고 있기 때문이다. 4장에서 바울은 3장에서 시작한 것을 계속 말하고 있다. 그는 1-7절에서 우리가 하나님의 아들이 된 것을 보증하고 있다. 6, 7절을 유의해서 보면 우리가 실제적인 영적 의미에서 성장한 아들로서의 특권을 갖게 되었음을 알 수 있다. 왜냐하면 "하나님이 그 아들의 영을 우리 마음 가운데 보내사 … 이 후로는 종이 아니요 아들이니 아들이면 하나님으로 말미암아 유업을 받을 자니라"고 말씀하셨기 때문이다.

4-5절을 유의해 보자. 우리는 여기서 어떻게 율법 아래로부터 구속함을 받았는가를 알 수 있을 것이다.

바울은 21-31절에서 비유적인 예증을 제시하고 있다. 그는 단지 의견을 주장하기 위해 구약의 교리적인 사건들을 사용하고 있다.

바울이 사용한 비유의 사실:

- 아브라함에게는 두 아들과 두 아내가 있었다. 하나는 이스마엘로 하갈에게서 난 자였고 다른 하나는 이삭으로 사라에게서 초자연적으로 태어난 자였다(22–23절).

바울이 사용한 비유의 적용:

- 하갈은 율법을 대표하고 사라는 은혜를 대표한다.
- 이삭은 성령과 예수를 바라보는 자들을 가리키며 자유자를 말한다.
- 하갈은 시내산을 사라는 감람산을 상징한다(25절).

신자에게 있어 "율법과 은혜"와의 관계는 이삭이 이스마엘에게 당했던 핍박과 조롱을 참아내는 것과 같은 것이다(28–29절).

Note

7. 실제적인 부분-그리스도 안의 자유 5-6장

마지막 두 장에서 우리는 바울의 갈라디아 교인들에 대한 권고를 듣게 된다. 우리는 이제 중요한 부분만을 언급하려고 한다. 먼저 4절은 은혜에서 떨어진 것을 의미하는가? 이것이 그들이 구원을 잃었음을 의미한다고 볼 수 없다. 왜냐하면 바울은 이같은 사람들을 9차례나 "형제들"이라고 부르고 있으며 3:26에서 "하나님의 아들", 4:6에서 "하나님의 아들들", 3:29에서 "약속대로 유업을 이을 자"라고 말하고 있기 때문이다.

헬라말에서 "떨어진다"라는 말은 사도행전 27:17, 26, 29, 32절에도 사용되었으며 제어가 되지 않은 배에 대해 언급할 때 사용한 단어이다. 이것이 여기 갈라디아서에 쓰인 의미이다. 그것은 "변절" 혹은, 오늘날로 말하면 "타락"을 의미한다.

13절에 유의하고 밑줄을 그어 보자.

13절을 읽으신 후에 율법을 불법적으로 사용할 때 초래되는 17가지의 육체의 일에 대해 관찰해 보자(19–21절). 17가지의 육체의 일을 찾아 보자.

성령의 열매–22, 23절

성령은 항상 살아있는 열매를 맺는다.

- 사랑–다른 사람에 대한 신성한 관심
- 희락–내적 평안
- 화평–확신과 안정

- 오래 참음—인내, 견딤
- 자비—친절
- 양선—행동으로 나타나는 사랑
- 충성—보이지 않는 것(믿음)
- 온유—억제된 강함
- 절제—자기 통제

신자로서 우리가 갖게 된 의무와 자유들이 있다. 당신은 6장에서 열거한 이것들을 발견할 수 있을 것이다. 우리는 어려운 사람들에게 봉사와 사랑을 할 수 있는 자유를 소유하고 있다. 6장은 처음 몇 절에서 이것이 강조되어 있다. 마지막 몇 절에서도 눈에 띄는 말을 찾아 볼 수 있다. 마지막 두 절이 우리의 눈길을 끈다. "이 후로는 누구든지 나를 괴롭게 하지 말라 내가 내 몸에 예수의 흔적을 지니고 있노라." 바울이 그의 몸에 가졌던 주 예수님의 흔적은 노예로 낙인이 찍힌(소유권 표시), 군인으로(충성의 표시), 열애자로 표시(결과의 표시), 범죄자로(포로의 표시), 혐오자로(멸시의 표시) 낙인 찍힌 사람들에게 주어진 흔적이었다.

바울은 이 다섯 가지 경우를 다 당했다. 그는 영원한 상처로 남을 정도의 구타와 상해를 당했다. 그는 루스드라에서 돌에 맞아 죽은 줄 알고 성 밖에 버려졌다. 또 그는 유대인들에게 다섯 차례 채찍으로 맞았고 로마 군병들에게 세 차례 태장으로 맞았다. 군중들로부터 모욕을 당했고 적들에게 습격을 당하기도 했다.

이러한 모든 것이 바울의 몸에 남았던 것이다. 그런데 왜 바울은 이러한 흔적들을 갈라디아서의 끝에 언급하고 있는가? 한 가지 이유는 그가 강조한 "내가"라는 말에 지시되어 있다. "내가 내 몸에 예수의 흔적을 지니고 있노라". 바울은 여기서 그 자신과 갈라디아 신자들을 변절시키고 있는 유대주의 교사들을 대조시키고 있다. 이 사람들은 공론가들이었고 바울과는 달리 그들의 인격에 주 예수님의 흔적을 가지고 있지 않았던 점이다.

두 번째 이유는 "주 예수 그리스도의" 흔적임을 강조하는 데에 나타나 있다. 그는 예수님의 흔적과 할례에 나타난 모세의 흔적을 대조하고 있다. 할례는 모세의 흔적으로 법적인 제도의 노예가 됨을 의미한다. 주 예수님의 흔적은 기쁘고 자유롭고 자발적인 봉사의 흔적이다.

바울이 이 흔적을 여기서 말하고 있는 세 번째 이유는 "이 후로는 누구든지 나를 괴롭게 하지 말라"는 구절에서 발견될 수 있다. 모든 고통이 이 책을 통해서 볼 때 바울이 회심케 한 어린 신앙을 변질시키는 잘못된 교사들에게서 온 것임을 알 수 있다. 이 말들을 통해 바울은 만약에 잘못된 교사들이 적어도 정직과 신용을 갖고 있다면 바울이 전한 신앙을 파괴하려는 술책을 그만둬야 하지 않겠느냐고 말하고 있는 것이다.

우리는 우리 자신 안에 예수님의 흔적을 가져야 한다. 그리스도를 위해 멸시를 받는 것을 부끄러워해서는 안된다. 우리들의 몸에 어떤 흔적을 갖는 것을 두려워해서도 안 된다.

Note

복습

- 갈라디아서의 중심 메시지는 무엇인가?
- 갈라디아인은 ______________________의 한 지파였다
- 갈라디아서는 찬양이나 감사나 명령에 관한 어떤 단어를 가지고 있는가?
- 바울은 갈라디아 교인들을 무엇이라고 불렀는가?
- 바울이 몸에 가지고 있던 것은 무엇인가?

과제

- 에베소서를 읽어 보자.
- 갈라디아서를 복습해 보자.
- 갈라디아서의 중요한 구절들에 밑줄을 그어 보자.

Week 38
에베소서

1. 본서의 배경

에베소서는 로마에서 쓰여졌다. 이 서신은 옥중서신 중 가장 먼저 써졌다. 성령께서는 바울이 에베소가 그 중심인 아시아에 가는 것을 막으셨다(행 16:6). 그는 마게도냐의 환상을 통해 부르심을 받아 성령에 의해 유럽으로, 고린도까지 인도되었다. 그 후에 에베소를 경유해서 돌아오게 된다(행 18:19). 그는 너무 큰 감명을 받았기 때문에 다시 돌아볼 것을 약속했었고 그의 3차 선교여행 때에 돌아볼 수 있었다. 그는 거기에 2년 동안 머물렀다. 그것은 어느 곳에 머문 것보다 긴 기간이었다(행 19:8–10).

고린도전서 16:8–9을 읽어 보자.

바울은 많은 핍박이 있음에도 불구하고 이 교회를 사랑했다(행 19장). 에베소 장로들과의 마지막 만남은 애정에 찬 작별이었다(행 20:17–38).

2. 중심 메시지

"찬송하리로다 하나님 곧 우리 주 예수 그리스도의 아버지께서 그리스도 안에서 하늘에 속한 모든 신령한 복을 우리에게 주시되 곧 창세 전에 그리스도 안에서 우리를 택하사"(엡 1:3, 4).

3. 본서의 구조

교리 부분–하늘의 부르심(1–3장)

실제 부분–이 땅에서의 삶(4–6장)

4. 교리부분-하늘의 부르심 1-3장

Note

1) 교회는 몸(1장)

바울은 그리스도 안에서 소유하게 된 것들에 대한 넘치는 찬양으로 서두를 시작하고 있다(1-14절).

우리들은 "그리스도 안에" 있다-1절

우리는 "신령한 복"을 받았다-3절

그는 "그리스도 안에서 우리를 택하셨다"-4절

우리는 "예수 그리스도로 말미암아 하나님의 아들들이 되었다"-5절

우리는 "사랑하시는 자 안에서 영접되었다"-6절

우리는 "그의 피로 속량 받았다"-7절("속량"은 "값이 치러짐"을 의미한다).

우리는 "죄사함을 받았다"-7절

우리는 "그 뜻의 비밀을 알게 되었다"-9절

그는 "그리스도 안에서 모든 것을 통일되게 하셨다"-10절

우리는 "그 안에서 기업이 되었다"-11절

우리는 "그의 영광의 찬송"이 되었다-12절

우리는 "성령으로 인치심"을 받았다-13절

우리는 보증을 받았다: "우리 기업의 보증이 되사 그 얻으신 것을 속량하시고"-14절

바울은 계속해서 지식과 능력을 구하는 기도를 하고 있다(15-23절).

"지혜와 계시의 영을 너희에게 주사 하나님을 알게 하시고"-17절

"그의 부르심의 소망을 알게 하시고"-18절

"그의 힘의 위력으로 역사하심을 따라 믿는 우리에게 베푸신 능력의 지극히 크심이 어떠한 것을 너희로 알게 하시기를 구하노라"-19-20절. 이것은 "그리스도 안에서 역사하사 죽은 자들 가운데서 다시 살리시고 하늘에서 자기의 오른 편에 앉히신" 능력이다. 그리스도는 모든 이름 위에 뛰어나시며 그의 몸인 교회의 머리가 되신다. 바울은 교회인 우리가 그의 충만함이라는 것을 감사하고 있다-20-23절

2) 교회는 하나님의 권속(2장)

그리스도 안에서 일어난 변화-1-10절

처음 세 절에서 우리의 구원 받기 전의 상태를 볼 수 있다.

우리는 "허물과 죄로 죽었었다"(1절)

우리는 영적으로 죽었었다–하나님과의 분리

"우리는 이 세상 풍조를 따랐다–불순종의 아들들"(2절)

"그 영은 지금도 불신자들 가운데서 역사하고 있다"

우리는 "우리 육체의 욕심을 따라 지내며 육체와 마음의 원하는 것을 하여 다른 이들과 같이 본질상 진노의 자녀였었다"(3절)

그러나 4절에서 그런 것들이 모두 깨지고 "그러나 하나님께서"(우리 성경에는 "그러나"가 빠져 있음)란 단어로 시작하고 있다. 우리의 새로운 상태는 네 가지로 특징지워질 수 있다.

"그가 우리를 그리스도와 함께 살리셨다"(5절). 1절과 비교해 보라.

하나님께서는 우리들을 "함께 일으키사 그리스도 예수 안에서 함께 하늘에 앉히셨다"(6절). 우리는 지금 그리스도 예수 안에 있는 그 생명을 소유하고 있다.

"그리스도 예수 안에서 우리에게 자비하심으로써 그 은혜의 지극히 풍성함을 오는 여러 세대에 나타내실 것이다"(7절).

"그 은혜에 의하여 믿음으로 말미암아 구원을 받았으니–우리는 그가 만드신 바라 그리스도 예수 안에서 선한 일을 위하여 지으심을 받은 자니"(8–10절–하나님의 은혜이며 인간에게는 어떤 공로도 없음). 이제 바울은 옛 상태가 변화된 우리들에게 새 관계를 제시하고 있다(11–22절). 그는 11–12절에서 우리의 옛 상태를 상기시킨다. 우리는 이방인이었고, 그리스도 밖에 있었고, 외인이었고, 소망도 없고, 하나님도 없는 자들이었다.

13–18절에서 바울은 "그러나 이제는"을 사용하여 그리스도 안에서의 새로운 관계를 말하고 있다.

"그리스도의 피로 가까워졌느니라"(13절)

"그는 우리의 화평이신지라–둘로 하나를 만드사 중간에 막힌 담을 허시고"(유대인들과 이방인)–14절

그가 불화를 없앰–"화평하게 하심"(15절)

그는 "이 둘로 자기 안에서 한 새 사람을 지으셨다–15절 우리가 그리스도 안에 있으면–그의 몸이면 유대인과 이방인 사이에는 구별이 없게 된다. 19–22절에서 우리는 하나님의 성전이며, 믿음의 건물임을 알게 된다.

우리는 "동일한 시민"–19절

우리는 "하나님의 권속"–19절

우리는 "한 터 위에 지어짐"–20절

Note

우리는 "건물마다 서로 연결하여 주 안에서 성전이 되어감"–21절
우리 안에 성령께서 거하심–22절

3) 교회는 하나님의 비밀(3장)

바울은 먼저 하나님의 비밀을 나타내고 있다–1–12절
그 비밀이 알려졌고 바울에게 위탁됨–1–3절
그 비밀이 구약 시대 성도들에게는 알려지지 않음–5절
그 비밀이 전적으로 계시되었음–6–10절

"이는 이방인들이 복음으로 말미암아 그리스도 예수 안에서 함께 상속자가 되고 함께 지체가 되고 함께 약속에 참여하는 자가 됨이라"–6절. 구약 시대에는 이방인의 구원이 이와 같은 식으로 주어지지 않았다–(개종하여 유대인이 되지 않아도 얻는 구원).

이사야 11:10을 읽고 적어 보자. ____________________

____

이사야 42:6 ____________________

____

이사야 60:3 ____________________

____

스코필드 성경은 다음과 같이 말하고 있다–"하나님 안에 숨겨진 비밀은 유대인과 이방인을 전적으로 새로운 하나의 존재 즉, 교회가 되게 하는 하나님의 경륜이었다. 그런데 그것은 그리스도의 몸이며 성령 세례(고전 12:13)에 의해 이뤄진 것이다. 그 안에서 유대인과 이방인의 하등의 구분은 없어지게 되었다(엡 2:14–15, 골 3:10–11). 이 비밀의 계시는 예언되었으나 그리스도께서 설명하시지는 않으셨고(마 16:18) 바울에게 위탁되었던 것이다. 우리는 바울의 글에서만이 교회에 대한 교리, 위치, 행동, 하나님의 뜻을 찾아 볼 수 있다"(스코필드 성경의 엡 3:6에 관한 설명 중에서).

그러므로 그 비밀은 "교회" 즉, 그리스도의 몸(구원받은 우리 모두)을 가리키는 것이다. 구약 시대 선지자들은 교회에 관한 이러한 경륜을 알 수 없었다(9, 10절을 보라). 지금은 택함 받은 백성은 반드시 국적에 관계없이 교회에 부르심을 받을 수 있다(구원을 받음).

이 장의 둘째 부분에서 바울은 세 가지를 위해 기도하고 있다(13–21절).

"그의 영광의 풍성함을 따라 그의 성령으로 말미암아 너희 속사람을 능력으로 강건하게 하시오며"(16절).

"너희가 사랑 가운데서 뿌리가 박히고 터가 굳어져서"(17절).

"지식에 넘치는 그리스도의 사랑을 알고–그 너비와 길이와 높이와 깊이가 어떠함을 깨달아–하나님의 모든 충만하신 것으로 너희에게 충만하게 하시기를 구하노라"(18–19절).

골로새서 1:19을 적어 보자. ________________________________

____

골로새서 2:9–10 ________________________________

____

영광스러운 바울의 송영을 보게 될 것이다. 3:20–21을 읽고 밑줄을 그어 보자.

5. 실제 부분-이 땅에서의 삶 4-6장

1) 4장–우리는 부르심을 받은 일에 합당하게 행해야 한다. 평안의 매는 줄로 성령이 하나 되게 하신 것을 힘써 지켜야 한다. 우리는 다음 일곱 가지로 안전하게 하나가 되었다:

- 한 몸(그리스도의 몸–교회–고전 12:12)
- 한 영(성령–고전 12:4)
- 한 소망(복스러운 소망–딛 2:13; 영생의 소망–딛 3:7)
- 한 주(구세주–고전 12:5)
- 한 믿음(고전 16:13, 딤후 4:7)
- 한 세례(그리스도의 몸이 됨–고전 12:13)
- 한 하나님(아버지–고전 12:6)

4:7–10과 시 68:18을 비교해 보라.

교회에 주신 그리스도의 은사로서의 직분–11절

직분을 주신 목적–12–16절

17–32절–"새 사람"으로서 어떻게 행동하고 말해야 할 것인가를 보여 준다. 이 실제적인 부분은 교리적인 부분(1–3장)의 반대방향임을 유의해 보라. 예: 1:13–"약속의 성령으로 인치심을 받음"; 4:30–"하나님의 성령을 근심하게 하지 말라"

2) 교회는 신부가 될 것이다(5장)

- 우리는 구별되었다(1–13절).
- 우리는 진력해야 된다(14–17절).

16절에 유의

우리는 성령의 충만함을 받아야 한다(18절).

우리는 즐거워하고 감사해야 한다(19-20절).

하나님께서 인간관계를 제정하셨다. 그의 아내에 대한 남편의 사랑 즉, 교회에 대한 그리스도의 사랑을 보여 주었다(21-25절).

25절 유의

그의 사랑은 공중 잔치 때에 절정에 달할 것이다(26-27절).

26절-"말씀으로 깨끗하게 하사"

32절-그 비밀을 말하고 있다.

3) 6장-교회는 이 세상에서 전사(戰士)이다.

자녀들은 올바르게 양육되어져야 한다. 부모는 영적인 책임성을 가지고 있다(1-4절).

종도, 상전도 그리스도에게 하는 것처럼 서로 섬겨야 된다-하나님께서는 사람을 차별 대우하시지 않으시기 때문이다(5-9절).

우리가 갖추어야 할 장비-10-17절. 전신갑주의 장비들에 유의하라:

"진리의 허리띠"-14절

"의의 호심경"-14절

"복음의 신"-15절

"믿음의 방패"-16절

"구원의 투구"-17절

"성령의 검 곧 하나님의 말씀"-17절

4) 마지막으로 우리들은 깨어 기도하며 복음의 비밀을 담대하게 알려야 한다(18-19절).

얼마나 영광스런 서신인가! 구구절절이 은혜가 넘치지 않는가!

Note

복습

- 이 책을 크게 두 부분으로 나눠 보라.
- 우리가 그리스도 안에서 소유하게 된 다섯 가지의 이름을 적어 보자.
- 바울은 교회를 향한 그리스도의 사랑을 어떻게 표현했는가?

• 구약시대 교회는 어떠했는가?

과제

- 빌립보서를 읽어 보자.
- 에베소서의 풍성한 공부를 복습해 보자.
- 에베소서의 중요한 구절들에 밑줄을 그어 보자.

Week 39
빌립보서

1. 본서의 배경

바울의 이 서신은 그가 로마 감옥에 있을 때인 기원후 62년에 쓰여졌다. 우리는 이 사실을 4:22의 "가이사의 집 사람들"이라는 말에서 알 수 있다. 그 교회는 사도행전 16:6-13에 나오는 바울의 드로아에서의 환상으로부터 생겨난 교회이다-"마게도냐로 건너와서 우리를 도우라." 빌립보는 마게도냐의 주요 도시로서 복음을 받은 유럽의 첫 성읍이 되었다. 이 편지는 그가 그곳을 방문하고 난 10년 쯤 뒤에 쓰여진 것이다. 유럽에서의 첫 회심자는 두아디라성에서 온 자주 장사인 루디아라는 여자였다. 바울은 한 여종에게서 귀신을 쫓아냈고 그 후에 빌립보 감옥의 간수가 회심했다. 이 세 사람이 처음 믿은 자들이며, 그 교회의 잠재 세력이 되었다(행 16:14-34)

바울이 옥에 갇혔음을 알게 되자 빌립보교회는 에바브로 디도를 로마에 보내 그에게 그들의 사랑과 선물을 전하게 했다(4:18). 에바브로 디도는 로마 여행 중에 중병에 걸렸으며 바울은 그를 회복시켜 주신 하나님의 긍휼하심에 감사하고 있다(2:25-30). 에바브로 디도가 돌아가면서 바울의 편지를 가지고 갔다.

2. 중심 메시지

"내게 사는 것이 그리스도니 죽는 것도 유익함이라"(1:21).

"그리스도 안에 있는 기쁨"도 다른 중심 메시지가 될 수 있다. 1:4, 18, 25절; 2:16, 17, 18, 28절; 3:1, 3절; 4:1, 4절

3. 본서의 구조

삶의 목적인 그리스도(1장)

삶의 모범이신 그리스도(2장)
삶의 목표인 그리스도(3장)
삶의 능력이신 그리스도(4장)

4. 삶의 목적인 그리스도 1장

1장의 중심 절은 21절이다. "내게 사는 것이 그리스도니 죽는 것도 유익함이니라." 처음 일곱 절은 인사인데 그리스도인에게 너무나 중요한 구절이다. 3절을 읽고 밑줄을 그으라. 6절을 외우시고 밑줄을 그으라. 모든 그리스도인들은 이 절을 알아야만 한다. 우리는 1장에서 그리스도가 삶의 목적이심에 대한 일곱 개의 표현을 찾아 볼 수 있다.

- 그리스도인들은 그리스도의 감정을 가져야 한다–"내가 예수 그리스도의 심장으로 너희 무리를 얼마나 사모하는지"–8절("심장"은 "애정"을 의미한다).
- 우리는 그리스도와 같은 관심을 가져야 한다. "내가 당한 일이 도리어 복음 전파에 진전이 된 줄을 너희가 알기를 원하노라–전파되는 것은 그리스도니 이로써 나는 기뻐하고 또한 기뻐하리라"(12–18절).
- 예수 그리스도의 바로 그 성령이 우리 안에 계신다–"이것이 너희의 간구와 예수 그리스도의 성령의 도우심으로 나를 구원에 이르게 할 줄 아는 고로"–19절. 그는 우리 안에 내주하신다.
- 우리의 최대 관심사는 그리스도이어야 한다. 왜냐하면 그는 우리의 생명이시기 때문이다–"살든지 죽든지 내 몸에서 그리스도가 존귀하게 되게 하려 하나니"(20절).
- 그리스도는 우리의 소망이며 소망이 되어야 한다(21, 23절). 바울은 그리스도를 앙망하고 있다. "훨씬 더 좋으나."
- 우리의 행동은 그리스도에 의해 통제되어야 한다. "오직 너희는 그리스도의 복음에 합당하게 생활하라"(27절).
- 우리는 그리스도에 위하여 고난을 받을 수도 있다. 고난은 그리스도인의 빙거(표지)이다. 우리는 강해지고 자발적이어야 한다–"그를 위하여 고난도 받게 하려 하심이라"–29절(27–30절을 읽으라).

  요 16:33하반절을 읽고 적어 보자. ______________________________

  ____

Note

5. 삶의 모범이신 그리스도 2장

2장의 중심 절은 5절이다–"너희 안에 이 마음을 품으라 곧 그리스도 예수의 마음이니"

1) 그리스도의 마음

우리는 이 장에서 그리스도인의 마음을 통제해야만 하는 "그리스도의 마음"을 보게 된다.

2절–"마음을 같이 함"

2절–"한마음"

3절–"겸손한 마음"

5절–"너희 안에 이 마음을 품으라"–성령에 의해 그리스도의 마음에 동참함.

2) 우리 주님의 자기를 낮추심(5–8절, 일곱 단계)

"그는 근본 하나님의 본체시나 하나님과 동등됨을 취할 것으로 여기지 아니하시고"–그는 말할 것도 없이 하나님의 아들이셨으며, 하나님이셨다.

아무 명성도 얻지 않음–"자기를 비우심"

"종의 형체를 가지심" 그는 다윗의 혈통에서 태어났다. 그러나 이사야 11:1은 "이새의 줄기"에서 태어날 것을 예언했다. 왜냐하면 다윗의 아버지 이새는 그 당시에 농부였다–"종의 형체를 가져"

"사람들과 같이 되었다"–요한복음 1:14

"자기를 낮추셨다"–베드로전서 2:21–24

"죽기까지 복종하셨다"–요한복음 10:18

"십자가에 죽으셨다"

3) 아버지 하나님에 의한 그리스도의 높아지심–9–11절 이것은 성부 하나님의 사역이다–"모든 입으로 예수 그리스도를 주라 시인하여"

4) 바울의 마음(12–18절)

12–13절에 유의하라. 우리가 구원을 "성취시켜 가는"것이 아니다. 바울은 여기서 그리스도인의 삶이 "위와 아래"의 연속이 아니고 "안과 밖"의 연속임을 말하고 있다. 하나님께서 우리 "안"에서 행하시며 우리는 "밖"에서 행하게 된다(13절을 다시 읽어 보라). 바울은 이러한 일들에 대해서 상기시키고 있다–"모든 일을 원망과 시비가 없이 하라"–14절

"생명의 말씀을 밝히자"–이것이 우리의 표어가 되어야 할 것이다.

5) 디모데의 마음(19–24절)

• 바울은 디모데를 빌립보에 보낼 계획을 가지고 있다(19절).
• 디모데는 바울과 뜻을 같이 하고 있다(20절).
• 디모데를 다른 사람들과 비교하고 있다(21–23절).

6) 에바브로 디도의 마음(25–30절)

"그리스도의 일을 위하여 죽기에 이르러도"–그는 한 목표를 가지고 있었다–주 예수님

6. 삶의 목표이신 그리스도 3장

3장의 중심 절은 10절이다–"내가 그리스도를 알고자 하여"

1) 바울은 미혹시키는 자들에 대해 경계하고 있다. 1–3절에서 바울은 "개들을 삼가고 행악하는 자들을 삼가고 몸을 상해하는 일을 삼가라"고 했다. 그들은 복음에 대해 물어뜯는 개와 같았으며 악했으며 할례를 중시했다. 그들은 할례가 구원 받는데 조건이 된다고 주장한다. 하나님의 참된 할례가 골로새서 2:11에 나와 있다.

바울은 "우리가 육체를 신뢰하지 않는다"고 말했다.

2) "만일 누구든지 다른 이가 육체를 신뢰할 것이 있는 줄로 생각하면" 바울은 더욱 그러했다(4–6절).

바울은 이것들을 그리스도를 위하여 "해"로 여기고 있다:

• "8일 만에 할례를 받음"–나면서부터 이스라엘 사람
• "이스라엘의 족속"–부모가 모두 히브리인
• "베냐민 지파"–이스라엘의 첫 왕이 나온 지파
• "히브리인 중의 히브리인"–히브리인의 관습을 지킴
• "율법으로는 바리새인"–율법에 엄격한 사람들
• "열심으로는 교회를 박해"–열심있는 바리새인
• "율법의 의로는 흠이 없는"–바울은 모든 율법을 지켰다.

3) 바울이 얻은 상(7–21절, 유익과 해)

그는 새 지식을 얻었다(7–8절).

그는 새 의를 얻었다(9절)

그는 새 능력("부활의 능력")을 얻었다(10절).

그는 새 목표를 얻었다(11–17절).

특히 13절의 "오직 한 일"이란 말에 유의해 보자.

마가복음 10:21을 적고 비교해 보자. ______________________________

____

"앞에 있는 것을 잡으려고"도 유의해 보자. 그리고 고린도전서 9:24–27을 참고해 보자.

14절에는 "상"이 나와 있다. 그리스도는 상이시다. 바울은 그들에게 같은 목표를 가질 것을 권고하고 있다(15–19절).

그는 새 소망을 얻었다(20–21절).

"주 예수 그리스도를 기다리노니–그가 우리의 낮은 몸을 변케 하시리라."

고린도전서 15:51–54을 읽어 보자.

요한일서 3:2도 읽어 보자.

7. 삶의 능력이신 그리스도 4장

중심 절은 13절이다.–"내게 능력 주시는 자 안에서 내가 모든 것을 할 수 있느니라."

1) 기쁨, 능력의 근원(1–4절)

빌립보 성도들은 바울에게 있어 기쁨이었다(1절). 두 여자에게 소란이 일어났는데 바울은 그들에게 같은 마음을 품으라고 말하고 있다. 이것은 서로에게 맞춤을 의미한다(2절). 빌립보교회는 여자들이 탁월했음을 유의하라(3절). 기쁨은 명령이다–"주 안에서 항상 기뻐하라"(4절).

2) 기도–능력의 비밀(5–7절)

"아무 것도 염려하지 말고 다만 모든 일에 기도와 간구로 너희 구할 것을 감사함으로 하나님께 아뢰라"(6절). 이것은 하나님의 평강을 가져다준다. 6–7절에 밑줄을 그으라.

3) 올바른 생각–능력과 평강을 위해(8–9절)

우리는 다음과 같은 것들에 대해 생각해야 한다:

"참된 것"–"경건한 것"–"옳은 것"–"정결한 것"–"사랑 받을 만한 것"–"칭찬 받을 만한 것"

당신이 "배우고"–"받고"–"듣고"–"본" 바를 "행해야"된다.

4) 자족하게 하시는 그리스도의 능력(10–12절)–"어떠한 형편에든지 나는 자족하기를 배웠노니" 물질에 안달하지 말라. 그리스도는 충분하시다.

Note

5) 공급하시는 그리스도의 능력(13-23절)

"그리스도 안에서 내가 모든 것을 할 수 있느니라"(13절).

이 책에서 바울이 사용한 전치사는 중요하다:

- 그리스도 "안에" 있게 되는 것은 구원을 의미한다.
- 그리스도로 "말미암은" 역사는 성화를 의미한다.
- 그리스도를 "위해" 사는 것은 헌신을 의미한다.
- 그리스도 "에게" 복종하는 것은 성별을 의미한다.
- 그리스도와 "같이" 되는 것은 영화를 의미한다.

바울은 이 영광스런 편지를 은혜스런 말씀으로 끝을 맺고 있다–"나의 하나님이 그리스도 예수 안에서 영광 가운데 그 풍성한 대로 너희 모든 쓸 것을 채우시리라"(19절).

복습

- 바울은 이 편지를 쓴 장소는 어디인가?
- 중심 메시지는 무엇인가?
- 본서의 또 다른 주제는 무엇인가?
- 만약 당신이 감정이 상한 사람을 돕기 원한다면 어느 곳에 이야기하면 좋겠는가?

과제

- 골로새서를 읽어 보자.
- 빌립보서를 복습해 보자.
- 빌립보서에서 당신이 기억해야만 하는 구절들에 밑줄을 그으라.

Week 40
골로새서

1. 본서의 배경

이 서신은 바울이 로마 감옥에 갇혀 있던 기원후 62년경에 썼다. 그는 골로새를 방문한 적은 없었지만(2:1) 에베소에서 2년 동안 말씀을 가르친 적이 있었다. 골로새는 에베소에서 동쪽으로 90마일 정도 떨어진 곳에 위치해 있다. 분명히 골로새에서 온 사람들은 바울의 말을 들었을 것이고 그리스도를 알게 되었을 것이다. 에바브라(골로새의 목회자)와 빌레몬은 아마도 그들 중의 두 사람이었을 것으로 생각된다.

골로새는 라오디게아로부터 12마일 밖에는 떨어져 있지 않았다. 그래서 이 곳은 유대주의적 영지주의의 영향을 받았다. 이 철학은 다음과 같은 사상으로 구성되어 있었다(성경에 나타난 바울의 답변에 비춰볼 때).

유대주의적 영지주의	바울의 답변
• 구원은 오직 지혜를 통해서만 얻어질 수 있다.	골로새서 1:28
• 하나님은 우주를 직접 창조하지 않으셨다. 그러나 다른 것을 창조하는 하나의 피조물을 창조하셨다. 그리스도는 이 피조물들 중의 하나이다.	골로새서 1:15–19; 2:18
• 금욕주의–삶의 기쁨을 피하고 자기부정을 훈련한다. • 방탕–부도덕하나 억제되지 않은	골로새서 2:16, 23 골로새서 3:5–9

2. 중심 메시지

"그(예수님)안에는 신성의 모든 충만이 육체로 거하시고"(2:9)

3. 본서의 구조

교리적–"너희로 하여금 채우게 하시고"(1–2장)

실제적–"위의 것을 찾으라"(3–4장)

4. 교리적: "너희로 하여금 채우게 하시고" 1, 2장

1) 그리스도의 탁월성(1장)

개요(1–8절)

바울은 신자들을 위한 은혜의 삼위일체를 연결 짓고 있다(4–5절).

믿음–과거시제

사랑–현재시제

소망–미래시제

에바브라는 함께 종된 자로서 사랑하는 그리스도의 일꾼이었다.

바울의 기도: 9–14절

"너희로 하여금 하나님의 뜻을 아는 것으로 채우게 하시고"(9절)

"주께 합당하게 행하여"(10절)

"모든 능력으로 능하게 하시며", "모든 견딤과 오래 참음에 이르게 하시고"(11절)

"성도의 기업의 부분을 얻기에"(12절)

"우리를 흑암의 권세에서 건져내사"(13절)

"그의 사랑의 아들의 나라로 옮기셨으니"(13절)

"그 아들 안에서 우리가 속량을 얻었도다"(14절)

"죄 사함을 얻었도다"(14절)

(점이 찍힌 다섯 개의 단어는 이 기도에 나타난 구원의 5중성을 표현하고 있다).

그리스도의 인격(15–18절)

바울은 우리 주님을 만족스럽게 그려내고 있다. 일곱 개를 나열하면 기억하는데 도움이 될 것이다.

"보이지 아니하는 하나님의 형상"–15절

"모든 피조물보다 먼저 나신 자"–15절

Note

"만물이 그에게서 창조되었고"−16절

"그가 만물보다 먼저 계시고"−17절

"만물이 그 안에 함께 섰느니라"−17절

"그는 몸인 교회의 머리시라"−18절

"죽은 자들 가운데서 먼저 나신 자니"−18절

이것이 골로새 교인들에게 가르쳐진 그리스도의 모습이다. 그리스도 그분만이 바울이 그의 기도에서 제시한 모든 면을 가지고 계신다. "이는 친히 만물의 으뜸이 되려 하심이요"(18절).

우리 주님의 세 가지 모습(19−27절)

- "모든 충만으로 예수 안에 거하게 하심"−19절
- "그의 십자가의 피로 화평을 이루사"−20절
- "그의 몸−교회−숨겨졌었던 비밀"−24−27절

"충만"이 하나님을 이해하게 하며, "십자가"가 우주를 이해하게 하고, "비밀"이 모든 시대를 이해하게 한다. "이제는 그의 성도들에게 나타났고", "이 비밀은 너희 안에 계신 그리스도시니 곧 영광의 소망이니라"(26−27절)

2) 철학과 의식의 위험성(2장)

그리스도는 철학에 대한 답변이시다(1−15절)

골로새 교회를 위협하던 오류들이 적어도 다섯 개는 되었다:

교묘한 말−4절

철학−8절

율법주의−14−17절

신비주의−18−19절

금욕주의−20−23절

바울은 이 오류들에 대해 각각 답변하고 있다:

- 예수님이 어떤 분인 줄을 알라−3절, 9절
- 그가 너희들을 위해서 하신 일을 알라−13−15절
- 그리스도인이 어떤 존재인지를 알라−10, 12절
- 너희가 그를 위해 해야 할 일을 알라−6−7절

(이 두 장에는 더 많은 교리들이 들어 있다. 이 편지의 심장은 9−10절이다. "그 안에는 신성의 모든 충만이 육체로 거하시고: 너희도 그안에서 충만하여졌으니")

5. 실제적-"위의 것을 찾으라" 3-4장

우리는 이 두 장에서 삶의 모든 영역에서 신자가 갖는 의무를 보게 된다. 바울은 완곡한 표현을 쓰고 있지 않다. 성경은 스스로 말한다.

1) 하나님의 아들과의 관계에서-3:1-4

2)우리들의 개인적인 삶의 관계에서-3:5-12

3) 다른 신자들의 관계에서-3:13-14

4) 하나님의 말씀과의 관계에서-3:16

3:16절을 적어 보자. ____________________

____

5) 하나님의 일과의 관계에서-3:17을 적어 보자. ____________________

____

6) 가정과의 관계에서-3:18-21(바울은 아내, 남편, 자녀들, 아버지에 관해서 말하고 있다)

7) 직업과의 관계에서-3:22-25

8) 23절을 적어 보자. ____________________

____

9) 기도 생활과의 관계에서-4:2-4

2절을 적어 보자. ____________________

____

10) 불신자와의 관계에서-4:5-6

5절을 적어 보자. ____________________

____

11) 다른 그리스도인 지도자들과의 관계에서-4:7-18

바울은 그의 사역과 관련있는 9명의 지도자들을 열거하면서 이 편지를 맺고 있다:

①두기고-골로새에 편지를 가지고 간 사람.

②오네시모-빌레몬에게 도망을 친 종.

③아리스다고-바울과 함께 갇혔던 사람.

④요한 마가-행 15:37을 보라.

⑤유스도-바울의 동역자.

⑥에바브라-옥에 갇힌 골로새의 목회자.

⑦누가-의사이며, 누가복음과 사도행전의 저자.

Note

⑧데마–바울을 버리고 떠난 동역자(딤후 4:10).

⑨아킵보–에바브라가 옥에 갇힌 후 골로새 교회의 목회를 맡았던 사람.

"내가 매인 것을 생각하라"(18절). 바울은 옥중에서 이 대작을 썼다. 얼마나 큰 은혜인가!

복습

- 골로새에는 어떻게 말씀이 들어가게 되었는가?
- 에바브라는 왜 바울을 보기 위해 로마에 갔는가?
- 골로새서의 중심 메시지는 무엇인가?
- 1:15–18에 바울의 그리스도에 대한 만족스러운 묘사가 나오고 있다. 이 면들을 성경에 표시해 보자.

과제

- 데살로니가를 읽어 보자.
- 골로새서를 복습해 보자.
- 골로새서에서 당신이 기억해야만 하는 구절들에 밑줄을 그으라.

Week 41
데살로니가전서

1. 본서의 배경

데살로니가교회에 보낸 첫 편지는 기원후 53년경에 고린도에서 써졌다. 데살로니가교회의 역사적 배경은 사도행전 17:1−14에 나와 있다. 바울이 그 곳에 교회를 세우는 일을 지체하지 않았음에 유의하라:

• 그는 유대인의 회당에서 가르쳤다(1−2절).

• 그는 성경으로부터 가르쳤다(2절).

• 그는 기본 진리를 가르쳤다: 그 진리는 그리스도가 해를 받고 죽은 자 가운데서 살아야 할 것과 바울이 전하는 예수가 곧 그리스도시라는 것이었다(행 17:3).

• 즉시 결과가 나타났다(4−5절, 헬라인, 귀부인, 유대인에 유의).

• 바울은 그 도시를 떠나야만 했다−10절

두 번째 선교여행엔 실라와 디모데가 바울과 함께 했다. 데살로니가에서 복음을 전한 후에 그는 베뢰아로 쫓겨 갔으나 데살로니가로부터 믿지 않고 반대했던 유대인들이 거기까지 쫓아와 무리를 움직여 소동케 했다(행 17:13−14). 바울은 계속 옮겨 다녀야 했고 아덴에 이르게 되었다. 아덴의 아레오바고에서 복음을 전한 후에 고린도에 갔으며 바로 거기서 이 서신이 쓰여진 것이다. 바울은 데살로니가에 다시 가고 싶어 했다(2:17−18). 그러나 그들을 방문하기가 어렵게 되었다. 그는 디모데를 그들에게 보냈으며(3:1−5) 디모데로부터 그 교회 소식을 듣고(3:6−13) 이 서신을 썼던 것이다.

2. 중심 메시지

"너희 온 영과 혼과 몸이 우리 주 예수 그리스도께서 강림하실 때에 흠 없게 보전되기를 원하노라"(5:23하반절).

Note

3. 본서의 구조

뒤를 돌아봄–개인적이고 역사적이다–1–3장

앞을 내다봄–어떻게 살아야 할 것인가–4–5장.

4. 뒤를 돌아봄-개인적이고 역사적이다. 1-3장

1) 본이 된 교회(1장)

참고, 데살로니가교회는 하나님 아버지와 주 예수 그리스도 안에 있었다(1절). "은혜"와 "평강"–바울은 모든 교회들에게 인사할 때 두 단어를 사용하고 있다. "은혜"란 단어는 서구적인 이방인의 인사였으며 "평강" 혹은 "샬롬"은 동양적인 유대인의 인사였다(1절). 바울은 3절에서 "기억함이니"란 말을 사용함으로 회고하고 있다. 여기서부터 3장 끝까지 바울은 추억에 잠겨있다. 1장은 데살로니가 교인들의 회심에 대한 회고이다.

3절–바울은 항상 그리스도인의 은혜들을 함께 언급한다: "믿음"–"소망"–"사랑"

4절–"하나님의 택하심"은 그가 미리 아신 자들이 그를 영접함으로 얻게 되는 구원을 위해 예수 그리스도 안에서 그가 택하신 은혜를 말하는 것으로 하나님의 주권적인 행동을 가리킨다(롬 8:29–30을 보라).

5절–그들은 "능력"으로 구원을 받았다.

6–7절–그들은 믿는 자의 "본"이 되었다.

8절–그들은 복음을 "들리게" 혹은 "퍼지게" 했다.

9–10절–우리는 신자들의 삶의 세 시제를 보게 된다:

과거–"너희가 어떻게 우상을 버리고 하나님께로 돌아와서"

현재–"살아 계시고 참되신 하나님을 섬기는지와"

미래–"그의 아들이 하늘로부터 강림하실 것을 너희가 어떻게 기다리는지를 말하니"

우리는 1장을 둘러 보았다. 구구절절이 당신에게 두 가지를 지적해 주고 있다.

이 한 장에서 바울은 어린 이 교회에게 여섯 가지의 주요한 교리를 가르치고 있다–초신자들에게는 모범을 정하여 건전한 교리들이 가르쳐져야 한다. 즉: ①선택–1:4 ②성령–1:5–6 ③확신–1:5 ④삼위일체–1:1, 5, 6 ⑤회심–1:9 ⑥그리스도의 재림–1:10

바울은 처음부터 끝까지–주님의 재림–이 주제를 강조하고 있다. 매 장의 끝을 주님의 재림에 대한 언급으로 맺고 있다. 이 장의 10절에 유의–"그의 아들이 하늘로부터 강림하실 것을 너희가 어떻게 기다리는지를 말하니–이는 장래의 노하심에서(대환란) 우리를 건지시는–예수시니라" 우리는 노하심을 기다리는 것이 아니고 그리스도를 기다린다.

2) 주님의 종(2장)

회상이 계속되고 있다. 바울은 그 자신과 실라와 디모데에 관해서 말하고 있다. 1–6절에서 우리는 바울이 복음을 전파한 동기와 방법을 볼 수 있다. 그는 거기에 한 달도 채 머물지 못했었다(약 3주):

- "헛되지"(결과 없는) 않음–1절
- "능욕"(핍박)에도 불구하고 "담대함"–2절
- 우리의 권면은 "간사"(궤계)에서 나온 것이 아님–3절
- 하나님께 옳게 여기심을 입음–4절
- 그는 "아첨하는 말"을 사용치 않음–5절
- 사람에게 영광을 구하지 아니함–6절

7–12절에서 우리는 복음 전파자로서의 품행을 볼 수 있다.

- "유모"같이 "유순함"–7절(어머니의 사랑)
- "사랑"하고 "사모함"–8절–바울은 그들을 사랑했다.
- "밤낮으로 일함"–9절–서두르고 지체치 않음.
- "흠 없이"행함–10절–바울이 본이 되었다.
- "권면"(도움), "위로", "경계"–"아버지가 자기 자녀에게 하듯"–11절

13–16절–바울과 실라와 디모데의 메시지:

- "하나님의 말씀으로 받음이니 진실로 그러하도다 이 말씀이 또한 너희 믿는 자 가운데에서 역사하느니라"–13절
- 유대에 있는 교회들이 고난을 받음–그들도 그러함–14절
- 바울은 주 예수와 선지자들을 죽이고 모든 사람에게 대적이 되어 그를 핍박하고 복음 전파를 금한 사람들을 밝히고 있다–15–16절

17–20절–그리스도인이 받는 상:

17절–바울은 데살로니가에 가서 그들을 다시 보기를 원했다.

18절–사탄이 그를 막았다.

19절–"기쁨의 면류관"–다른 사람들을 얻은 자들에게 주어진다.

20절–바울의 기쁨은 그리스도께서 재림하실 때에 그들이 그를 보게 되는 것을 아는 것이었다.

3) 바울이 어린 교회를 돌봄(3장)

1–5절–그들에 대한 바울의 깊은 관심

6–8절–그들에 대해 디모데가 전한 기쁜 소식

9–13절–바울은 그들을 위해 "주야로" 기도했다.

5. 앞을 내다봄-어떻게 살아야 할 것인가 4-5장

1) 신자들의 행동과 소망(4장)

처음 열 두 절에서 바울은 그리스도인 삶에서의 성결을 권고하고 있다. "하나님의 뜻은 이것이니 너희의 거룩함이라"(3절). 거룩(성화)은 악으로부터의 분리이며, 의로움에게로 성별됨을 의미한다. 그것은 하나님의 완전하신 사역으로 그리스도께서 다시 오실 때 신자들을 영화롭게 하실 것이다. 데살로니가전서 5:18에도 하나님의 뜻이 나온다. 말씀을 적어 보자. ____________________

____

특히 11–12에 유의하라–"조용히", "자기 일을 하고", "너희 손으로 일하기를 힘쓰라." "단정히 행하고."

복된 소망, 교회의 들리움 받음–4:13–18 이것은 모든 성경 중에서 가장 심오한 말씀 중의 하나이다. 바울은 공중 잔치에 대해서 말하고 있다. 그가 답변하고 있는 문제는 공중 잔치(교회의 들리움 받음) 전에 죽은 신자들에 관한 것이었다. 그는 다음 말로 시작하고 있다. "자는 자들에 관하여는 너희가 알지 못함을 우리가 원하지 아니하노니"–그리스도 안에서 자는 자들이란 육체적 죽음을 의미한다. 고린도후서 5:8에서 살펴보자. ____________________

____

14절–무덤에 있는, 그리스도 안에서 자는 자들을 의미하며 그들은 그리스도와 함께 일어날 것이다.

15절–"우리 살아 남아 있는 자"–다른 말로 하면, 모든 그리스도인들은 "자는

Note

자보다 결코 앞서지 못하리라."

16절–"호령"은 명령이다.

"소리"–호령 소리는 천사장과 같다.

"하나님의 나팔"–주님의 소리는 나팔과 같다(가브리엘에 대해서 말하는 것이 아니다). 그것은 요한계시록 1:10의 기록과도 같다. 말씀을 적어 보자. ______________________

____

이것은 예수님의 세 목소리가 아니라, 한 목소리이다.

16–17절–"그리스도 안에서 죽은 자들이 먼저 일어나고"–"그 후에 우리 살아 남은 자들도 그들과 함께 구름 속으로 끌어 올려(들리움을 받아)."

참고, "공중에서 주를 영접하게 하시리니"

사도행전 1:11과 마태복음 24:30을 보라.

18절–이것이 신자들에게 주는 위로이다.

하나님을 찬양하자! 들리움이 있다–공중 잔치!

2) 그러므로, 깨어 근신할지어다(5장).

이 장의 첫 부분은 "주의 날이 밤에 도둑같이 이른다"는 사실을 설명하고 있다. 세상은 그들이 황금시대에 들어가고 있다고 생각한다. 그러나 사실은 "갑작스런 멸망"에 들어가고 있다(3절). 우리들은 빛의 자녀들(빌 2:15)이다. 9절에서 "하나님이 우리를 세우심은 노하심에 이르게 하심이 아니요"라고 말한다. 나는 이 문맥을 통해서 볼 때 대환란 때에 이 지상에는 교회가 없을 것을 믿는다.

11절부터 마지막까지에서 우리는 그리스도인이 행해야 할 22가지를 찾을 수 있다.

① 11절–"피차 권면하고"

② 11절–"서로 덕을 세우기를"

③ 12절–"권하는 자들을 너희가 알고"

④ 13절–"권하는 자들을 귀히 여기며"

⑤ 13절–"너희끼리 화목하라"

⑥ 14절–"규모없는 자들을 권계하며"

⑦ 14절–"마음이 약한 자들을 격려하고"

⑧ 14절–"힘이 없는 자들을 붙들어 주며"

⑨ 14절–"모든 사람에게 오래 참으라"

⑩ 15절–"누가 누구에게든지 악으로 악을 갚지 말게 하고"

Note

⑪ 15절–"항상 선을 따르라"

⑫ 16절–"항상 기뻐하라"

⑬ 17절–"쉬지 말고 기도하라"

⑭ 18절–"범사에 감사하라"

⑮ 19절–"성령을 소멸하지 말며"

⑯ 20절–"예언을 멸시하지 말고"

⑰ 21절–"범사에 헤아려"–아첨의 말로 하지 말고

⑱ 21절–"좋은 것을 취하고"

⑲ 22절–"악은 어떤 모양이라도 버리라"

⑳ 25절–"우리를 위하여 기도하라"

㉑ 26절–"거룩하게ㅋ 입맞춤으로 모든 형제에게 문안하라"–오늘날에 우리는 악수로 합니다.

㉒ 27절–"모든 형제에게 이 편지를 읽어 주라"

이것들은 우리가 그의 재림을 기다리면서 행해야 할 22가지의 명령이다.

참고, 바울은 매 장을 주님의 재림을 언급함으로 끝내고 있다–밑줄을 그으라: 1:10; 2:19; 3:13; 4:17; 5:23.

복습

- 바울은 어디서, 언제 데살로니가전서를 썼는가?
- 데살로니가에 바울과 같이 있었던 사람은 누구였는가?
- 이 책의 주제는 무엇인가?
- 이 책이 당신에게 어떤 의미가 있는가?

과제

- 적어도 두 번 이상 데살로니가후서를 읽어 보자.
- 데살로니가전서를 복습해 보자.
- 데살로니가전서에서 당신이 기억해야만 하는 구절들에 밑줄을 그으라.

Week 42
데살로니가후서

1. 본서의 배경

바울은 데살로니가인들에게 첫 편지를 쓴 몇 달 후에 두 번째 편지를 쓰기로 결심했다. 그는 그의 첫 편지를 잘못 이해한 사람들이 있다는 말을 들었던 것이다. 이것은 바울에게서 왔다고 하는 "위조된" 편지에 의해 일어났으며(살후 2:2), 그들은 이것으로 마음이 흔들렸다. 신자들은 그들이 핍박을 당하고 있기 때문에 그리스도의 날이 이미 왔다고 주장하는 잘못된 말을 믿고 있다는 부정적인 보고가 바울에게 들려 왔던 것이다. 이것 때문에 어떤 신자들은 그들이 "여호와의 날"의 심판 아래 살고 있다고 생각했다. 먼저 우리를 혼란시키는 두 구절을 생각해 보는 것이 좋을 것 같다.

- "그리스도의 날"–이것은 전적으로 그가 다시 오실 때 구원받은 자들이 받게 될 축복 및 보상과 관계가 있다. 고린도전서 1:8; 5:5, 고린도후서 1:14, 빌립보서 1:6, 10; 2:16(살후 2:2에는 "여호와의 날"이라는 의미로 쓰인 "그리스도(주)의 날"이라고 나타나 있다).
- "여호와의 날"–이것은 심판과 관련되어 있다. 이것은 구약에 약속된 장래 왕국에 대해서 말한 구약의 선지자들의 글들에 나타나 있다. 이사야 2:12, 말라기 4:5, 요엘 2:1–12. 그날은 대환란의 시작과 함께 시작된다(행 2:20, 벧후 3:10).

2. 중심 메시지

"굳건하게 서서 말로나 우리의 편지로 가르침을 받은 전통을 지키라"(2:15)

3. 본서의 구조

신자들의 핍박(1장)

예언과 바로 잡음(2장)

신자들에게 주는 교훈(3장)

Note

4. 신자들의 핍박 1장

데살로니가전서와 같은 인사로 시작된다. 그들은 심한 핍박 중에서도 믿음이 더욱 자라고 사랑이 풍성했다. 그들은 다른 교회들의 본이 되었다(4, 6절에 "환난"이란 말이 나온다. 이것이 대환란 시대와 혼동되어서는 안된다. 이것은 신자들이 견뎌야 할 시련과 핍박을 가리킨다-1-6절). 7-12절에서 바울은 하나님께서 불경건한 자들을 벌하실 것을 말하고 있다. 우리는 "안식"을 얻게 된다. 왜냐하면 "주 예수께서 하늘로부터 나타나실 것"이기 때문이다. 그는 "하나님을 알지 못하고 복음을 순종하지 않은 자들"에게 그들이 행한대로 갚으실 것이다. 9절은 지옥의 정의이다(밑줄을 긋고 외우라). 주님께서 강림하시게 되면 그리스도와 교회는 영광을 받으시게 될 것이다(10-12절).

5. 예언과 바로 잡음 2장

바울은 이 위대한 장을 우리가 맛보게 될 환희를 다시 강조함으로 시작하고 있다-"우리 주 예수 그리스도의 강림하심과 우리가 그 앞에 모임." 데살로니가전서 4:13-18에도 같은 강조가 나온다.

배경에서도 살펴 보았듯이 2절의 "주의 날"은 "여호와의 날"이란 단어로 번역되는 것이 더 좋을 것 같다. 데살로니가 교인들은 바울로부터 온 것 같은 위조된 편지를 갖고 있었다. 그 편지는 "여호와의 날"이 이미 임했다고 했으며 그것은 그들이 들리움을 받지 못했음을 의미했던 것이다.

3절은 두 가지가 일어난 후에야 비로소 여호와의 날이 이를 것이라고 쉽게 설명해 주고 있다: 첫째는 "배도하는 일", 둘째는 "불법의 사람 곧, 멸망의 아들"이 나타나는 일이다. 여기서 "멸망의 아들"은 인격체이지 어떤 체제가 아니다. 3, 4절을 유의해서 보면 "사람", "자기를", "멸망의 아들"이라는 말들이 인격체임을 보여 주고 있다. "불법의 사람"은 적그리스도를 말한다. 그는 실로 하나님 성전에 앉아 자기를 보여 하나님이라 할 것이다.

- 작은 뿔(단 7:8, 8:9)
- 자기 마음대로 행하는 왕(단 11:36).
- 적그리스도(요일 2:18).

5–8절에 나타난 "막는 자"란 말은 성령의 전인 모든 신자들을 통해 역사하시는 성령을 가리킨다. 그러므로 그 "불법의 아들"은 성령께서 그의 몸인 교회에 거하시는 것 때문에 제약과 방해를 받고 있는 것이다. 그는 마음대로 할 수 없다–"그중에서 옮겨질 때까지"–교회의 들리움 받음을 의미함. 그 "불법의 사람"–"악한 자"(9절)는 교회가 부르심을 받은 후인 "그때에" 나타나게 된다. 그가 바로 주님으로 말미암아 멸망당할 자이다. 9–12절–적그리스도는 모든 능력과 표적과 거짓 기적을 행할 것이다. 하나님께서는 복음을 듣고 "진리의 사랑을 받지 아니하여 구원함을 받지 못한" 자들을 위한 유혹을 저희 가운데 역사하게 하실 것이다. 13–17절에서 우리는 교훈과 그리스도께서 우리 마음에 해 주신 것을 볼 수 있다. 그 단계를 살펴보라:

- 택하여 구원하심
- 성령으로 거룩케 하심
- 진리를 믿음(성장)
- 영광을 얻음–요한일서 3:2

6. 신자들에게 주는 교훈 3장

바울은 3장에서 확고하나 사랑스러운 몇 교훈을 줌으로 이 편지를 마치고 있다. 그는 "명한다"라는 말을 네 번 사용하고 있다(4, 6, 10, 12절). 바울은 "주의 말씀이 너희 가운데에서와 같이 퍼져 나가"–그들이 주님의 뜻을 행할 수 있도록 주님께서 그들의 인도하실 것을 원하고 있다(1–5절). 그들은 주님께서 다시 오실 것을 인내로 기다리고 있다(5절). 신자들은 게으르게 행해서는 안된다. 바울에게 주어진 전통대로 행해야 한다(6–7절).

마지막 부분(8–18절)에서는 일상생활의 필요를 말해 주고 있다. 일을 해야 한다(8–9절). "일하기 싫어하거든 먹지도 말게 하라"(10절). 어떤 이들은 일만 만드는 자들이 있다(11절): 그들은 조용히 일해야 했다(12절): 신자들은 그리스도를 위해 일하다가 낙심해서는 안된다(13절): 이 편지의 말들을 순종해야 하며 순종하지 않는 자들을 주시해야 한다(14절). 그러면 그들을 어떻게 대해야 할까요?

그러나 형제와 같이 권해야 한다(15절). 16–18절에는 바울의 축도가 나온다. 이제 데살로니가전서와 후서를 비교하는 표를 만들어 보자

Note

데살로니가전서	데살로니가후서
데살로가인들이 하나님의 말씀을 받은 자세	믿음과 사랑과 인내에서의 진보를 언급
임박한 주님의 재림을 가르침	주님의 재림에 대한 잘못된 가르침을 고침
성도들을 위로하고 격려함	그리스도 적들에 대한 다가오는 심판 확신
교회에 관해서 가르침	사탄과 적그리스도와 세상에 대해 가르침
마지막 날들의 과정을 설명함(4:13-18)	마지막 날들의 과정을 설명함(2:1-2)
그리스도의 날에 대한 언급(4:13-18)	주의 날에 대한 언급(2:2)

마지막 날과 주님의 재림의 두 국면:

첫 번째 국면(공중 잔치)	두 번째 국면(나타내심)
그리스도께서는 그의 신부된 교회를 찾으러 오심	그리스도께서 신부와 함께 오심
그리스도께서 공중에 오심	그리스도께서 지상에 오심
대환란이 시작됨	천년 왕국이 시작됨
위로의 메시지가 주어짐	심판의 메시지가 주어짐
변형	많은 징조가 나타남
교회를 위한 일들이 강조됨	이스라엘과 세상을 위한 일들이 강조
신비로운 변형	신구약에 나타내심이 예언됨.
신자들이 심판받음	이방인과 이스라엘이 심판받음
이스라엘과 맺은 언약이 아직 성취되지 않음	이스라엘과 맺은 모든 약속이 성취됨
오직 신자들에게만 관계됨	모든 사람에게 관계됨
교회가 주님의 면전으로 이끌려감	이스라엘이 왕국으로 이끌려 감

이 책은 짧은 책이면서 실로 많은 것을 담고 있는 책이다. 이 책을 여러 번 읽으십시오. 관주를 찾아보라.

복습

- 바울이 두 번째 편지를 쓰게 된 이유는 무엇인가?
- 여호와의 날은 ____________________________과 관련되어 있다.
- 사탄의 사역과 적그리스도의 나타남을 막고 계신 분은 누구인가?
- "불법의 사람"은 체제인가, 인격체인가?
- 그가 나타나는 때는 언제인가?

과제

- 디모데전서를 읽어 보자.
- 데살로니가전후서를 복습해 보자.
- 데살로니가전후서에서 당신이 기억해야만 하는 구절들에 밑줄을 그으라.

Week 43
디모데전서

1. 본서의 배경

이제부터 우리는 목회서신에 대해 공부할 것이다. 목회서신들은 "하나님의 양들"을 돌보는 개인들에게 쓰여진 편지들이다. 디모데는 바울이 이 첫 편지를 쓸 때에 에베소교회에서 사역하고 있었다. 바울은 이 편지를 그가 로마 감옥에서 처음 석방된 후에 썼다. 그리고 디모데에게 보낸 두 번째 편지는 바울이 로마에서 두 번째 투옥되었을 때 쓰여졌다. 디모데는 신약에 나오는 가장 잘 헌신된 그리스도인 중의 한 사람이다. 또한 그는 끝까지 바울의 가장 가까운 친구이기도 했다. 바울은 그를 "하나님의 사람"(딤전 6:11)이라고 부르고 있다. 그의 이름은 신약에 24회 언급되었다—몇 군데 살펴보면 다음과 같다.

사도행전 16:1
사도행전 17:14–15
사도행전 18:5
로마서 16:21
고린도전서 4:17
고린도후서 1:1, 19
빌립보서 1:1

디모데는 더베 출생으로(행 16:1) 그의 아버지는 이방인이었고 그의 어머니는 유대인이었다(행 16:1–3). 그의 어머니와 할머니의 이름(유니게, 로이스)이 디모데후서 1:5에 언급되어 있다. 디모데가 태어났을 때 바울의 나이는 35세였으므로 이 편지가 쓰여졌을 때 바울은 디모데의 두 배 나이였다. 디모데는 어릴 때부터 그의 어머니로부터 구약을 배웠다(딤후 1:5, 3:15). 그의 이름은 "하나님께서 존귀히 여기심"이라는 뜻을 가지게 있다. 그는 더베와 더베 근처에 사는 그리스도인들에 의해 바울에게 천거되었으며 바울은 그를 동역자로 받아들이고 그렇게 대했다(행 16:1-2). 디모데는 할례를 받았고 말씀을 맡은 자로 세움을 입었다(행 16:3-5).(행 16장 첫 부분을 읽으십시오).

사도행전 16:5을 적어 보자. ______________________________

____

2. 중심 메시지

"너로 하여금 하나님의 집에서 어떻게 행하여야 할지를 알게 하려 함이니 이 집은 살아 계신 하나님의 교회요 진리의 기둥과 터니라"(딤전 3:15).

3. 본서의 구조

율법주의 – 이단 비판 – 경계(1장)

교회와 교회의 덕행(2–3장)

목회자와 그의 덕행(4–6장)

4. 율법주의 - 이단 비판 - 경계 1장

1장은 디모데를 격려하며 그가 잘못된 가르침을 어떻게 다룰 것인가에 대한 교훈을 주고 있다. 3절에서 바울은 사랑과 실속있는 말씀을 주시는 그리스도 외에 "헛된 말뿐"인 다른 교훈을 가르치는 자들을 경계하기 위해 에베소에 디모데를 머물게 했음을 말해 주고 있다(5, 6절). 교회는 하나님의 영광의 복음에 맞는 건전한 교훈을 가르쳐야 한다(10–11절). 바울은 그의 개인적인 간증을 다시 말한 후에(11–17절) 디모데에게 한 "경계"를 주고 있다(18절)–"너는 선한 싸움을 싸우며" 바울이 디모데에게 주는 자세한 경계(교훈)는 2장에서 시작되며 편지 전체에 계속 되고 있다.

5. 교회와 교회의 덕행 2-3장

1) 교회 안의 질서에 관하여(2장)

여기서 바울은 공중 예배에 나타난 몇 가지 문제들을 다루고 있다. 기도가 첫 관심사이다.

1–3절–"간구"는 탄원하는 것이다–임금들과 높은 지위에 있는 모든 사람들을 중보하는 "도고"–이것은 하나님의 뜻이다.

4-5절-하나님께서 원하시는 바는 모든 사람이 구원을 받으며 진리를 아는 데 이르는 것이다.

Note

5절을 쓰고 외우라. ____

____

7절-바울은 가르치는 자와 사도로 세움을 입었다.

8절-어떤 모습으로 기도하는가?-손을 들고 기도하는 것은 그 당시의 관습이었다. "분노 없이"란 죄가 고백된 상태를 말하고 있다.

9-10절-"이와 같이"는 여자들도 기도해야 됨을 말하며 그들은 아담한 옷을 입어야 했다.

11절-바울은 다시 여자가 공적으로 말하는 것에 주의를 주고 있다(고전 14:34).

12절-여자는 영적인 문제에 있어서 남자를 주관해서는 안 되었다. 이것은 남자가 독재자로 권위를 내세우지 않고, 영적 지도자가 되는 동기가 되어야만 한다(덧붙이자면 여자가 없다면 어느 가정도 영적 지도라는 것을 가질 수 없을 것이다. 바울은 여자를 적대시하여 말하고 있는 것이 아니라-남자가 지도하게 하는 것을 말하고 있다. 초대교회 때에도 여자들이 가르친 일이 있다-행 18:26, 고전 11:5, 딛 2:3-4).

13-14절-세상에 죄가 들어오게 된 것은 이브의 범죄 때문이었다. 그러나 세상에 구원을 가져다 준 것도 여자인 마리아를 통한 예수님의 탄생 때문이었다. 여자가 그 일을 하지 않았다면-어느 남자가 구세주를 낳을 수 있었겠는가?

2) 교회 안의 직분에 관하여(3장)

"감독"은 지켜보는 사람을 가리키며-"장로"와 같은 직책을 말한다. "장로"가 사람에게 붙여진 것이라면 "감독"은 직분에 붙여진 것이었다. 2-7절은 이 직분을 가질 수 있는 자의 자격을 말해 주고 있다. 오늘날에는 이러한 사람을 "목사(목회자)"라고 부른다.

8-13절에는 집사의 자격이 나와 있다. 현대 교회는 이 3장을 다시 한번 상세하게 공부할 필요가 있을 것이다. 목사와 집사가 같은 자격을 가지고 있다. 각 자격들을 읽고 밑줄을 그으라.

14-16절에서 바울은 그가 에베소에 가게 될 때까지 이 편지가 디모데에게 지침이 되도록 하기 위해 보낸다고 말하고 있다. 이 편지는 바울이 그 교회에 없

는 동안 그 교회의 "질서율"이었다.

16절은 위대한 성구 중의 하나이다. "경건의 비밀" "혹은, "그리스도인 삶의 비밀"이란 단어가 그것을 말해 준다. 그것은 성육신, 그의 모본, 그의 생명, 그의 죽으심 때문에 오로지 살아있을 수 있다(16절을 써 보라). ____________________

____

6. 목회자와 덕행 4-6장

1) 잘못된 가르침을 바로잡음(4장)

성령은 바울을 통해 후일에 어떤 사람들이 믿음에서 떠나 잘못된 가르침을 좇게 될 것을 말씀하셨다(1-3절). 디모데는 이것으로 형제들을 깨우치고 건전한 교리만을 가르치도록 되어 있었다—"선한 일꾼"의 표지 디모데는 연소했다. 그러나 "말과 행실과 사랑과 믿음과 정절에"대하여 본이 되어야만 했다(12절). 그는 말씀을 읽는 것과 권하는 것과 가르치는 것에 착념해야 했다(6-13절). 디모데는 이 일들을 행하는 것에 특별한 성령의 은사를 가지고 있었으며 그 자신과 교훈을 조심해야 했다(14-16절).

2) 교회 안에서 직분 맡은 자들의 의무(5-6장)

하나님 말씀이 귀중한 이유는 모든 필요에 대답이 된다는 것이다. 우리 시대에도 이 같은 원리를 우리는 따라야 할 것이다. 목회자는 그의 양들을 지혜와 정당함으로 목양하며, 장로들은 존경을 받아야 하며 과부들은 돌봄을 받아야 한다(5:1-25). 종들은 가르쳐져야 하며 온당하게 대우받아야 한다. 6:6-16에서, 바울은 모든 신자들에게 필요한 지침을 제시해 준다. 읽고 오늘날의 우리들에게 적용되는 것에 밑줄을 그으라. 바울은 그의 젊은 친구에게 "네게 부탁한 것을 지키라"고 하는 당부로 본서를 끝내고 있다(20절). 그러면 본서에 나타난 "경계"(명령, 교훈)들을 살펴보자. 바울은 디모데가 그가 말한 것을 그대로 기억할 것을 원하고 있다. 미래의 말들에 유의해 보라.

"네가 어떤 사람들을 명하여 다른 교훈을 가르치지 말며"-1:3

"교훈의 목적은 청결한 마음과 선한 양심과 거짓이 없는 믿음에서 나오는 사랑이거늘"-1:5.

"내가 네게 이 교훈으로써 명하노니"-1:18.

"네가 이것들을 명하고 가르치라"-4:11.

"네가 또한 이것을 명하여 그들로 책망 받을 것이 없게 하라"-5:7.

"하나님과 그리스도 예수와 택하심을 받은 천사들 앞에서 내가 엄히 명하노니"-5:21.

Note

"하나님 앞에서 내가 너를 명하노니"–6:13

"네가 이 세대에서 부한 자들을 명하여"–6:17

이제 우리는 "하나님의 집에서 어떻게 행하여야 할 지를 알게" 하기 위해 바울이 이 편지를 써야만 했음을 알고 있다. 디모데전서 3:15은 우리가 이 공부에서 기억해야 할 중요한 구절이다.

복습

- 디모데는 이 편지를 받았을 때 어디서 사역하고 있었는가?
- 디모데의 어머니와 할머니는 누구인가?
- 이 편지에서의 바울의 최대 관심사는 무엇인가?
- 이 편지가 에베소교회에 어떤 역할을 했는가?

과제

- 디모데후서를 읽어 보자.
- 디모데전서를 복습해 보자.
- 디모데전서에서 당신이 기억해야만 하는 구절들에 밑줄을 그으라.

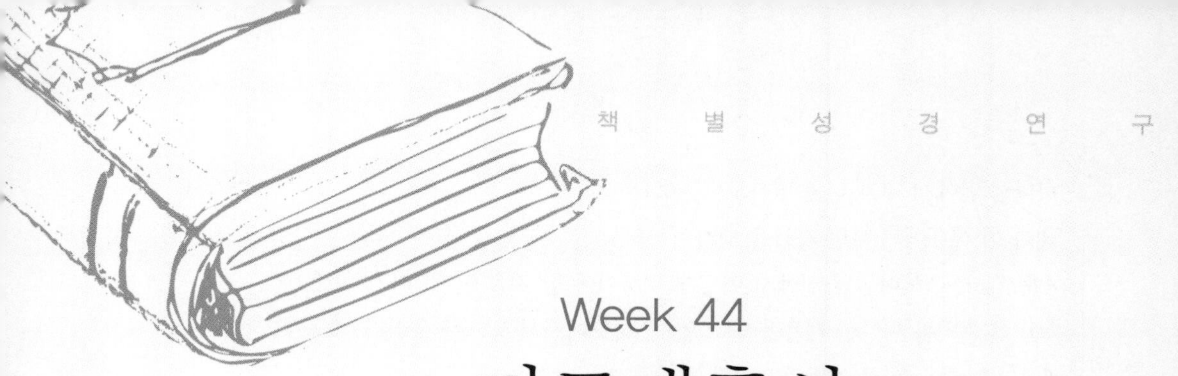

Week 44
디모데후서

1. 본서의 배경

디모데에게 보낸 두 번째 편지는 로마의 마머틴(Mamertine) 감옥에서 쓰여졌다. 이 서신은 매우 개인적인 편지이다. 이 편지에서 그의 사상과 감정에 대해 더 많은 것을 알 수 있다. 바울은 이 편지에서 "믿음"을 거의 말살하려는 대배교에 대해 말하고 있다. 그것은 주님께서 하신 말씀과 완전한 조화를 이루고 있다. "인자가 올 때에 세상에서 믿음을 보겠느냐?"–누가복음 18:8.

이것은 아마도 믿음을 "소유한 자"가 아닌 "공언하는 자"가 많기 때문에 되어진 일일 것이다. 더 좋은 계획과 인간의 지식으로 세상을 바꿀 수 있다고 생각하는 "사회복음"을 주장하는 사람들은 이 책을 거의 외면해 버린다. 왜냐하면 이 사실을 알게 되면 모든 사람이 그것을 그만두고 반대할 것이기 때문이다. 이 편지는 바울의 마지막 글이다. 그는 죽음을 직면하고 있다–순교. 그는 짧은 시간에 많은 말을 해야 했다. 성경의 위대한 구절들이 이 책에 쓰여 있다.

2. 중심 메시지

"내가 믿는 자를 내가 알고 또한 내가 의탁한 것을 그날까지 그가 능히 지키실 줄을 확신함이라"(1:12).

디모데후서 2:15도 중요하다. 적어 보자. ____________________

____

3. 본서의 구조

복음 전파자로서의 바울(1장)

모본으로서의 바울(2장)선지자로서의 바울(3장)

죄수로서의 바울(4장)

Note

4. 복음 전파자로서의 바울 1장

복음 안에서의 바울의 아들은 디모데였다–2절

바울은 그를 위해 밤낮 기도했다–3절

바울은 디모데를 보기 원했다–4절

그는 디모데를 완전히 믿었다–5절

그는 디모데의 은사를 불일듯 하게 하기 위해 말했다–6절

바울은 여기에 모든 그리스도인이 외워야만 할 구절을 끼워 놓았다.

7절

디모데는 그리스도의 증거나 일꾼을 부끄러워해서는 아니 되었다–8절

그는 디모데에게 그의 부르심을 상기시켰다–9절

디모데는 바른 말(교리)을 지켜야 했다–13절

그는 아름다운 것(진리)을 지켜야 했다–14절

바울이 그 자신에 대해 한 말에 유의해 보라:

사도–1, 11절

선포자–11절

교사–11절

12절에서 그는 모든 그리스도인이 암기하여 알아야 할 것을 제시하고 있다. 이것은 확신을 가져다 주는 절이며 그리스도 안에 있는 안정성을 가르쳐 주는 절이다–바울의 말에 주의해 보라–"내가 부끄러워하지 아니함은–내가 의탁한 것을–확신함이라"

1장의 마지막 몇 절들은 바울이 이른바 친구들이라는 사람들로부터 버림받았음을 보여 준다. 그러나 그를 돕는 한 사람이 있었다. 이 사람이 오네시모였다(16–18절).

5. 모본으로서의 바울 2장

이 장에서 바울은 신자의 의무와 활동을 묘사하기 위해 일곱가지의 말을 쓰고 있다.

- 아들–그는 본을 따라야 했다. 그는 다른 사람들을 가르쳐서 그들이 또 다른 사

람들을 가르칠 수 있게 해야 했다(1-2절)

• 병사-그는 "고난을 받으며." 어려움을 견디며 자기 생활에 얽매임을 피해야 했다-병사로 모집한 자를 기쁘게 하기 위해(3-4절)

• 경기하는 자-그는 상에 만족하며 규칙(법)대로 경기해야 한다(5절)

• 농부-열매를 얻기 전에 수고함(6절)

• 배우는 자-진리를 옳게 분별(15절)

• 그릇-그릇은 쓰일 수 있도록 깨끗해야 한다(20-21절)

• 종-신자는 온유하고, 가르치기를 잘하고 참는 종이어야 한다(24절)

6. 선지자로서의 바울 3장

"너는 이것을 알라 말세에 고통하는 때가 이르러"-1절. 이것은 말세의 교회에 대해 말하고 있다(딤전 4:1, 벧후 3:3, 유 1:18).

2-13절 사이에는 바울은 말세를 묘사하는 22개의 단어나 구절을 사용하고 있다:

① "사람들이 자기를 사랑하며"

② "돈을 사랑하며"-탐욕

③ "자랑하며"-허풍을 떪

④ "교만하며"-거만함

⑤ "비방하며"-하나님의 이름을 망령되이 사용함

⑥ "부모를 거역하며"

⑦ "감사하지 아니하며"

⑧ "거룩하지 아니하며"-세속적임

⑨ "무정하며"

⑩ "원통함을 풀지 아니하며"

⑪ "모함하며"

⑫ "절제하지 못하며"

⑬ "사나우며"-잔인함

⑭ "선한 것을 좋아하지 아니하며"

⑮ "배신하며"

⑯ "조급하며"-생각이 없음.

⑰ "자만하며"-자만에 빠짐

⑱ “쾌락을 사랑하기를 하나님 사랑하는 것보다 더하며”

⑲ “경건의 모양은 있으나 경건의 능력은 부인하는”

⑳ “항상 배우나 끝내 진리의 지식에 이를 수 없느니라”

㉑ “어리석은 여자를 유인하는”

㉒ “속이기도 하고 속기도 하나니”

14–17절에서는 마지막 날에 도움이 될 수 있는 것은 오로지 말씀의 권위임을 말해 주고 있다. 바울은 말한다. “그러나 너는 배우고 확신한 일에 거하라 너는 네가 누구에게서 배운 것을 알며”(14절)

16절에서 바울은 다음 사실을 주장한다.

“모든 성경”(모든 책, 모든 단어)

“하나님의 감동으로 된 것으로”(하나님이 호흡을 불어 넣으심)

“교훈과”(좋은 가르침)

“책망과”(확신)

“바르게 함과”(올바르게 고침)

“의로 교육하기에 유익하니”(훈련)

7. 죄수로서의 바울 4장

1) 그의 마지막 권고(1, 2, 5절)

“그가 나타나실 것”(교회가 들리움 받는 것을 의미함)

“말씀을 전파하라”

“항상 힘쓰라”

“경책, 경계, 권함”

“모든 일에 신중하여”

“고난을 받으며”

“전도자의 일을 하며”

“네 직무를 다하라”

(전도자에게 주는 “권고” 혹은 명령이다).

2) 그의 마지막 경계(3–4절)

마지막 날에는 사람들이 바른 교훈을 받지 않을 것이다.

그들은 자기의 사욕을 좇을 것이다.

Note

그들은 스승을 찾을 것이다–잘못된 자들
그들은 진리에서 돌이켜 허탄한 이야기를 따를 것이다.

3) 그의 마지막 간증(6–8절)

"전제와 같이 벌써 내가 벌써 부어지고 나의 떠날 시각이 가까웠도다. 나는 선한 싸움을 싸우고 나의 달려갈 길을 마치고 믿음을 지켰으니 이제 후로는 나를 위하여 의의 면류관이 예비되었으므로 주 곧 의로우신 재판장이 그 날에 내게 주실 것이니 내게만 아니라 주의 나타나심을 사모하는 모든 자에게도니라."

이것은 바울의 죽음의 침대 앞에서의 간증으로 불려진다. 이것은 오늘날의 우리들에게 많은 것을 말해 주고 있다. 바울은 이 말을 로마의 그 감옥에서 했다. 얼마나 귀한 간증인가! 그가 "면류관"을 받을 것이라는 사실에 유의하라. "면류관"을 말하는 다른 여러 구절들이 있다.

고린도전서 9:25을 적어 보자. ______________________________

____

빌립보서 4:1 ______________________________

____

데살로니가전서 2:19 ______________________________

____

야고보서 1:12 ______________________________

____

요한계시록 3:11 ______________________________

____

4) 그의 마지막 말(9–22절)

디모데가 속히 오기를 바라고 있다–9절
"데마"–데메드리우스의 약식명–신앙을 버린 자–10절
누가만이 바울과 함께 있었다. 그는 마가가 로마에 오기를 구하고 있다–11절
두기고는 분명히 에베소교회의 목회자였다–12절
그는 축축한 마머틴 감옥에서 입기 위해 겉옷을 가져 오라고 말하고 있다. 디모데는 바울의 책, 양피지에 쓴 것을 가지고 가도록 되어 있었다–그것은 구약성경입니다–13절
알렉산더가 바울을 핍박했다–14–-15절(행 19:33을 보라).
"내가 처음 변명할 때에"(첫 재판) "주께서 내 곁에 서서…이방인이 듣게 하려 하심이

니"-16-17절

내가 생각하기에 이 일은 네로의 궁에 있을 때 생긴 일인 것 같다. 그는 혼자서 말씀을 마지막으로 전했으며-오로지 주님께서 그의 옆에 계셨다. 마지막 몇 절은 그의 개인적인 인사이다. 그리고 바울의 마지막 축도가 기록되고 있다.

Note

복습

- 바울이 이 편지를 쓴 곳은 어디인가?
- 중심 메시지는 어느 구절인가?
- 바울은 누구 보기를 원했으며 그에게 무엇을 가져다주기를 원했는가?
- 당신은 바울에 대해서 어떤 생각을 했는가?

과제

- 디도서와 빌레몬서를 읽어 보자.
- 히브리서도 미리 읽어 보자.
- 디모데후서 복습해 보자.
- 디모데후서에서 당신이 기억해야만 하는 구절들에 밑줄을 그으라.

Week 45
디도서, 빌레몬서

디도서

1. 본서의 배경

디도는 이방인(헬라인)이였고 바울을 통해 회심한 사람 중의 하나였다. 이 편지는 디모데전서와 같은 시기에 쓰여졌다. 디도는 충성스런 바울의 동역자였으며 바울과 매우 가깝게 지냈다. 갈라디아서 2:1–3을 보면 당신은 디도가 사도행전 15장에 나오는 예루살렘 공회에 바울과 바나바와 함께 있었음을 알 수 있다. 디도와 바울에 대한 다른 참고 구절도 찾아 보라.

고린도후서 2:13

고린도후서 7:6

고린도후서 8:1–6, 16, 17절

이 편지가 쓰여질 때에 디도는 그레데 섬에 있었다. 그레데인들은 블레셋인들과 가까운 민족으로 "거짓말쟁이"로 평판이 나있었다(딛 1:12). 디도는 그 곳에 세워진 교회에서 그들을 굳게 하는 일을 맡고 있었다. 디모데전서와 후서에서 바울은 교리를 강조했었다. 디도서에서 그는 의무에 강조를 두고 있다. 처음의 두 교리는 디도서에서의 행함으로 장식되고 있다. 그는 바울이 그를 달마디아로(유고슬라비아로 알려진) 보냈다는 기록이 나오는 디모데후서 4:10에 마지막으로 언급되었다.

2. 중심 메시지

"조심하여 선한 일을 힘쓰게 하려 함이라"(3:8, 14절).

Note

3. 본서의 구조

부족한 일을 바로잡음(1장)

교훈을 빛나게 함(2장)

선한 일을 힘씀(3장)

4. 부족한 일을 바로잡음 1장

신약은 모든 교회가 자치적이어야 함을 가르친다. 초대 교회 때에는 사도들에게 지도권이 있었다. 신약의 서신들에 쓰여져 있는 것은 오늘날에도 여전히 권위를 가지고 있다. 그리고 그것들은 모든 지역 교회가 단순한 계획에 의해서 자치적이되어야 한다는 원칙을 가르쳐 주고 있다.

여기서 디도는 "남은 일을 정리하라"는 명을 받았다(5절). 장로를 세우는 일이 있게 되었다–그런데 그들에게 부족한 일이 있었다. 왜냐하면 그들은 장로로 세움을 받지 않았었기 때문이다. 디도는 이 일을 바로잡고 각 성(그레데에 있는 모든 교회)에 장로들을 세우라는 명을 받은 것이다.

장로들은 성령의 지시로 세워진 "감독자"들이었다(행 20:28). 그들은 "양 떼를 치도록"되어 있는 지역 교회의 목회자들이었다(딤전 3장에서 보았듯이–"장로"와 "감독"은 직책이다. "장로"라는 말이 사람에 해당되는 것이라면 "감독"은 그 직책의 기능에 해당되는 말이다). 우리는 디도에게 보낸 이 편지에서 적절하고도 간단한 조직이 있어야 됨을 배울 수 있다. 우리는 "장로" 직책의 자격이 천성적인 재질보다는 영적인 것임을 간과해서는 안 된다. 바울은 14가지의 자격을 들고 있다–6–8절:

① 책망할 것이 없고

② 한 아내의 남편이며

③ 믿는 자녀를 둔 자(그들을 잘 양육)

④ 제 고집대로 하지 아니하며(하나님의 뜻이 첫째)

⑤ 급히 분내지 아니하며

⑥ 술을 즐기지 아니하며

⑦ 구타하지 아니하며(폭력을 휘두르지 않는)

⑧ 더러운 이득을 탐하지 아니하며(물질주의적이 아닌)

⑨ 나그네를 대접하며

⑩ 선행을 좋아하며

⑪ 신중하며

⑫ 의로우며

⑬ 거룩하며(구별–오염되지 않게)

⑭ 절제하며

그리고나서 바울은 그 지도자들의 의무를 말하고 있다–9–16절:

- 진리의 하나님 말씀을 알 것–9절
- 권면할 것–9절
- 책망할 것–9절

이것은 교회 안팎에 있었던 공언자들과 속이는 자들 때문이었다. 바울은 여기서 부드러운 말보다는 그것들이 꼭 지켜지도록 하기 위해, 직선적이고 엄한 말을 사용하고 있다. 10–16절을 읽으십시오.

교훈: 좋은 영적인 성도들이 있기 위해서는 좋은 영적인 지도자들이 있어야 한다.

5. 교훈을 빛나게 함 2장

"바른 교훈"은 모든 연령층에게 필요하다.

유의:

첫째, 늙으신 분–남자와 여자–2–3절

둘째, 젊은 여자–4–5절

셋째, 젊은 남자–6–8절

넷째, "종–교훈을 빛나게 함"–9–10절(우리도 주님의 종으로 같은 일을 행해야 한다).

우리는 "교훈을 빛나게"해야 한다. 그 이유는:

- "하나님의 은혜"이므로–11절
- "우리의 크신 하나님 구주 예수 그리스도의 영광이 나타나시기" 때문에–13절
- 그가 우리를 대신하여 자신을 주심은 모든 불법에서 우리를 구속하시기 위함"이기 때문에–14절

바울은 바른 충고를 주고 있다–15절

("모든 권위로"라는 말에 유의하라)

6. 선한 일을 힘씀 3장

우리는 이 세상의 법률들에 순종해야 하며 "모든 선한 일 행하기를 준비하게 하며" 비방하지

말며 범사에 온유함을 모든 사람에게 나타내야 한다–1–2절

우리의 옛 모습과 놀라운 변화–4–6절. 5절에 밑줄을 그으라.

우리는 영생의 상속자가 되었다–7절

선행은 모든 그리스도인의 삶의 한 부분이다–8절을 보라. "선한 일을 힘쓰라"–14절–"좋은 일에 힘쓰라"

우리는 어리석은 변론과 다툼과 이단에 시간을 낭비해서는 않된다–9–11절

이 편지는 그리스도인의 삶에 대한 교훈을 주고 있다. 이 책의 마지막 권고는 "선한 일을 힘쓰라"는 것이다.

Note

빌레몬서

1. 본서의 배경

이 서신은 바울이 로마 감옥에서 빌레몬에게 쓴 개인적인 서신이다. 이것은 오늘날의 우리들에게도 매우 친숙하며 많은 메시지를 주고 있다. 25절로 된 이 책의 배경은 기억하기 쉽게 되어 있다. 오네시모는 빌레몬 집의 종이었다. 그는 주인 집에서 도둑질을 하고 로마로 도망쳐 나왔다. 그는 다시는 골로새(빌레몬의 집이 있는 곳(골 4:9)에 가지 않을 것으로 생각했다. 그는 로마에 있을 때 바울의 영향을 받아 구원을 얻게 되었다. 이 편지에는 대속(다른 사람이 책임을 지는 일) 진리의 위대한 예증이 들어 있다. 우리는 이것에서 이 편지의 값어치를 배워야만 한다.–그것이 이 편지의 사역일 수 있다.

2. 중심 메시지

"내 앞으로 계산하라"(18절).

3. 본서의 구조

인사(1–3절)

빌레몬으로 인한 감사(4–7절)

바울의 오네시모에 대한 간구(8–16절)

바울의 확신과 언질(17-25절)

4. 인사 1-3절

이것은 골로새에 있는 빌레몬과 그의 가족에 대한 인사이다. "우리의 사랑을 받는 자요 동역자" 디모데도 바울과 함께 있었다(1절).

"압비아"는 빌레몬의 아내였고 "아킵보"는 그의 아들로 골로새교회의 목회자였다. 그 교회는 그 집에 모였다(2절).

5. 빌레몬으로 인한 감사 4-7절

빌레몬은 좋은 평판을 듣고 있는 사람이었다. 그의 사랑은 주 예수님을 향한 것이었기에 그의 믿음도 그러하였으며 그리스도인에 대해서도 같은 감정을 가지고 있었다. 이러한 태도는 다른 사람에게 영향을 끼쳤다. 빌레몬의 삶 자체가 증거였다. 신자들의 심령(동정심이 아닌)은 빌레몬서에 의해 고양되어 질 수 있다.

6. 바울의 오네시모에 대한 간구 8-16절

이제 바울은 이 편지를 쓰게 된 목적을 말하기에 이르렀다. 그는 마땅히 명할 수도 있는 위치에 있었다-8절. 그러나 그는 요청하게 된 이유를 9절에서 제시하고 있다: "사랑을 인하여"-"나이가 많은 나 바울"-"그리스도 예수를 위하여 갇힌 자"

그의 간구는 오네시모를 위한 것이었다. 그 종은 그리스도를 마음에 모셨다. 그의 이름은 "유익한"이라는 뜻이었다. 그러나 전에는 그가 "무익한"사람이었다. 그러나 이제 그는 신자가 되었고 빌레몬과 바울과 그리스도에게 "유익한"사람이 되었던 것이다. 바울은 그를 돌려 보내기로 했다-10-12절. 바울은 오네시모를 옆에 있게 할 수도 있었다. 그러나 그는 그것을 빌레몬이 결정하기를 원했던 것이다-13-14절. 왜냐하면 오네시모는 그리스도인이 되었고 빌레몬과는 새로운 관계가 되었기 때문이었다. 그는 이제 더 이상 종이 아니었고 "사랑받는 형제"였다(15-16절).

7. 바울의 확신과 언질17-25절

이것은 대속의 위대한 예증 중의 하나이다. 바울의 간구 뒤에는 그리스도를 주와 구세주로 믿는 자들을 위하여 그리스도 자신이 하나님 아버지께 간구하심이 담겨 있다. 죄인은 그리스도께서 받으셨던 같은 위치로 받아 들여졌다. 그 죄인 각각은 그의 그리스도에 대한 신앙으로 하늘

Note

에 대한 그의 권한을 소유하게 되었다. 구원 받은 사람이 받아들여진 이유는 그리스도께서 자신을 그를 믿는 우리 모두에게 나타내셨기 때문이다(17–18절).

야고보서 2:23을 적어 보라. ______________________________

____

빌레몬 이야기와 야고보서의 이 말씀은 "대속"의 예이다. 바울은 빚이 있으면 모두 갚겠다고 한다. 그는 말하기를 "내가 너에게 빚이 있다면"–"내가 갚으려니와" 거기에 더해서 말한다. "네 자신이 내게 빚진 것은"–"내가 말하지 아니하노라"–19절.

바울은 오네시모에 대해 간구하면서 빌레몬이 자기가 말한 것 이상으로 행할 것을 안다고 말하고 있다(20–21절).

마지막 네 절은 그가 빌레몬과 함께 거할 수 있도록 하는 기도와 다른 사람들에 대한 문안 인사로 끝을 맺고 있다.

8. 결론

이 서신서는 심령이 바뀌어지면 사회적인 것도 바뀌어져야 함을 가르쳐 주고 있다. 오네시모는 종이었다; 빌레몬은 그의 주인이었다. 빌레몬은 그리스도에 대한 믿음을 근거로 해서 오네시모를 그리스도 안에서 다시 받아들여야 했다. 오네시모는 "유익한" 사람이 되었다. 우리도 한 사람의 가치를 알아야 한다. 이 사람은 도둑이었고, 도망친 겁쟁이었으며, 종이었던 자이다. 이러한 가르침이 사실 우리 땅에서의 노예제도를 폐지시켰다. 이 책은 화해에 관한 실제적인 교훈을 풍성하게 담고 있다.

복습

- 디도가 바울의 이 편지를 받을 때 어디에 있었는가?
- 디도서의 중심 메시지는 무엇인가?
- 디도는 그레데 섬에서 어떤 일을 해야했는가?
- 오네시모는 어떤 사람인가?
- 빌레몬은 어떤 사람인가?

과제

- 히브리서를 읽어 보자.
- 디도서와 빌레몬서를 복습해 보자.
- 당신이 기억해야만 하는 구절들에 밑줄을 그으라

Week 46
히브리서

1. 본서의 배경

히브리서는 오랫동안 신학적 견해의 차이가 많았던 것이기에 될 수 있는 대로 간략하게 공부하려고 한다. 히브리서를 근거로 한 많은 이론들이 있다. 그러므로 우리가 평신도 학생과 평신도 교사들과 이 책을 공부할 때 성령의 인도를 받아야 한다. 히브리서는 정확히 히브리인들에게 보내진 한 편지이다. 이것은 A.D. 70년에 있었던 성전 파괴 전에 쓰여진 것이었다(히 10:11).

저자는 확실하게 알려지지는 않았으나 성경에서 증거들을 모아볼 때 사도 바울일 것이라는 추측이 강하다. 저자는 옥에 갇혀 있었다(10:34)—그는 이것을 이달리야에서 썼다(13:24). 그의 동역자는 디모데였다(13:23). 베드로가 바울이 저자임을 입증하고 있다(벧후 3:15, 16절). 바울 말고 누가 "우리를 위하여 기도하라—내가 더 속히 너희에게 돌아가기 위하여 너희가 기도하기를 더욱 원하노라"고 말했겠습니까?(13:18-19). 중요한 것은 이것이 우리를 위한 정경 안에 들어 있다는 사실이다.

2. 중심 메시지

"그가 거룩하게 된 자들을 한 번의 제사로 영원히 온전하게 하셨느니라—다시 죄를 위하여 제사 드릴 것이 없느니라"(히 10:14, 18하반절).

3. 본서의 구조

1) 그리스도의 우월성(1장-8:5)

- 선지자들보다 뛰어나신 예수님—1:1-3
- 천사들보다 뛰어나신 예수님—1:4-2:18

- 모세보다 뛰어나신 예수님–3장
- 여호수아보다 뛰어나신 예수님–4장
- 제사장 아론보다 뛰어나신 예수님–5:1–8:5

2) 새로운, 그리고 더 나은 언약의 우월성(8:6–10:18)

- 옛 언약보다 뛰어난 새 언약–8:7–13
- 새 언약이 더 나은 장막을 옮–9:1–15
- 새 언약이 더 나은 제사로 보증이 됨–9:15–28
- 새 언약이 우리의 구원을 영원히 확정함–10:1–18

3) 그리스도 안에 있는 생명의 우월성(10:19–13:25)

- 믿음의 확신을 줌–10:19–39
- 믿음의 역사를 일으킴–11장
- 인내하게 하고 인도해줌–12:1–13
- 우리의 행함과 예배에 대한 교훈을 줌–12:14–13:25

("본서의 구조"는 길기는 하지만 그것이 히브리서에 대한 윤곽을 제공해 줄 것이다. 우리는 크게 세 부분으로 나누어 알아볼 것이다.)

4. 그리스도의 우월성 1장–8:5

이 책은 유대주의에 빠질 위험이 있는 사람들을 의식하고 히브리인 그리스도인들을 위해 쓰여진 것으로 그리스도의 우월성과 옛 언약을 축소시키지 않으면서 그것을 능가하는 새 언약에 관심을 갖고 있다. 그리스도 안에 있는 새 언약은 옛 언약을 성취함으로 그것을 영화롭게 한다

1) 선지자들보다 뛰어나신 예수님(1:1–3)

"예수님은 하나님의 영광의 광채시요. 그 본체의 형상이시라"–3절. 이 구절은 성경의 위대한 부분 중의 하나이다.

2) 천사들보다 뛰어나신 예수님(1:4–2:18)

천사들은 사역자들이며 부리는 영들이다–예수님은 아들이시며, 창조주시며, 다시 오실 통치자시다.(2:1–4의 경고에 유의하라. 히브리 그리스도인들은 하나님의 말씀을 순종하라는 경고를 받았다. 3절에 밑줄을 그으라.)

3) 모세보다 뛰어나신 예수님(3장)

모세는 종이었고 그리스도는 사랑하시는 아들이시다–보내심을 받은자–대제사장.(여기에 하나님의 말씀을 의심하는 것에 대한 다른 경고가 나온다–3:7–19).

Note

4) 여호수아보다 뛰어나신 예수님(4:1-6:8)

"예수"라는 단어는 "여호수아"임이 확실하다(개역 성경은 "여호수아"로 번역했고 난외에 "예수"임을 표시했다.) 예수님은 여호수아보다 뛰어나시다. 왜냐하면 그의 안식은 영원하나 여호수아의 안식은 일시적이었기 때문이다. 우리의 안식은 예수 그리스도 안에 있다-그는 시험을 받은 자로되 죄는 없으신 분이시다. 우리는 이제 은혜의 보좌 앞에 "담대히 나갈"수 있다.

5) 제사장 아론보다 뛰어나신 예수님(5:1-8:5)

아론은 사람 가운데서 취해진 자이며 하나님의 부르심을 입은 자였다(5:1-4). 예수님은 하나님 아버지로 말미암아 대제사장이 되셨다. 왜냐하면 그는 하나님의 아들이셨기 때문이다(5:5). 그의 제사장직은 평강과 의의 왕인, 그 뒤를 이을 자가 없는, 왕이며 제사장이었던 멜기세덱의 반차를 좇는 것이었다(창 14장). 예수님은 "영원한 구원의 근원"이시며-하나님께 멜기세덱의 반차를 좇은 대제사장이라 칭하심을 받은 분이시다(5:9-10).(참고: 5:11-6:20은 괄호로 묶을 수 있는 부분이다. 그 제사장직이 7:1에서 재확인되고 있다. 이 부분에 대해서는 제사장직을 다루는 이 부분의 끝에 가서 다루게 될 것이다.)

그리스도는 멜기세덱의 반차를 좇아 된 제사장으로 7:1-3에 잘 묘사되어 있다. 아브라함이 그에게 십일조를 드렸다는 사실에 유의하라. 멜기세덱은 그리스도의 표상이었고 그리스도는 "멜기세덱의 반차를 따르는 영원한 제사장"이었다(7:17). 아론의 뒤를 이은 제사장들은 죽었으나 그리스도는 영원히 계셔서 그 제사 직분이 갈리지 않는다(7:23-24).

예수님은 완전한 제사장 직분을 위해 그에 의해 하나님께 나오는 모든 자들을 위한 중보자로 드려지셨다. 왜냐하면 그는 그 자신을 단번에 드리셨기 때문이다(7:25-28). 예수님은 하나님 우편에 앉아 계신 우리들의 대제사장이시다. 8:1에 유의하라. "우리에게 있다는 것이라." 예수님은 아론의 제사장직에 나타난-그림자의 성취이셨다(8:1-5).(이제 5:11-6:20을 보라. 이것은 하나님의 말씀을 떠나는 것에 대해 다시 경고하고 있다)

우리는 이것이 사도행전 15장의 예루살렘 공회에서 찾아볼 수 있는 같은 종류의 사람들인 유대인들에게 쓰여진 것임을 명심해야 한다. 그들 중 어떤 이들은 유대인의 옛 관습 중 어떤 것은 구원받는 그리스도인의 믿음에 필수불가결하다고 주장했다. 이것이 유대인의 의식이 필수불가결한 것이 아니라는 베드로의 주요 강조점 중의 하나였다. 야고보도 그와 같이 선언했다(행 15장을 다시 읽어 보자). 이제 5:11–6:20에 돌아와 보자. 그들은 영적인 것을 해석하는데 둔했다. 저자는 여기서 냉담한 표정을 짓고 있다(5:11). 유대인 신자들 중 어떤 이들은 마땅히 선생이 되어 있어야 했다. 그러나 그들은 초보에 주저앉아 젖이나 먹고 좋은 음식인 고기와 같은 말씀은 먹지 못하는 자들이었다(5:12). 초보에 머무르는 사람은 구원의 기본 도리를 넘어 더 자라지도, 성장하지도 못한다(5:13–14). "그러므로 우리가–완전한 데로 나아갈지니라"(6:1–2). 그리스도를 예시한 구약으로부터 성취된 6가지의 초보적인 도리를 더 넘어서야 한다.

① "죽은 행실을 회개함"

② "하나님께 대한 신앙"

③ "세례들"

④ "안수"

⑤ "죽은 자의 부활"

⑥ "영원한 심판"

이제 6:4–5을 읽고 밑줄을 그으라. 이들은 진짜 신자들이다. 즉, 둔감하지만 죽지는 않은 신자들이다. "불가능하다"–사람에겐 그렇다. 그러나 하나님께는 가능하다. 저자는 그들을 다음과 같이 묘사하고 있다:

- "한번 빛을 받고"
- "하늘의 은사를 맛보고"
- "성령에 참여한 바 되고"
- "하나님의 선한 말씀을 맛보고"
- "내세의 능력을 맛보고"
- "타락한 자들"("만약"이라는 가정이 없다)
- "타락"은–넘어짐, 실족함을 의미한다. 베드로도 넘어졌었으나 버림받지는 않았다.
- "다시 새롭게 하여 회개"–구원이 아니고 회개이다.
- "그들이 하나님의 아들을 다시 십자가에 못 박아 드러내 놓고 욕되게 함이라"

7–9절을 읽고 8절의 "버림을 당하고"에 유의하라. 9절은 "구원에 속한 것"을 말하고 있다. 여기에 대해 매우 많은 이론들이 있다. 여기서는 2, 3개만 소개하고자 한다.

- 첫째 견해: 은혜에서 떨어져 구원받을 수 없다는 이론.
- 둘째 견해: 이 유대인들은 그리스도에 대해 "공언하는 자들"이었고 그리스도를 "마음에 모신 자들"이 아니었다는 이론. 그들이 4–5절의 여섯 가지를 경험했다면 구원받는

Note

것은 불가능하다고 한다.

• 셋째 견해: 이 구절은 구원을 잃는 것을 말하는 것이 아니고 "회개"에 대해 말하고 있다는 이론. 그러므로 신자가 고전 9:27의 의미에서의 넘어지는 것과 버림받는 것은 가능하다. 여기서의 "버림받음"이 구원을 취소시키는 것이 아니다. 고의적으로 범죄하고 회개하지 않는 사람이 구원을 잃게 되는 것이 아니고 영광스러운 상을 잃게 된다는 이론

이 구절은 어느 모로 보아도 롬 8:28–29의 영원한 보전의 영광스런 보증과 상충되지 않는다. 다시 9절을 보라–"우리가 이같이 말하나 너희에게는 이보다 더 좋은 것과 구원에 속한 것이 있음을 확신하노라." 이것은–저자가 유대인 신자들에게 말하고 있음을 보여 주는–핵심적인 절이다.

10–12절–"행위와 사랑의 수고"는 그것 자체가 구원이 아니고 구원의 결과인 것이다.

13–20절–아브라함과 우리들에게 하신 하나님의 약속이 드러나고 있다–"우리가 이 소망을 가지고 있는 것은 영혼의 닻 같아서…휘장 안에 들어 가나니 그리로 앞서 가신 예수께서 멜기세덱의 반차를 따라 영원히 대제사장이 되어 우리를 위하여 들어 가셨느니라."

우리는 7:1–8:5에서 제사장직에 대한 재확인을 하게 된다.

7장은 다시 멜기세덱의 제사장직으로 시작한다. 이미 설명했듯이 그는 모든 면에서 그리스도의 표상이다(창 14:17–24참고).

5–12절–레위 자손은 아브라함의 허리에서 나온 자들이며 아브라함의 뒤를 이은 자들이다. 이는 멜기세덱이 레위 족보의 제사장직보다 더 뛰어남을 보여 준다. 아론의 제사장직은 모세의 율법에 속하며 그리스도께서는 우리들을 그 율법으로부터 구원하셨다. 13–16절–예수님은 레위 족보에서 나오신 것이 아니므로 그의 제사장직은 갈리지 않았다. 그리스도는 멜기세덱의 반차를 좇아 된 제사장이시며 "불멸의 생명의 능력"을 좇아 된 것입니다(16절). 7:24, 25, 26, 27에 밑줄을 그으라. 아멘! 8:1은 이 모든 사실의 요약이다.

5. 새로운 그리고 더 나은 언약의 우월성 8:6-10:18

1) 옛 언약보다 뛰어난 새 언약(8:7–13)

구약과 신약의 두 언약이 있다(8:6). 첫 언약만으로는 불충분했다. 왜냐하면

하나님께서 언약이 아닌, 사람들에게서 흠을 찾으신 것이다. 그래서 하나님께서는 새 언약을 주셨던 것이다(8:8). 예레미야 31:31-34을 읽고 밑줄을 그으라.

2) 새 언약이 더 나은 장막을 연다(9:1-15)

9장에는 서로 대조되는 부분들이 나타나 있다. 1-5절에는 장막이 무엇이며, 6-10절에는 장막에서 되어진 일이 무엇이며, 왜 그 일이 있었는지가 나타나 있다. 11-12절에는 그리스도의 위대한 사역이 서술되어 있다. 이 부분에서는 "모형"(Types)에 대한 많은 연구가 필요하다(옛 언약의 여러 가지 모형이 새 언약 안에 계시되어 있다). 9:11-15을 읽고 밑줄을 그으라.

3) 새 언약은 어떠한 제사보다도 효력이 있다(9:15-28)

19절과 26절을 비교하십시오. 27절에 밑줄을 그으라.

4) 새 언약이 우리의 구원을 영원히 확정했다(10:1-18)

10:10을 적어 보자. ______________________________

____

이 부분에 나타난 새 언약에 관한 사실에 유의하라:

"흠 없는"-9:14; "죽어야"-9:16

"사함 없음"-9:22; "단번에"-9:26

"할 수 없음"-10:1; "능히 못함"-10:4

6. 그리스도 안에 있는 생명의 우월성 10:19-13:25

1) 믿음의 확신(10:19-39)

"그러므로 형제들아 우리가 예수의 피를 힘입어 성소에 들어갈 담력을 얻었나니." 19-22절을 읽으십시오. 그의 제사로 우리가 하나님께 기도할 수 있게 해 주신 분은 예수님이시다.

2) 믿음의 역사(11장)

구약에 나타난 "믿음의 영웅들의 행렬"이 나타나 있다. 믿음의 정의를 배우십시오(11:1). 우리는 보이지 않는 일을 믿음으로 할 수 있어야 한다. 여기서 구약의 "믿음"의 사람들 중 일부만을 볼 수 있다. "믿음으로"란 단어에 밑줄을 긋고 세어 보라.

3) 인내와 인도하심(12:1-13)

11장에 나타난 위대한 믿음의 사람들 때문에 우리는 "믿음의 주요 또 온전하게 하시는 이인 예수를 바라 볼"수 있다. 주님께서는 우리를 사랑하시기 때문에 징계하시며, 앞 길

Note

을 인도해 주신다.

6–7절을 적어 보자. ______________________________

____

____

11절을 적어 보자. ______________________________

____

4) 행함과 예배에 대한 교훈(12:14–13:25)

믿는 자들은 이제 율법을 상징하는 시내산이 아닌 하나님의 도성 시온 산에 이르렀다(12:22). 그리스도인인 우리는 이미 영광스러운 곳의 시민이 되었다. 우리는 "장자들의 모임과 교회"이다(23절). 히브리서는 20–21에서 매우 중요한 것을 가르치면서 13장으로 끝나고 있다. 여기서 하나님의 능력, 그리스도의 죽음, 그의 부활, 그의 현재 사역, 영원한 언약, 하나님 앞에 즐거운 것을 이루시는 그리스도 사역의 목적을 말해 주고 있다.

7. 결론

히브리서는 출애굽기와 연관성을 가지고 연구되어야 한다. 우리가 그냥 지나쳐 버렸던 모형과 그림과 세밀한 세칙들이 우리에게 큰 의미를 부여하고 있음을 알 수 있다.

복습

- 이 책은 어떤 사람들을 위해 쓰였나?
- 예수님은 누구보다 뛰어나신 분인가?
  1. ______________________________
  2. ______________________________
  3. ______________________________
- 그리스도는 ______________의 반차를 좇아 제사장이 되신 분이시다.
- 새 언약은 어떤 것인가?

과제

- 야고보서를 읽어 보자.
- 히브리서를 두 번 복습해 보자.
- 당신이 기억해야만 하는 구절들에 밑줄을 그으라.

Week 47
야고보서

1. 본서

야고보서는 유대적인 성격이 강한 책이다. 신약 중에서 가장 먼저 기록된 책으로 A.D. 45년 경으로 추정하고 있다. 이 책은 신약의 잠언으로 불리워지기도 한다. 하나님의 자녀를 위한 실제적인 가르침이다. 야고보는 예수님의 동생이었으며 그의 동생은 유다였다. 마가복음 6:3을 보라. 야고보는 예수님이 부활하신 후에 신자가 되었다(요 7:3–10). 그리스도께서는 그의 영광스런 몸으로 그에게 나타나셨다(고전 15:7). 야고보는 다락방의 120문도 중 하나였고 그의 동생들도 설득하여 믿게 되었다(행 1:14). 바울은 A.D. 37년에 그의 회심에 대해 말하고자 할 때에 예루살렘에 올라가서 야고보와 의논했다(갈 1:19). 야고보는 예루살렘 공회의 사회를 보았으며 거기서 그 공회의 결과를 공포했다(행 15:13–18절을 읽으십시오). 그는 초대교회의 신앙의 영웅 중의 하나였다. 그는 어떤 때는 의인 야고보로 불리기도 했다.

야고보는 이 편지를 히브리 그리스도인들에게 썼다. 우리는 이 사람들이 여전히 유대인들이었다는 사실을 잊어서는 안된다. 이 편지는 "흩어져 있는 열두 지파에게" 보내진 것이다. 이들은 팔레스틴이 아닌 다른 곳에 흩어져 살고 있는 유대인들이었다.

2. 참된 믿음

야고보의 견해와 바울의 견해가 상충되는 것처럼 보인다. 그러나 전혀 그렇지 않다. 야고보는 2:24에서–"사람이 행함으로 의롭다 하심을 받고" 바울은 에베소서 2:8–9에서–"은혜를 인하여 즉, 행위에서 난 것이 아니니라"고 했다. 바울은 하나님 앞에서의 의롭게 됨을 말하고 있다. 야고보는 사람 앞에서의 의롭게 됨을 말하고 있다. 바울이 말한 것처럼 우리는 믿음으로 의롭게 된다. 또한, 야고보가 말한 것처럼 우리는 행위로 의롭게 된다. 바울은 의롭게 됨의 근원을 강조하고 있다. 반면, 야고보는 의롭게 됨의 열매를 강조하고 있다. 본서의 주제는 야고보가 강조하는 믿음의 산물 즉, "그리스도를 믿는 참된 믿음의 증거"이다.

3. 중심 메시지

"너희는 말씀을 행하는 자가 되고 듣기만 하여 자신을 속이는 자가 되지 말라"(약 1:22)

4. 본서의 구조

시험과 믿음(1장)

믿음과 행함(2장)

혀를 제어함(3장)

하나님께 복종(4장)

인내와 기다리는 믿음(5장)

5. 시험과 믿음 1장

야고보는 "흩어져 있는 열두 지파에게" 이 편지를 썼다(1절).

그들은 로마 제국 여기저기에 흩어져 있었다. 야고보는 그들이 시련 중에 있고 그 시험을 잘 견디며 그것을 온전히 기쁘게 여겨야 한다고 권면하고 있다(2절). 믿음의 시련은 인내를 만들어 낸다(3–5절).

로마서 5:3–5을 적어 보라. ______________________________

____

____

____

그리스도인에게 시련이 닥쳐오면 그것들은 기도와 지혜 구함으로 바뀌어 질 수 있다(5–8절). 가난한 것을 그대로 받아들이고 그리스도 때문에 그 안에서 즐거워 할 수 있어야 한다. 왜냐하면 시련과 물질적인 손실을 인하여 보상 즉, "생명의 면류관"이 삶속에서 이러한 것들을 참아 내는 자들에게 있기 때문이다(9–12절). 시험(유혹)은 결코 하나님으로부터 오지 않는다(13절). 시험은 세상적인 욕망과 욕심이 우리 삶에 들어옴으로 생기는 것이다. 우리는 길을 잘못 들어서서는 안 된다(14–16절).

고린도전서 10:13을 적어 보라. ______________________________

____

Note

하나님께서는 악을 주시지 않는다. 그의 선물은 선한 것이다. 왜냐하면 "그가 그 피조물 중에 우리로 한 첫 열매가 되게 하시려고 자기의 뜻을 따라 진리의 말씀으로 우리를 낳으셨느니라"고 말씀하셨기 때문이다(17–18절). 이러한 이유 때문에 우리는 듣기는 속히 하고 말하기는 더디하며 성내기도 더디 해야 한다(19절). 사람의 성내는 것이 하나님의 의를 이루지 못한다. 심어진 말씀은 육체의 죄악을 막아 준다(20–21절).

우리는 "말씀을 행하는 자가 되고 듣기만 하는"자가 되어서는 안 된다(22절). 이것이 우리 둘레를 세울 수 있는 가장 안전한 방어벽이다. 왜냐하면 말씀은 거울과 같으며 자연인을 드러나게 하기 때문이다. 하나님께서 말씀하신 것을 행하기만 하면 우리들에게 자유와 복을 준다.(23–25절). 참된 믿음의 시금석이 26–27절에 나타나 있다.

6. 믿음과 행함 2장

1–13절에서 야고보는 우리가 사람들에게 마땅히 해야 할 태도를 말한다. 우리는 "회당"즉, 주님의 전에서 부자와 가난한 자를 구별해서는 안된다. 야고보는 부자들에 대해서 좋지 않은 면을 다루고 있다. 그러나 우리는 모든 사람을 사랑해야 한다. 이것이 바로 예수님께서 가르친 가장 큰 계명 중의 하나이다(마 22:39). 행함으로 믿음이 온전하게 된다(14–26절). 이 부분이 하나님의 말씀을 연구하는 많은 학자들의 논란이 되고 있는 곳이다

바울은 롬 4:1–4에서 아브라함이 믿음으로 말미암아 의롭게 되었다고 말했다. 야고보는 "우리 조상 아브라함이 그 아들 이삭을 제단에 드릴 때에 행함으로 의롭다 하심을 받은 것이 아니냐?"고 말한다. 이삭에 관한 바로 그 인용구가 이 문제를 풀어 준다. 아브라함이 믿음으로 의롭다 하심을 입은 것은 언약의 보증인 할례 전이었다. 그가 이삭을 제단에 드린 것은 20년 뒤였다. 그러므로 행함으로 의롭게 된 그 사람은 이미 20년 전에 믿음으로 의롭게 된 사람이었던 것이다. 만약에 야고보가 이것이 상충되는 것이라고 생각했다면 믿음으로 아브라함이 의롭게 되었다고 말하는 그 절을 인용하지 않았을 것이다. 이것을 야고보서 2:23과 창세기 15:6에서 확인할 수 있을 것이다. 우리는 이 사실로부터 그 믿음이 사람을 의롭다고 하며 행함이 믿음을 의롭다고 함을 알 수 있다.

26절을 적어 보자. ____________________

7. 혀를 제어함 3장

혀는 믿음으로 제어되어야 한다. 야고보는 이 3장에서 혀는 어떤 것도 제어할 수 있는 역동적인 도구임을 말하고 있다

말의 "재갈"–3절. 그것으로 말을 어느 쪽으로도 가게 할 수 있다.

배의 "키"–4절. 작은 키로 큰 배를 운전할 수 있다.

"불"–5절. 작은 불이 큰 불을 일으킨다.

길들이지 못하는 "짐승"–7절. 사람이 모든 동물을 길들일 수는 있으나 그의 혀는 그렇게 할 수 없다.

"독"–8절. 길들여지지 않은 혀가 내어 놓는다.

"샘"–11절. 혀가 쓴 물과 단 물을 내서는 안 된다.

"무화과나무"–12절. 무화과나무가 감람 열매를 맺을 수 없고 맺어서도 안된다. 혀는 우리가 하나님을 찬송하는 도구이다. 어떤 때에는 그것이 하나님을 저주하는 도구로 사용될 수도 있다. 야고보는 이렇게 말한다. "내 형제들아 이것이 마땅하지 아니하니라"(10절).

잠언 15:1–2을 찾아 적어 보라. ________________________________

____

야고보서 3:13, 17, 18에 그 해결책이 나오고 있다.

8. 하나님께 복종 4장

중심 절은 7절이다–"그런즉 너희는 하나님께 복종할지어다."

우리가 하나님께 복종하고 그에게 가까이 나아갈 때(8절)–우리는 싸울 수 있다.

- 육체–1–3절
- 세상–4–5절
- 마귀–7절

그 때에 우리는 즐거워 할 수 있다.

- 하나님의 은혜–6절
- 하나님의 가까이 하심–8절
- 하나님의 선하심–10절
- 하나님의 인도하심–13–15절

이 장은 매우 실제적인 장이다. 다음 구절들에 밑줄을 긋고 되도록이면 외우라. 3, 7, 8, 10, 15, 17절

Note

9. 인내와 기다리는 믿음 5장

야고보는 다시 부자들에 대해 강한 어조의 말을 하고 있다.
마태복음 6:19-20을 적어 보라. ________________________________

____

____

돈을 버는 것은 잘못된 것이 아니다. 여기서 말하고 있는 것은 돈의 남용과 오용이다. 돈으로 주어진 권력은 비난을 받는다. 야고보는 돈 이야기에서 그리스도 재림의 대 주제로 전환하고 있다. 7절에 유의하라—"그러므로 형제들아 주께서 강림하시기까지 길이 참으라." 그는 타락한 부자들에게 말하는 것이 아니고 그의 "형제들에게" 말하고 있다. "그리스도의 강림"-그의 재림에 대한 전망-이 우리들에게 인내와 모든 사람을 사랑하는 마음을 준다(8-9절). 선지자들로 본을 삼으면 인내와 소망을 얻게 될 것이다(10-11절).

그리스도인은 말로도 충분하다(12절).

병든 자를 위한 기도가 나온다(13-15절) -너희 중에 고난을 당하는 자가 있느냐?" "너희 중에 병든 자가 있느냐?" 여기에 대해 야고보는 두 가지를 하라고 말한다. 기도와 수단 사용 즉, 기도와 기름 바름이다. 기름은 예나 지금이나 약품이다. 성경은 자주 기름을 약으로 사용하고 있다. 예를 들어 선한 사마리아인 이야기의 34절에서(누가복음 10:30-37) 그 사마리아인은 가까이 가서 기름과 포도주를 그 상처에 부었다. "가서 너도 이와 같이 하라"고 예수님께서는 말씀하셨다. 이것이 바로 우리가 병든 자를 위하여 기도하고 우리들의 재량에 따라 수단(약사, 의사)을 사용해도 된다는 것이다. "믿음의 기도는 병든 자를 구원하리니-죄를 범하였을지라도 사하심을 받으리라." 그러면 "신자가 오랫동안 병을 앓는 것이 하나님의 뜻일 수도 있을까"라는 문제가 생긴다. 때때로 하나님께서는 하나님의 영광을 위해서 우리들이 병드는 것을 허용하시기도 한다. 디모데후서 4:20; 고린도후서 12:7-10; 요한복음 9:1-3, 11:4을 읽고 기록해 보라. ________________________________

____

16절은 "너희 죄를 서로 고백하라"고 말한다. 우리는 먼저 이들의 죄를 하나님께

고백해야 된다.

엘리야는 능력있는 기도를 한 구약의 모범적인 인물이다(17–18절). 19–20절로 이 책은 끝이 난다. 이 구절은 미혹되어 있는 하나님의 자녀들("내 형제들아 너희 중에 미혹되어 진리를 떠난 자")에 대해 언급하고 있다. "누가 돌아서게 하면"(돌이켜 옳은 길에 들어 섬) "미혹된 길에서 돌아서게 하는 자가 그 영혼을 사망에서–육체적인 죽음–구원하는 것"이라고 말한다. 때때로 하나님께서는 생명을 줄이시기도 하신다(요일 5:16–17). 당신은 역사하는 믿음을 소유하고 있는가?

복습

- 이 서신의 저자인 야고보는 누구인가?
- 그는 이 편지를 일차적으로 누구에게 썼는가?
- 본서의 중심 메시지는 무엇인가?
- 우리 지체 중 제어하기가 어려운 부분은 어디인가? 우리는 그것을 어떻게 사용해야 되는가?

과제

- 베드로전서(5장)를 두 번 읽어 보자.
- 야고보서를 복습해 보자.
- 베드로전서에서 당신이 기억해야만 하는 구절들에 밑줄을 그으라

Week 48
베드로전서

1. 본서

사도 베드로의 본래 이름은 시몬(흔한 헬라 이름)이었으며 히브리어로는 시므온(행 15:14)이다. 예수님께서 그에게 새 이름, 게바(아람어) 혹은 베드로(헬라어)라는 이름을 주셨다. 그러므로 시몬과 베드로는 같은 사람을 말한다. "베드로"란 이름은 "작은 반석"이란 뜻을 가지고 있다. 교회가 세워진 그 "반석"은 바로 그리스도 예수님을 가리키는 "반석"이다(마 16:18). 베드로는 요한 혹은 요나라고 하는 유대인의 아들이었다. 그에게는 안드레라고 하는 동생이 있었다. 그들은 벳새다에 있는 갈릴리 바다의 북쪽 해안에 살았던 어부였다. 베드로는 "소망의 사도"로, 바울은 "믿음의 사도"로, 요한은 "사랑의 사도"로 불린다. 베드로전서는 "흩어진 나그네"에게 쓰여진 책이다. 이것은 우리가 지금 소아시아로 알고 있는 곳에 흩어져 있던 유대인 신자들에게 사용된 용어였다(1절). 이 책을 쓰게 된 목적은 고난과 시련 중에 있는 그들을 격려하고 굳세게 하기 위함이었다. 그러므로 이 책은 오늘날의 우리 시대와도 관련이 있다.

2. 중심 메시지

"우리 주 예수 그리스도의 아버지 하나님을 찬송하리로다 그의 많으신 긍휼대로 예수 그리스도를 죽은 자 가운데서 부활하게 하심으로 말미암아 우리를 거듭나게 하사 산 소망이 있게 하시며"(벧전 1:3)

3. 본서의 구조

산 소망(1장–2:10)

그리스도인의 삶(2:11–4:11)

주님의 재림(4:12-5장)

4. 산 소망 1장-2:10.

1) 인사를 마치자마자 베드로는 놀라운 찬양을 하고 있다(3절). 이것이 본서의 중심 메시지이기도 하다. 이것은 하나님께 드리는 찬양으로서 "하나님이 그의 많으신 긍휼대로 예수 그리스도를 죽은 자 가운데서 부활하게 하심으로 말미암아 우리를 거듭나게 하사 산 소망이 있게 하셨다"는 것이다.

   이 놀라운 소망은 5절에도 계속된다. "믿음으로 말미암아 하나님의 능력으로 보호하심을 받았느니라." 7, 8, 13절에서 우리는 시련과 기뻐함과 마지막까지 갖는 소망을 통한 산 소망이 가져다주는 다른 유익을 찾아볼 수 있다. 구약시대의 선지자들은 메시아의 오심과 사역에 대해 잘 몰랐다(마 13:17). 천사들도 그리스도에 관해 살펴보기 원했다(10-13절). 13-17절은 그리스도 안에서 받은 우리들의 높은 부름과 우리가 어떻게 살아야 할 것인가를 말해 주고 있다. 우리는 어떻게 구속(구원)되었는가? 18절에 밑줄을 긋고 19절을 적어 보자. ______________________________

   ____

   ____

2) 우리는 20절에서 2절의 "미리 아심"과 같은 의미의 "미리 알린 바"란 구절을 발견할 수 있다. 이것은 대부분의 사람들에게 있어 이해하기 어려운 문제이다. 쉬운 말로 설명해 보자. "미리 아심, 선택, 예정이 그 순서이다. 미리 아심이 선택 혹은 택함(1:2)을 결정한다. 예정은 선택을 통과함으로 나온 것이다. 선택은 미리 아심을 뒤로 봄이요, 예정은 운명을 예견하는 것이다. 미리 아신 자들이 선택된다. 선택된 자(자신의 자유 의지로 그리스도를 영접한 자)는 예정되었다. 그리고 이 선택은 모든 신자에게 단지 그가 믿는다는 사실로 확실한 것이다"(스코필드성경). 로마서 8:28-29을 찾아보라. 우리는 그의 아들의 형상을 본받게 하기 위하여 예정을 입었다.
3) 1:23, 2:2-살아 있는 말씀. 우리는 하나님의 말씀으로 거듭났다. 그것은 영원하다. 2:1의 "그러므로"는 살아 있는 말씀에 대해 계속 말하고 있다. 2:2을 외워 써보자. (밑줄)
4) 우리는 2:4-10에서 "산 돌"을 보게 된다. 우리도 역시 영적인 집의 산돌들이다. 6절의 요긴한 모퉁이 돌은 그리스도이시다. 이 첫 부분에서 베드로는 세 가지를 말하고 있다.
   - 산 소망
   - 산 말씀

Note

• 산 돌

우리는 이제 하나님의 제사장들이다. 그래서 하나님께 가까이 갈 수 있다. 이것은 모든 신자의 특권(birthright)이다(9절).

5. 그리스도인의 삶 2:11-4:11

이 부분은 "사랑하는 자들아"로 시작된다. 우리는 여기서 전환점을 찾을 수 있다. 베드로는 다음 사실들에 대해서 말하기 시작한다.

1) 그리스도인의 삶과 삶의 방법

우리는 육체의 정욕을 제어해야 한다–11절

공명정대–12절

순종–13절

선행–15절

공경, 사랑, 하나님 경외–17절

우리는 직장 일을 올바르게 해야 한다–18–20절

우리는(우리가 믿는다면) 영혼의 목자와 감독되신 이에게 돌아온 양이다–왜냐하면 그리스도께서 십자가에서 고난을 받으셨기 때문이다–21–25절(24절은 속죄에 대해 잘 말해 주는 구절이다).

2) 가정에서의 그리스도인의 삶(3:1–7)

아내는 때때로 그녀의 행위로 남편을 설복하게 할 수 있다. 마음의 단장이 믿지 않는 남편을 돌아오게 한다. 남편들은 자기 아내를 사랑하고 존경해야 한다. 이상적인 결혼은 그리스도 위에 그 근거를 둔 결혼이다.

3) 교회에서의 그리스도인의 삶(3:8–17)

다 마음을 같이 하여 서로 사랑하며 불쌍히 여기며 악을 멀리해야 한다. 그리고 "너희 속에 있는 소망에 관한 이유를 묻는 자에게는 대답할 것을 항상 준비"해야 한다(8–15절). 선을 행함으로 고난을 기꺼이 받아야 한다(17절).

4) 그리스도께서 우리 죄를 인하여 고난을 받으셨다(3:18–22).

이제 우리는 모든 성경 구절 중에서 가장 어려운 구절 중의 하나를 접하게 되었다. 17–22절을 다시 천천히 읽으십시오. 무엇을 말하고 있을까요? 다음의 크리스웰(W. A. Criswell)박사의 의견에 동의한다. "문제의 발단은 '그가 또한 영으로 가서 옥에 있는 영들에게 선포하시니라'는 구절에 있다. 이것이 무슨 뜻입니까? "그리스도께서 육체로는 죽임을 당하시고 영으로는 살리심을 받으셨으니 그가 또한 영으로 가서 옥에 있는 영들에게 선포하시니라." 흠정역에서 암시해 주듯이, 그는 그가 죽은 자 가운데서 살아나셨을 때에 옥에 있는 영들에게 선포하시러 가신 것이 아니다. 그가 옥에 내려 가셔서 거기 있는 영들에게 선포하신 것은 그가 새로운 부활체로 죽은 자 가운데서 부활하신 때가 아니라는 것이다. 문맥에 따르면 그가 죽어 계시는 동안에 그는 영으로 다시 살아나셨고 그가 그 영으로 지옥에 내려 가셔서 옥에 있는 영들에게 선포하셨음을 말해 준다. 그리스도께서 성육신하기 전에 그는 순수한 영이셨고 영적 위엄을 가지신 영광스런 분이셨다. 그리스도께서 그의 몸과 분리되실 때의 그의 영은 살리심을 받으셨다. 우리 주님께서 고난을 당하시고 죽으셨을 때 그는 그의 육체가 있는 날 동안 그곳에 내려 가셨다. 거기에 가셔야만 했기 때문이다. 에베소서 4:8–9을 읽으십시오. 당신이 이 구절들을 자세히 공부해 보시면 같은 결론에 이르게 될 것이다. 바울은 우리 주님께서 죽으셨을 때 땅 아래로, 유대 백성에게로 내려 가셨다고 말하고 있다. 이것은 주님께서 땅 아래 곳으로 내려 가셨을 때에 그 곳은 다른 세상임을 의미한다(지옥). 바울과 베드로는 같은 말을 하고 있다. 예수님께서는 영으로 살리심을 받으셨다. 그리고 그 영으로 그가 부활하시기 전에 옥에 있는 영들에게 전파하기 위해 옥에 가셨다. 그러면 이 사도는 왜 노아시대 사람들에 대해서만 말하고 있는가? 그들만큼 불순종한 다른 시대에 살았던 모든 다른 영들은 어떻게 되었는가? 그들에 대한 언급은 없으므로 그들을 제외시킬 수 있을까? 그렇지 않다. 베드로는 노아의 홍수에 깊은 감동을 받은 것 같다. 베드로후서 2:5에서, 또한 3:5–6에서도 노아의 홍수에 대해 언급하고 있다. 그 홍수가 그의 마음에 깊은 인상을 주었음에 틀림없다. 그리스도께서 지옥에 가셔서 알리셨고, 전파하셨다"–(크리스웰, 베드로에 관한 설교. pp77–79). 여기에 대한 수많은 해석들이 있다. 나는 그리스도께서 "완성된 구속"에 관한 복음을 전파하셨다고 생각한다. 즉, 고통을 받고 있는 자들에게 파멸을, 낙원에 있는 자들에게 영광을 알리셨다. 누가복음 16:19–31을 읽으라. 우리는 세례로 그리스도와 연합되었다.

5) 그리스도인의 삶은 고난을 견뎌내는 것이다–4:1–11 그것은 옛 성품을 이기는 승리를 가져다준다. 이제 우리는 더 이상 육체 안에 사는 것에 만족할 수 없다–1–3절
주님의 재림이 그리스도인의 삶을 고무시켜 준다–7절
우리는 하나님께서 주신 은사를 사용함으로 형제들을 사랑해야 하며 그들을 친절하게 대해야 한다–9–10절
11절의 베드로의 찬양을 보라.

6. 주님의 재림(4:12-5장)

Note

베드로는 여기서 고난에 대해 언급한다. 그런데 그것은 여전히 미래의 것이면서도 그리스도인에게 확실히 다가오고 있는 것이다. 그는 이렇게 시작한다(12절)–"사랑하는 자들아 너희를 연단하려고 오는 불 시험을 이상한 일 당하는 것같이 이상히 여기지 말고." 그 뒤의 말들도 지시해 주듯이 베드로는 "대환란"에 대해서 생각하고 있다. 바울은 이것을 주님께서 재림하신 후에 무서운 환란시대가 있는 것으로 묘사했다. 베드로의 주님의 재림에 대한 강조에 유의하라.

4:13을 적어 보자. ______________________________

____

5:1 ______________________________

____

5:4 ______________________________

____

당신은 영광의 면류관을 유의해서 보았는가? 그리스도인이 받게 될 다섯 가지 보상 중의 하나이다:

- 썩지 아니 할 면류관–(옛 성품을 이긴 자)–고린도전서 9:25–27
- 기쁨의 면류관–(영혼을 구원하는 자)–데살로니가전서 2:19
- 생명의 면류관–(순교자의 면류관)–요한계시록 2:10
- 의의 면류관–(주의 나타나심을 사모하는 자)–디모데후서 4:8
- 영광의 면류관–(신실한 교사와 목자)–베드로전서 5:2–4

베드로는 염려하지 말라고 말한다.

"너희 염려를 다 주께 맡기라 이는 그가 너희를 돌보심이라." 얼마나 영광스러운 책인가! 다시 한번 읽어 보라.

복습

- 베드로의 다른 이름은 무엇인가?
- 이 책에 언급된 "살아있는" 세 가지를 말해 보자.
- 그리스도께서는 옥에 있는 영들에게 어떻게 전파했는가?
- 다섯 가지의 면류관 중에서 당신은 몇 개나 받을 수 있는가?

과제

- 베드로후서를 읽어 보자(3장-2번 읽을 것).
- 베드로전서 복습해 보자.
- 당신이 기억해야만 하는 구절들에 밑줄을 그으라.

Week 49
베드로후서, 유다서

베드로후서

1. 베드로후서와 유다서

이 두 권의 책은 서로 비슷한 면이 많다. 같은 배경에서 영감되었다고 생각할 만큼 유사점이 많이 있다. 벧후 2장과 유다서는 더욱 그러하다. 베드로후서의 저자에 대한 많은 논란이 있어 왔다. 신약 정경은 "사도나 사도의 대서자(代書者)가 기록한 것이어야 한다"는 기본 원칙으로 형성되었다.

대서자는 "서기"나 "비서"였다. 카르타고(Carthage) 공회는 "공인된 정경을 제외한 책을 교회에서 읽는 것을 금했으며" 그 때에 신약의 27권만 인정되었다. 베드로후서의 저자 문제는 베드로전서와 후서의 문체와 기록의 차이 때문에 생겨났다. 베드로전서는 우아하게 쓰여졌다(매끄러운 헬라어). 그러나 베드로후서는 마치 헬라어 사전을 사용해야 하는 사람이 쓴 것처럼 보인다. 베드로는 아람어를 사용했다. 그는 성장한 뒤에 예수님을 따라 다녔다. 베드로전서는 그가 그의 비서(대서자)를 통해서 기록한 것이다. 그의 이름은 실루아노(벧전 5:12)였다. 베드로후서는 베드로 자신이나 실루아노 보다는 헬라어를 잘 알지 못하는 사람에 의해서 쓰여졌다. 이것이 바로 두 책의 문체가 달라지게 된 이유이다. 그러므로 이 두 편지는 베드로에 의해 기록된 것이다(3:1).

2. 중심 메시지

"하나님과 우리 주 예수를 앎으로 은혜와 평강이 너희에게 더욱 많을지어다. 그의 신기한 능력으로 생명과 경건에 속한 모든 것을 우리에게 주셨으니 이는 자기의 영광과 덕으로써 우리를 부르신 이를 앎으로 말미암음이라"(1:2–3).(주요 내용이 배교에 관한 것이다. 주님의 죽음과 부활과 승천과 기도에 관한 언급은 없다.)

3. 본서의 구조

그리스도인에게 주신 위대한 은혜(1:1-14)

성경의 권위(1:15-21)

배교-거짓 선생들(2장)

주님의 재림(3장)

4. 그리스도인에게 주신 위대한 은혜 1:1-14

성장이 없는 그리스도인의 삶은 위험하다. 실천이 없는 지식도 위험한 것이다. "보배로운 믿음"(1절)과 "보배로운 약속"(4절)으로 신성한 성품에 참여하게 된 자는 "정욕 때문에 세상에서 썩어질 것을 피할" 수 있다. 그리스도인에게는 "믿음" 위에 채워 주신 7가지의 은혜가 있다. 이것들은 우리 삶의 일부분이 되어야 한다(5절).

믿음에 덕

덕에 지식

지식에 절제(자기 통제)

절제에 인내

인내에 경건

경건에 형제 우애

형제 우애에 사랑

이것들이 당신 삶의 일부분이 된다면 당신은 주 예수 그리스도를 알기에 게으를 수 없을 것이다(8절). "메마른" 그리스도인들은 자신들의 옛 죄들이 깨끗함을 받았다는 사실을 잊고 있다(9절). 베드로는 우리의 부르심 받음을 회상하게 하며 기억할 것을 종용하고 있다(10-14절).

5. 성경의 권위 1:15-21

베드로는 그에게 죽음이 다가오고 있음을 의식했다. 여기서의 그의 주요 가르침은 주님의 변형을 친히 본 것에 근거를 둔 주님의 재림이었다(15-16절). 다음 절들이 그것을 설명해 주고 있다. 17-18절을 읽어 보자.

마태복음 17:5을 적어 보자. ______________________________

____

Note

19–21절에는 하나님의 말씀에 대한 심오한 진술이 나온다.

"더 확실한 예언"(19절)–(베드로가 주님의 변형을 눈으로 본 것보다 더 확실함).

"성경의 모든 예언은 사사로이 풀 것이 아님"(20절–우리는 성경을 가지고 성경을 가르쳐야 한다.)

"성령의 감동하심을 받은 사람들이 하나님께 받아 말한 것"이다(21절). 디모데후서 3:16–17을 보라.

6. 배교-거짓 선생들 2장

이스라엘 중에 거짓 선지자들이 있었다. 그와 같이 교회에도 그리스도의 구속을 부인하는 거짓 선생들이 있게 될 것이다. 거짓 추종자들이 거짓 선생들을 좇게 될 것이다(1–3절). 베드로는 과거의 배교를 통해 앞으로 있게 될 세 가지 유형의 배교를 말하고 있다:

- "범죄한 천사들"(4절)–하나님께 반역
- 노아시대의 "경건하지 아니한 자들"(5절)– 마 24:37–39
- 소돔과 고모라와 같은 "도덕적 타락"(6절)–롬 1:24–32

주님께서는 시험 속에 있는 의로운 자를 구하신다(7절). 놀랍지 않습니까? 고전 10:13을 다시 보라.

2장의 나머지 부분은 배교에 대한 생생하고도 경악스러운 묘사이다. 천사들이 감히 그러한 일들을 더 이상 할 수 없다(11절). 그 배교자들(거짓 선생들)은 짐승들과 같다(12절); 그들은 탐욕에 연단된 마음을 가진 자들이다(14절); 세상적 유익을 위해 발람의 길을 따른다(15절); 그러나 그들도 그리스도에 관한 지식을 가지고 있다(20절); 그들은 더러운 구덩이에 다시 눕는 돼지와 같다(22절). 예수님께서도 배교에 대해서 많이 말씀하셨다. 마태복음 15:14; 12:43–45; 누가복음 12:47–48.

오늘날의 교회에 있는 우리들에게 주는 교훈은 타협해서는 안 된다는 것이다. 거짓 교리가 교실이나 강단에 "태평한 호의"를 가장하여 침범하지 못하도록 해야 한다.

7. 주님의 재림 3장

베드로는 그들에게 말세에 조롱하는 자들이 그리스도의 재림을 조롱함이 있을 것을 생각나게 하기 위해 이 편지를 썼다(3:1). 그들은 창조 이래에 아무 변화도 없었다고 말할 것이다(1–4절). 베드로는 5–7절에서 그들과 우리들에게 "물이 넘침으로 멸망한 세상"을 상기시키고 있다. 예수님께서도 그의 재림이 이와 같을 것이라고 말씀하셨다. 마태복음 24:37-38을 보라. 그리고 37절을 적어 보라. ______________________

____

____

3:10은 이 세상의 멸망에 대해 생생하게 묘사해 주고 있다.

"하늘이 큰 소리로 떠나가고"

물질이 "풀어지고"

"물질"-땅과 그 중에 있는 모든 것

"뜨거운 불"-힘

미래에 관한 성경의 묘사를 볼 때 신자들은 신중해야 하며 주님을 위해 구별된 삶을 살며 잃은 자들을 구원해야 한다(11, 14절).

이제 13절을 읽으십시오. "우리는 그의 약속대로 의가 있는 곳인 … 바라보도다" 베드로는 바울이 기록한 깊은 진리를 말함으로 이 편지를 끝맺고 있다. 전날에 바울이 베드로를 책망한 것이 그들의 교제에 금이 가게 할 수는 없었다(갈 2:11-14).

18절을 보라.-"은혜와 그를 아는 지식에서 자라 가라." 우리는 하나님의 말씀을 통해서만 자랄 수 있다.

유다서

1. 본서

유다는 예루살렘 교회의 사랑받던 목회자요, 주님의 동생이었던 야고보의 동생이었다. 그의 형과 함께 유다도 주님을 믿지 않다가 부활 후에 믿게 되었다(요 7:3-8). 부활과 승천사이에 그들은 구원을 받았고 오순절 성령 강림이 있었던 그 다락방에 참석했다(행 1:13에 나오는 야고보의 "형제" 유다가 바로 이 유다이다. 우리 개역 성경은 "형제" 대신 "아들"로 번역되어 있다). 유다서는 예수님의 재림 전에 기독교에 있게 될 배교만을 전적으로 다룬 유일한 책이다. 유다서는 배교에 관한 모든 가르침을 제공해 준다. 에덴동산에서부터 그의 백성 이스라엘을 거쳐 오늘날까지를 모두 다룬 이 책은 베드로후서와 많은 유사점을 가지고 있다. 베드로는 장래에 있게 될 거짓 선생들에 대해서 말했으나(벧후 2:1) 유다는 이미 와 있는 그들을 다루고 있다.

Note

2. 중심 메시지

"성도에게 단번에 주신 믿음의 도를 위하여 힘써 싸우라"-(3절 하반절)

3. 본서의 구조

왜 우리는 믿음을 위하여 힘써 싸워야 되는가?(3-16절)

어떻게 우리는 믿음을 위하여 힘써 싸울 수 있는가?(17-23절)

4. 왜 우리는 믿음을 위하여 힘써 싸워야 되는가?3-16절

1) 3-4절에서 우리는 교회에 가만히 들어온 배교적인 선생들을 보게 된다. 그들은 아마도 "선한 사람들"로 알려졌던 것 같다. 그들은 믿음에 대한 두 가지를 부인하는 자들이었다.

- "하나님의 은혜를 방탕한 것으로 바꿈"
- "홀로 하나이신 주재 곧 우리 주 예수 그리스도를 부인함"

2) 5-7절에서 거짓 선생들의 운명이 확실히 예언되며 과거의 배교를 통한 세 가지의 역사적인 실례를 들고 있다.

- 애굽-"후에 믿지 아니하는 자들을 멸하심"-5절
- 천사들-"자기 지위를 지키지 아니함"-6절
- 소돔과 고모라-"영원한 불의 형벌을 받음으로 거울이 됨"-7절

3) 8-11절. 유다는 이 거짓 선생들의 성품과 행위를 거친 어조로 묘사하고 있다. 그는 그들의 경건하지 못한 행동과 태도를 역사적인 세인물을 통해 보여 주고 있다.

- 가인-본성적인 인간, 자기 소견대로 행함.
- 발람-삯을 위하여 어그러진 길로 감.
- 고라-하나님의 대언자로서의 모세의 권위를 거역함.

4) 12-13절. 거짓 선생들을 묘사하는 여섯 가지의 비유.

① "암초"(12절)-애찬의 암초-주님의 성찬-고전 11:17-30

② "자기 몸만 기르는 목자"(12절)-거짓 목자는 겁도 없이 자기의 욕구만을 채움.

③ "물 없는 구름"-(12절)-배교의 거짓 약속을 묘사함.

④ "열매 없는 나무"(12절)-배교의 무익한 공언을 묘사함.

⑤ “바다의 거친 물결”(13절)—배교의 부질없는 노력을 묘사함.

⑥ “유리하는 별들”(13절)—모든 거짓 가르침의 정처없는 목표를 묘사함.

5) 닥쳐 올 멸망에 대한 에녹의 예언—14—15절

에녹은 주님께서 초림하시기 전에 주님의 재림을 예언했다. 그는 두 개의 큰 사건을 알리고 있다.

- “주께서 그 수만의 거룩한 자와 함께 임하신다”—14절
- “모든 경건하지 않은 것을 심판하신다”—15절

골로새서 3:4을 찾아 보라.

데살로니가전서 3:13

베드로후서 3:7

5. 어떻게 우리는 믿음을 위하여 힘써 싸울 수 있는가? 17-23절.

배교는 예언되고—우리는 경고를 받았다(17—19절).

우리는 우리의 지극히 거룩한 믿음 위에 우리 자신을 세우며, 성령으로 기도하며, 하나님의 사랑 안에서 자신을 지키며, 주 예수 그리스도를 바라보며, 죽어 가는 자들을 구해 내야 한다(20—23절). 22—23절로 우리는 다음 예들을 묘사해 낼 수 있다.

• 22절은 술과 마약으로 인해, 온화하지만 강한 돌봄을 필요로 하는 사람들을 예로 들 수 있을 것이다.

• 23절의 앞 부분은 타락한 사람들과 깊은 영향을 받을 정도로 사귀고 있어 구원받지 못하고 있는 사람들의 예가 될 수 있다.

• 23절의 뒷 부분은 부도덕한 삶을 사는 아름다운 여자와 교제하는 그리스도인 남자의 예를 들 수 있다.

유다의 끝 송영은 신약 중에서 장엄한 것 중의 하나이다.

“능히 너희를 보호하사 거침이 없게 하시고 너희로 그 영광 앞에 흠이 없이 기쁨으로 서게 하실 이 곧 우리 구주 홀로 하나이신 하나님께 우리 주 예수 그리스도로 말미암아 영광과 위엄과 권력과 권세가 영원 전부터 이제와 영원토록 있을지어다. 아멘”(유 24—25).

복습

- 왜 베드로후서의 저자 문제가 생겨났는가?
- 베드로후서와 유다서의 주요 강조점은 무엇인가?

Note

• 당신은 성경이 우리들에게 어떻게 주어졌는지 말할 수 있는가?(벧후 1:21을 보라).

• 유다는 누구인가?

과제

• 요한일, 이, 삼서를 읽어 보자.
• 이번 주에 배운 것을 복습해 보자.
• 당신이 기억해야만 하는 구절들에 밑줄을 그으라.

보충 공부

• 9절에 모세의 시체에 대한 미가엘과 마귀의 다툼이 언급되고 있다. 왜 사탄은 모세의 시체를 원했을까? 사탄은 모세의 시체를 성물로 숭상하기를 원했다.
• 신명기 34:5–6을 찾아 보라.
• 이 구절에서의 "그"(우리 개역 성경에는 나타나지 않음)는 바로 이 진술 내용의 주인공인 천사장 미가엘에 대해 언급하고 있는 것이다.

Week 50
요한일, 이, 삼서

요한일서

(밑줄 친 부분에 성경을 찾아 전체구절이나 그 구절의 중심 진리를 써 넣으십시오)

1. 요한일서

요한복음과 요한계시록을 쓴 요한이 이 책의 저자이다. 요한일서는 "비타협의 서신"으로 불려지기도 한다. 요한복음에서 그는 우리들을 그의 우리 안에 있는 양으로 묘사한다. 이 편지에서는 그의 가족이 일원으로 묘사한다. 요한은 세 종류의 기록에서 각각 그 기록 목적을 밝히고 있다. 복음서에서–요한복음 20:31–"오직 이것을 기록함은 너희로 예수께서 하나님의 아들 그리스도이심을 믿게 하려 함이요 또 너희로 믿고 그 이름을 힘입어 생명을 얻게 하려 함이라." 서신에서–요한일서 5:13–"내가 하나님의 아들의 이름을 믿는 너희에게 이것을 쓰는 것은 너희로 하여금 너희에게 영생이 있음을 알게 하려 함이라." 계시록에서 "그러므로 네 본 것과 지금 있는 일과 장차 될 일을 기록하라"(1:19).

2. 중심 메시지

"우리가 아노라"(30회 이상)–2:3, 5, 21, 29절; 3:2, 5, 14, 19, 24절 등(이것은 구원의 확신에 대해서 말해 주는 책이다. 읽고 "안다"라는 단어에 밑줄을 그으라).

3. 본서의 구조

1) 7개의 대조

빛과 어두움(1:5–2:11)

하나님 아버지와 세상(2:12–2:17)

그리스도와 적그리스도(2:18–2:28)

의를 행함과 불법을 행함(2:29–3:24)

성령과 거짓 영들(4:1–4:6)

사랑과 거짓 사랑(4:7–4:21)

새 생명과 이 세상(5:1–21)

간단한 다른 구조를 만들어 볼 수도 있다.

- 하나님은 빛이심–1:1–2:2
- 하나님은 사랑이심–2:3–4:21
- 하나님은 생명이심–5장

Note

4. 1장의 강조점

1) 요한은 다시 요한복음 1:1처럼 "태초부터"로 거슬러 올라간다(영원전). 그는 1절을 다음과 같이 시작한다.

"우리가 들은 바요"–요한은 예수님의 말씀을 들었음(청각)

"우리가 눈으로 본 바요"–요한은 예수님을 보았음(시각)

"자세히 보고"–구원을 봄

"손으로 만진 바라"–그는 주님의 심장의 고동침을 느꼈음(요 13:23; 21:20, 24).

2) 그는 우리 교제의 근원이시다(1:3).

그리스도인의 교제는 그리스도께서 주신 것들을 나눈다는 의미이다. 바울은 기도와 말씀 가르침과 성찬과 구제를 말할 때 "코이노니아"(Koinonia)란 단어를 사용했다. 우리가 "빛 가운데 행하면" 우리에게 교제가 있다(5–7절). 예수님은 빛이시다. 우리는 죄의 자백으로 교제를 유지시킨다(1:9). 이 말씀은 그리스도인에게 있어 세탁비누와 같은 말씀이다.

5. 2장의 강조점

1) 만일 우리가 죄를 범하면 그리스도는 우리의 대언자이시다. 그는 우리의 죄의 댓가를 치루셨다. 우리가 자백할 때에 그는 우리에게 온전한 교제를 회복해 주신다(1–2절).

2) 주님과 그의 말씀에 대한 순종은 우리가 그에게 속했다는 증거이며, 그것이

형제를 사랑하게 한다(3–11절). 이것이 다음 질문에 적용될 수 있는 가장 좋은 시금석 중의 하나이다. "내가 그리스도인이라는 것을 어떻게 확신할 수 있습니까?" 버논 맥기(J.Vernon McGee)씨는 "그리스도인의 삶은 삼각형과 같다"고 했다.

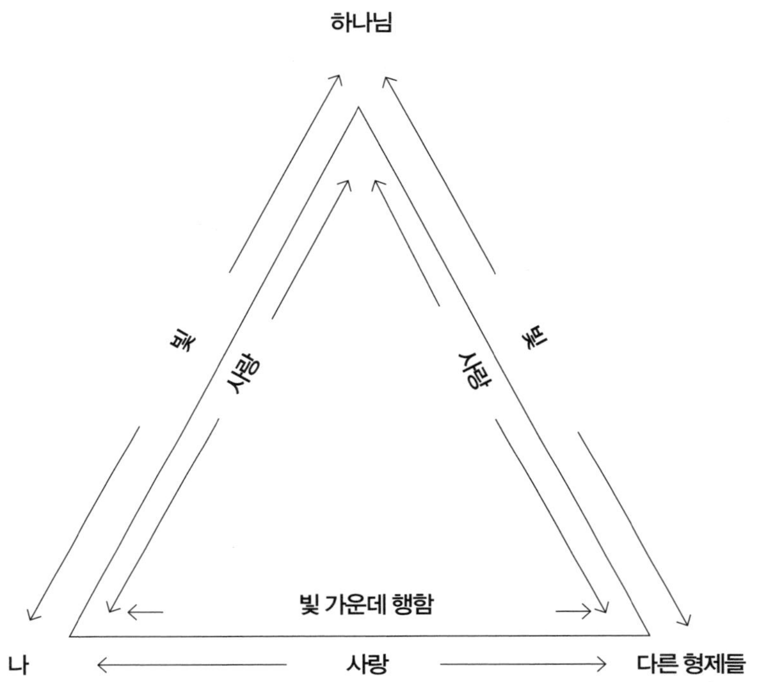

3) 우리는 세상을 사랑해서는 않된다(15–17절).

16절에 유의하라.

"육신의 정욕"

"안목의 정욕"

"이생의 자랑"

이것들은 세상에 속한 것들이다. 모든 죄는 이것들 중의 하나 밑에 자리를 하고 있다.

4) "많은 적그리스도"에 관한 강조에 유의하라(18–28절). 이것은 마지막 날에 관한 것으로 (우리는 그 마지막 날을 살고 있음) 거짓 선생들이 많은 거짓 교훈을 가르친다. 하나님의 교리를 떠나며(19절), 그들 스스로 "그리스도인"이라고 하면서 예수님의 신성을 부인할 것

이다(22-23절).

Note

6. 3장의 강조

1) 우리를 향한 아버지의 사랑-(1절). 우리는 하나님의 자녀가 될 것을 기대하고 있지 않다. 우리는 이미 하나님의 자녀가 되었다! 우리는 지금 하나님의 자녀이다. 우리는 그와 같이 될 것이다(2절).

2) 우리는 8절과 여러 곳에서 선행과 악행의 대조를 보게 된다. 그리스도인을 향한 최고 절정은 24절에 나타나 있다. "우리에게 주신 성령으로 말미암아 그가 우리 안에 거하시는 줄을 우리가 아느니라."

7. 4장의 강조점

1) "영들을 분별하라." 신실하고 선하게 보인다고 다 믿어서는 않된다. 우리를 항상 미혹하려는 거짓 영들이 있다. 4:1에 밑줄을 그으라. 성령께서 모든 신자들 안에 거하신다(4절). 그리스도인은 설교자, 교사로부터 하나님의 말씀을 듣는다. 그러나 구원받지 못한 자는 듣지 않는다(6절).

2) 요한이 말한 사랑에 관한 위대한 구절이 7-21절에 나오고 있다. 읽으면서 "사랑"이란 단어를 볼 때마다 밑줄을 그으라(27회).

18절을 적어 보자. ______________________________

____

8. 5장의 강조점

1) 믿음은 세상을 이기게 한다-그리스도를 믿는 믿음(1-4절)

2) 6절은 학자들 간에 논란이 되고 있다. 그리스도를 믿는 믿음으로 말미암은 구원의 진리를 증거해 주는 것이 세 개 있다:

- 물-하나님의 말씀(요 19:34-35)
- 피-우리의 죄로 인한 그리스도의 죽음(엡 1:7)
- 성령-진리(행 1:4, 8)

7절-아버지는 아들(말씀)이시고 성령이십니까?

8절-성령께서는 우리가 거듭날 때 우리 마음에 역사하신다. 그는 말씀을 가지고 그리스도의 피 흘리심을 우리 마음에 적용하신다.

3) 이 서신서의 요점이 11-15절에 나와 있다. 빨간색으로 밑줄을 긋고 그것을 기억하십시오!

9. 하나님과 동행함에 대한 7가지 시금석

그것들은 "만일 우리가—라고 하고"나 "—라고 하는 자"로 시작한다.

① 1:6-거짓 교제

② 1:8-거짓 성화

③ 1:10-거짓 의

④ 2:4-거짓 성실

⑤ 2:6-거짓 행동

⑥ 2:9-거짓 영성

⑦ 4:20-거짓말

요한이서

1. 본서의 저자

이 책의 저자인 요한은 여기서 자신을 "장로"라고 말한다.

그는 이 짧은 서신을 "택하심을 입은 부녀"에게 쓰고 있다. 5, 10, 12 절 내용은 이 편지가 실제 인물에게 보내는(어떤 이들이 말하듯이 지역 교회가 아닌) 개인적인 편지임을 보여 준다. 이 편지는 A.D. 90년경에 에베소에서 쓰여졌다.

2. 중심 메시지

"진리를 말미암음이로다"(2절).

3. 본서의 구조

진리와 사랑 안에서 행함(1-6절)

그리스도 교훈을 지킴(7-13절)

Note

4. 진리와 사랑 안에서 행함 1-6절

진리는 이 편지의 주제이다. 요한이 말하고 있는 진리는 성경의 교리를 가리킨다. 1-4절을 통해 이 편지는 요한이 받은 편지에 대한 답장임을 알 수 있다.

5절에서 요한이 말하는 진리는 새로운 것이 아니고 처음부터 아버지께서 받아 갖게 된 것이었다. 그것은 우리가 서로 사랑하는 것이었다.

갈라디아서 6:2을 적어 보라. ______________________________

____

이 사람은 모든 신자들 마음 속에 성령으로 말미암아 부은 바 된 "그리스도의 새 계명"에 의한 사랑을 말한다(롬 5:5). 우리는 서로 사랑해야 한다. 그리고 그 증거는 우리가 계명을 따라 행하는 것이다(6절).

5. 그리스도 교훈을 지킴 7-13절

"그리스도 교훈 안에 거하는 그 사람은 아버지와 아들을 모시느니라"(9절). 많은 거짓 선생들이 교회들을 돌고 있었다(7-11절). 그들은 그리스도 예수님이 육체로 임하신 것을 부인했다. 그들은 미혹하는 자요, 적그리스도였다(요일 4:1-2). 그들은 그리스도의 인성을 믿지 않았고 그의 성육신을 부인했다.

우리는 거짓 교훈을 설교하고 가르치는 자들을 도와줄 수 없다. 오늘날도 수많은 이단과 교리가 있다. 요한은 우리가 그들을 도와 준다면 우리도 그 악한 교훈에 참여하는 자가 된다고 말하고 있다. 우리가 거짓 교훈을 전파하는 일에 참여하게 된다는 것이다(10-11절).

요한삼서

1. 본서

요한삼서는 세 인격(세 사람)을 다루고 있다.

이 세 사람은 우리들에게 근본적인 진리를 가르쳐 주고 있다.

2. 중심 메시지

"사랑하는 자여 네 영혼이 잘됨 같이 네가 범사에 잘되고 강건하기를 내가 간구하노라"(2절).

3. 본서의 구조

가이오–진리 안에서 행함(1–8절)

디오드레베–으뜸되기를 좋아함(9–11절)

데메드리오–뭇 사람에게 좋은 증거(12–14절)

4. 가이오-진리 안에서 행함 1-8절

요한은 가이오를 "사랑하는 자"라고 4번이나 부르고 있다. 이 사람은 요한에게 있어 큰 기쁨의 원천이었다. 그는 모든 "형제 곧 나그네 된 자들"을 돌봤다. "진리를 위하여 함께 일하는 자"였다. 이 선한 사람에게 있어서의 진리는 주 예수 그리스도이셨다.

5. 디오드레베-으뜸되기를 좋아함 9-11절

이 사람은 모든 칭찬과 영광을 원했다. 그는 다음과 같은 죄를 범했다.

요한을 맞아들이지 않음(9절)

악한 말로 요한을 비방함(10절)

형제들(선교사들)을 대접하지 않음(10절)

맞아들이고자 하는 자를 금하여 교회에서 내쫓음(10절)

6. 데메드리오-뭇 사람에게 좋은 증거 12-14절

이 사람에 관한 소개는 단 한 절에 불과하나 그리스도인 교사에게 좋은 교훈을 주고 있다. 그의 이름을 통해서 그가 이교에서 개종한 사람임을 알 수 있다. 그는 모든 사람에 대해서, 그리고 복음에 대해서 선하게만 말했다. 그는 그리스도의 교훈을 아름답게 했다. 다른 사람들이 그의 그리스도에 대한 신실성을 증거했다.

우리는 복음 전파를 돕는 가이오와 같이 될 수 있다. 혹은 개인적인 유익을 위해 사역을 방해하는 다오드레베와 같은 사람이 될 수도 있다. 또한 예수 그리스도의 복음을 영화롭게 하는 데메드리오와 같은 사람이 될 수도 있다.

복습

- 요한은 모두 몇 권의 성경을 썼는가?
- 요한이 지은 성경은 무엇인가?
- 요한일서의 중심 메시지는 무엇인가?
- 요한일서 1:9을 암송할 수 있는가?
- 요한이서는 ______________________________에게 쓰여졌다.
- 요한삼서는 ______________________________에게 쓰여졌다.

과제

- 요한계시록 1장부터 11장까지를 읽어 보자.
- 요한의 세 서신서를 복습해 보자.
- 당신이 기억해야만 하는 구절들에 밑줄을 그으라.

Note

Week 51

요한계시록 I

1. 본서

성경의 마지막 책인 이것을 우리는 두 과로 나누어 공부하게 될 것이다. 요한계시록의 모든 가르침을 공부하는 것은 불가능하기 때문에 두드러진 점만을 살펴보게 될 것이다.

- 하나님께서 그리스도에게 주심
- 그리스도께서 천사를 통해서 보내심
- 천사가 종 요한에게 줌
- 요한이 일곱 교회에게 줌

이것이 요한계시록의 모든 말씀에 권위를 부여하고 있다. 이 계시록은 시도요한이 기록했다. 그는 이미 4권의 성경을 썼던 사람이다: 요한복음, 요한일서, 요한이서, 요한삼서. 요한복음에서 그는 다른 성경에서는 볼 수 없는 영원 전까지 거슬러 올라가고 있다(요 1:1-3). 계시록에서 그는 다른 성경에서 볼 수 없는 영원한 장래까지 다루고 있다(계 21, 22장). 사람은 역사를 기록하지만 하나님은 예언을 기록하신다. 계시록은 하나님께서 말씀하신 예언이다. 이 책의 중요성이 3절에 나타나 있다.

이 예언의 말씀을 읽는 자와
듣는 자와
그 가운데에 기록한 것을 지키는 자들이 복이 있다.

요한은 이 예언을 밧모섬에서 기록했다.

Note

2. 중심 메시지

"예수 그리스도의 계시라"–1절

아포칼립스(Apocalypse)란 단어는 동사와 전치사의 합성어이다. "아포"(apo)는 "없앰," "제거함"을 "칼룹토"(kalupto)는 "숨기다," "덮다"를 의미한다. 그러므로 "아포칼룹시스"(Apokalupsis)는 "벗기다," "계시하다"란 의미를 가지고 있다. 계시록은 예수 그리스도의 다가오는 승리를 계시하며 보여 주는 책이다.

본서의 구조를 알아 보기 전에 계시록에 대한 몇 가지 해석 방법을 알아두는 것이 도움이 될 것 같다. 우리는 3절에서 "때가 가까움이라"는 구절을 보게 된다. 그러나 우리가 이 책에 관해 말한 모든 이론과 사상을 종합해 보면 다음 네 가지 부류로 나눌 수 있다.

그것들을 간단히 정리해 보면:

1) 과거주의자들의 해석

그들은 계시록을 과거시대와 세대에 이미 성취된 것으로 간주한다.

2) 역사적 진행으로 보는 해석

이 사람들은 계시록은 요한 시대부터의 교회 역사의 파노라마라고 믿고 있다.

3) 영해주의자들–이상주의자들

이들은 계시록을 선과 악의 대투쟁의 상징이라고 말한다. 그들은 이책을 실제적이 아니고 오로지 상징적인 것으로만 해석한다.

4) 미래주의자들의 해석

이들은 계시록의 4장부터 종국에 관한 계시가 묘사되고 있다고 믿고 있다. 소위 "복음주의적"이라고 하는 사람들은 이 기본 해석을 받아들이고 있다. 이 책의 많은 사건이 아직 성취되지 않았다. 지금까지 일어 났던 어떤 사건도 이 책이 말하는 심판에 해당될 수 없다. 당신은 이 요한계시록 공부를 마치고 나면 어느 이론을 받아들여야 할 것인지 알게 될 것이다. 그러면 "때가 가까움이라"는 무엇을 의미하는가? 이것은 우리 주님의 재림이 임박했음을 말해 준다(항상).

3. 본서의 구조

네가 본 것을 기록하라(1장)

지금 있는 일을 기록하라(2–3장)

장차 될 일을 기록하라(4–22장, 이것은 1:19에 나타난 하나님께서 요한에게 제시한 윤곽이다).

4. 네가 본 것을 기록하라 1장

이 명령에 순종하여 요한은 그가 본 것을 기록했다. 그는 알파와 오메가요 처음과 끝이신 영광스러운 주님을 보았다. 그는 일곱 금 촛대와 일곱 촛대 사이에 계신 하나님의 아들과 같은 분을 보았다. 요한은 살아계신 주님의 모습을 묘사했다: 그의 옷, 눈, 머리, 머리털, 발, 음성. 요한은 주님의 오른 손에 있는 "일곱 별"을 보았다(16절). 이 "촛대들"과 "별들"은 무엇을 뜻하는가?(16절). 요한은 이것을 20절에서 말하고 있다. 일곱 별은 "천사들"(사자들), 실제적으로 일곱 교회의 목회자들을 말하고 일곱 촛대는 일곱 교회들을 의미한다.

5. 지금 있는 일을 기록하라 2, 3장

1) "지금 있는 일"은–일곱 교회들에 관한 것이다. 1:20에서 보듯이 "일곱 촛대는 일곱 교회"이다. 그는 수수께끼나 불가사의를 말하고 있는 것이 아니다. 요한이 본 것을 이 책에 기록한 그의 메시지는 명백하다. 그는 그 메시지를 아시아에 있는 일곱 교회들에게 보냈다. 이 일곱 교회는 하나님의 모든 교회를 대표하고 있다. 계시록에 나타난 신성한 숫자는 매우 중요하다. 왜냐하면 "일곱"이라는 숫자는 "충만," "완전"을 의미하며 하나님의 완전한 가족을 말하기 때문이다. 일곱 교회는 모든 시대의 모든 교회를 상징한다. 요한은 우리가 사는 시대와 같은 교회 시대에 살았다.

2) 그리스도께서는 일정한 형식을 가지고 일곱 교회에 대해 말씀하신다. 당신이 일곱 교회에 대해서 공부하게 되면 그가 쓰신 일정한 형식을 발견하게 될 것이다. 그 형식은 다음과 같다:

- 먼저 그리스도께서 자신을 밝히심.
- 그 후에 그 교회를 칭찬하심(라오디게아 교회는 제외).
- 그 다음에 잘못된 것을 책망하심(서머나와 빌라델비아 교회엔 없음).
- 그런 후에 그 교회에 권고하심.
- 마지막으로 그 교회에게 도전을 주심.

3) 에베소교회–"에베소교회의 사자에게 편지하라…."

이 교회는 이 사도가 봉사하던 교회였다. 주님께서 에베소교회에 쓰신 형식과 비교해 보라.

- 자신을 밝히심(2:1)–"오른손에 있는 일곱 별을 붙잡고 일곱 금 촛대 사이를 거니시

는 이"

- 그 교회를 칭찬하심(2–3절)–"내가 네 행위와 수고와 네 인내를 알고 …."
- 책망하심(4절)–"그러나 너를 책망할 것이 있나니 너의 처음 사랑을 버렸느니라."
- 권고하심(5–6절)–"생각하고 회개하라. 만일 그리하지 아니하면 네 촛대를 그 자리에서 옮기리라."
- 도전하심(7절)–"귀 있는 자는 성령이 교회들에게 하시는 말씀을 들을지어다. 이기는 그에게는 내가 하나님의 낙원에 있는 생명나무의 열매를 주어 먹게 하리라."

4) 서머나교회–"서머나 교회의 사자에게 편지하라 …."

이 교회는 핍박을 당하고 있었다.

자신을 밝히심(2:8)–"처음이며 마지막이요 죽었다가 살아나신 이"

칭찬하심(9–10절)–그 교회는 순교와 핍박을 당하고 있었다. 황제들의 초대교회를 없애려는 십여차례의 두드러진 시도가 있었다. 이것들은 네로부터 디오클레티안 황제 사이에 일어난 역사적인 사건들이다.

책망하심–없음.

권고하심(10절)–"너는 장차 받을 고난을 두려워하지 말라–네가 죽도록 충성하라."

도전하심–"내가 생명의 관을 네게 주리라"(약 1:12을 보라).

5) 버가모교회–"버가모교회의 사자에게 편지하라 …."

이 교회는 국가와 굳게 결탁한 교회

즉, 세상적인 교회였다.

- 자신을 밝히심(2:12)–"좌우에 날선 검을 가진 이"
- 칭찬 하심(13절)–"네가 어디에 사는지를 내가 아노니–네가 내 이름을 굳게 잡아서–나를 믿는 믿음을 저버리지 아니하였도다."
- 책망하심(14–15절)–"그러나 네게 두어 가지 책망할 것이 있나니"(이 절들을 읽으십시오.) 그들은 잘못된 교훈을 지켰다.
- 권고하심(16절)–"그러므로 회개하라 그리하지 아니하면 …."
- 도전하심(17절)–"이기는 그에게는 …."

6) 두아디라교회–"두아디라교회의 사자에게 편지하라 …".

Note

이 교회는 정부 아래 있는 국가 교회였다.

• 자신을 밝히심(18절)–"그 눈이 불꽃 같고 그 발이 빛난 주석과 같은 하나님의 아들"

• 칭찬하심(19절)–"내가 네 사업과 사랑과 믿음과 섬김과 인내를 아노니 …."

• 책망하심(20–23절)–그들은 자칭 선지자라 하는 여자 이세벨을 용납했다.

• 권고하심(24–25절)–(이 권고를 읽으라.)

• 도전하심(26–28절)–"이기는 자와 끝까지 내 일을 지키는 그에게 …."

7) 사데교회–"사데교회의 사자에게 편지하라 …."

교회시대에는 항상 교회의 개혁이 요구된다.

• 자신을 밝히심(3:1)–"하나님의 일곱 영과 일곱 별을 가지신 이" 하나님의 각각 다른 일곱 영들이 있는 것은 아니다. 여기서 예수님께서는 "하나님의 일곱 영(충만, 완전하고 전적인 영)"을 말씀하고 계신 것이다.

• 칭찬하심(4절)–"그러나 사데에 그 이름을 더럽히지 아니한 자 몇 명이 네게 있어–그들은 합당한 자인 연고라."

• 책망하심(1절)–"네가 살았다 하는 이름을 가졌으나 죽은 자로다."

• 권고하심(2–3절)–"너는 일깨어 그 남은바 죽게 된 것을 굳건하게 하라 생각하고 지켜 회개하라."

• 도전하심(5–6절)–"그 이름을 내 아버지 앞과 그의 천사들 앞에서 시인하리라"(누가복음 12:8–9을 찾아보라.)

8) 빌라델비아교회–"빌라델비아교회의 사자에게 편지하라 …."

이 교회 이름은 "열린 문"이란 뜻을 가지고 있다. 그것은 대 선교운동을 상징한다.

• 자신을 밝히심(7절)–"거룩하고 진실하사 다윗의 열쇠를 가지신 이 곧 열면 닫을 사람이 없고 닫으면 열 사람이 없는 그"

• 칭찬하심(8절)–"네가 작은 능력을 가지고서도 내 말을 지키며 내 이름을 배반하지 아니하였도다."

• 책망하심:없음.

• 권고하심(11절)–"내가 속히 오리니 네가 가진 것을 굳게 잡아 …."

• 도전하심(8–12절)–"내가 네 앞에 열린 문을 두었으되 거짓말하는 자들 중에서 몇을 네 발 앞에 절하게 하고 너를 지켜 시험의 때를 면하게 하리니."

9) 라오디게아교회–"라오디게아교회의 사자에게 편지하라 …."

이 교회는 그리스도 재림 전의 말세 교회를 상징한다.

Note

• 자신을 밝히심(14절)–"아멘이시요 충성되고 참된 증인이시요 하나님의 창조의 근본이신 이" 이것은 주님 자신이 하신 주님에 대한 참된 묘사이다.

• 칭찬하심: 칭찬이 없음.

• 책망하심(15–17절)–"네가 차지도 아니하고 뜨겁지도 아니하도다. 네가 이같이 미지근하여 뜨겁지도 아니하고 차지도 아니하니 내 입에서 너를 토하여 버리리라. 네가 말하기를 나는 부자라 …."

• 권고하심(18절을 읽으라).

• 도전하심(19절)–"무릇 내가 사랑하는 자를 책망하여 징계하노니"(히 12:5–8을 보라). 교회 시대 말기에 주어진 개인적인 도전이 나타나 있다(이 구절들을 적어 보자). ____________________

____

____

____

6. 셋째 부분

"장차 될 일을 기록하라"–가 다음 주에 있을 계시록 두 번째 공부의 내용이다. 그러나 "지금 있는 일"의 끝에 있는(교회들에 대해 기록하고 난 후) 기록에 유의하라. 요한은 4:1에서 "이 일 후에 내가 보니 하늘에 열린 문이 있는데 내가 들은바 처음에 내게 말하던 나팔 소리 같은 그 음성이 이르되 이리로 올라오라 이 후에 마땅히 일어날 일들을 내가 네게 보이리라 하시더라"고 말하고 있다(메타 타우타; meta tauta: "이 일 후에"란 말은 교회에 관한 일 후에라는 의미이다). 그러므로 일곱 교회를 통해 교회 시대를 돌아 보게 되었고 이제 4장에 와서 교회 시대는 끝이 났다. 우리는 그때를 "올라간 때," 공중 잔치라고 부른다. 19:7까지에는 교회에 대한 언급이 없다.

7. 비교

교회에 관한 이 공부를 통해서 당신의 교회를 일곱 교회에 비교해 보라. 만일 일곱 교회가 갖고 있는 특징들 즉, 처음 사랑을 잃어버림, 선교 중심, 미지근함 등의 특징을 가진 교회라면 역시 그러한 특징의 개인적 지체들을 발견하게 될 것이다. 계시록의 첫 과는 단지 둘째 과의 배경을 설명해 주고 있을 따름이다.

복습

- 사도 요한이 쓴 성경들의 이름을 적어 보라.
- 계시록의 중심 메시지는 무엇인가?
- 이 책의 윤곽을 어디서 찾을 수 있는가?
- 일곱 교회의 이름을 적어 보자.

과제

- 계시록의 나머지 11장(12–22장)을 읽어 보자.
- 이 과를 복습해 보자.
- 당신이 기억해야만 하는 구절들에 밑줄을 그으라.

Week 52
요한계시록 II

이 과는 전 과의 연속으로 요한계시록에 대한 것이다. 지난 과에서 우리는 하나님께서 이 책을 기록한 요한에게 제시하신 윤곽 중 두 개의 요점을 다루었다. 그것들을 다시 반복하면 다음과 같다:

1. "네가 본 것을 기록하라" 1장

2. "지금 있는 일을 기록하라" 2-3장

이 과에서 우리는 그 윤곽의 세 번째를 다루게 된다-그러므로 중심 메시지는 51과와 같으며 본서의 구조도 같다.

요한은 그가 본 것을 기록했다:

그는 영광스런 주님을 보았고 1장에서 그를 장엄하게 묘사했다. 그리고 나서 지금 있는 일 즉, 교회들에 대해서 기록했다. 이제 우리는 그 윤곽의 세 번째에 대한 공부를 하려고 한다.

3. "장차 될 일을 기록하라" 4-22장

1) 4장-여기서부터가 하나님께서 우리들에게 주신 세 번째 윤곽이다-"장차 될 일"

그리이스어의 "메타 타우타"(meta tauta)는 "이 일 후"를 의미한다. 그러면 어떤 후의 일을 의미하는가? 교회에 관한 일 후를 가리킨다. 그러므로 요한은 여기서부터 하나님의 위엄있는 그 윤곽을 묘사한다.

4장 1절과 2절을 유의해서 보라:

"이 일 후에 내가 보니 하늘에 열린 문이 있는데 내가 들은 바 처음에 내게 말하던 나팔

소리 같은 그 음성이 이르되 이리로 올라오라 이 후에 마땅히 일어날 일들을 내가 네게 보이리라." 요한은 하늘로 올리워졌다. 그는 교회 시대에 있을 교회의 들리워짐의 선구자이다. 계시록에서는 교회에 관한 것이 다시 나오지 않고 지상에서 완전히 사라져 버린다. 그것은 19장에 가서 주님께서 그의 성도들과 함께 오실 때에야 비로소 나타난다. 보이지 않는 이유는 무엇인가? 그것이 하늘에 있기 때문이다.

2) 성도들이 이끌려 들리움을 받은 후인 4장부터 19장까지의 이 땅에 일어나는 일은 대환란, 하나님의 심판이다. 이것은 마치 창세기 19:22에서 천사들이 롯에게 말한 것과 같다–"그리로 속히 도망하라. 네가 거기 이르기까지는 내가 아무 일도 행할 수 없노라." 심판은 하나님의 자녀들이 들리움을 받은 후에야 내려진다. 노아 때도 그렇지 않았는가? 노아가 지상에 있는 한 심판은 내려질 수 없었다. 하나님께서 그를 방주에 들어 가게 하시고 누가 그 문을 닫았는가? 하나님께서 그 방주 문을 닫으셨다. 그것은 방주 바깥에 있는 사람들에 대한 하나님의 심판이었다. 노아가 방주 안으로 안전하게 들어간 후에야 심판이 내려질 수 있었던 것이다. 이 세상 심판도 롯의 때나 노아의 때의 심판과 같은 방식으로 내려진다. 하나님의 자녀들이 올리우심을 받기 전에는 심판이 없으며 있을 수도 없다. 그러나 그들이 이끌려 취해지자 바로 심판이 내려졌다: 소돔과 고모라는 불과 유황으로 멸망했다.

여기 계시록에서 보듯이 교회가 들림을 받은 후 즉, 이 지구로부터 취해진 후 심판이 임한다. 교회 시대 후 즉, 교회가 들림을 받은 후인 4–19장은 교회가 없는 이 땅위에 일어날 일을 정확하게 말해 주고 있다. 많은 신학자들과 교사들이 여러 이론과 사상을 내어놓았다. 여기서는 단지 성경에 자연스럽게 나타난 것만을 제시하고자 한다.

3) 요한계시록 4장에서 하늘의 영광스런 문이 열리기 시작한다. 5절에 나오는 "보좌 앞에 켠 등불 일곱이 있으니 이는 하나님의 일곱 영이라"는 말은 일곱 영들을 가리키는 것이 아니다. "일곱"이라는 단어는 하나님 영의 충만함과 완전함을 말해 준다. 네 짐승이 있었다고 말한 것은 잘못된 번역이다. 그것은 마땅히 네 생물–"조아"(zoa)–동물학(zoology) 이란 단어의 어근은 "살아있는 피조물들"이란 뜻을 가지고 있다. 이들은 구약의 그룹에 해당된다. 그것들은 하나님께서 창조하신 동, 서, 남, 북의 모든 피조물을 가리킨다. 그리고 4장에서 구약의 12지파와 신약의 12사도를 가리키는 24장로를 보게 될 것이다.

4) 5장에서 우리는 여기서 일곱 인으로 봉해진, 오직 하나님의 어린 양인 그리스도만이 그 인봉을 떼실 수 있는 작은 책의 환상을 보게 된다. 이 일곱 인봉을 떼시는 것은 하나님의 심판의 시작을 말한다.

Note

5) 6장에서 여섯 인봉이 떼어진다. 첫째 인은 불법의 사람의 출현을 보여준다(6:2). 당신은 네 명의 말탄 자를 보게 될 것이다. 정복자, 흰 말은 첫 번째 인이다. 둘째 인은 붉은 말로 전쟁과 사망을 상징한다. 셋째 인은 검은 말로 기근이다. 넷째 인은 사망의 청황색 말이다. 다섯째 인은 죽임을 당한 영혼들, 순교자들이다. 여섯째 인은 땅에 있는 자들이 그들 위에 산과 바위가 덮어 주기를 외치게 하는 하나님의 대심판이다.

6) 7장은 간주곡이다. 6장은 여섯 인의 무서운 심판(재앙)을 기록하고 있다. 그러나 7장은 간주곡 역할을 하고 있다. 사태는 최고로 어두워지지만 우리는 여기서 가장 큰 회복을 보게 된다. 그것은 대환란 중에 있게 될 것이다. 지금까지 지구상에 있었던 어떤 것보다도 큰 회복이 대환란 기간에 있게 된다는 것이다. "나는 이 흰옷 입은 자들이 누구며 또 어디서 왔는지 모르나이다"라고 요한은 말한다. 그러자 장로 중의 하나가 말해 주었다. "이는 큰 환난에서 나오는 자들인데 어린 양의 피에 그 옷을 씻어 희게 하였느니라"(14절). 그 날에 당신은 구원받은 많은 사람과 순교 당한 많은 사람을 보게 될 것이다.

7) 일곱째 인은 일곱 나팔을 나타나게 한다. 8장과 9장에서 그 일곱 나팔을 보게 될 것이다. 그 나팔 재앙(심판)은 인 재앙보다 더 심한 것이었다.

8) 10장 서두에서 작은 책을 보게 될 것이다. 요한은 다음과 같이 기록하고 있다. "일곱째 천사가 소리 내는 날 그의 나팔을 불려고 할 때에 … 하나님의 그 비밀이 이루어지리라"(계 10:7). 10장은 그 작은 책이 배에는 쓰나 네 입에는 꿀같이 달다는 것을 말하고 있다. 성경은 어떤 사람에게는 매우 쓴 것이다. 그 안에 심판이 있기 때문이다. 그러나 구원받은 사람에게는 꿀같이 달 것이다.

9) 11장은 이 세상의 종말을 보여주고 있다. 15절을 보라: "일곱째 천사가 나팔을 불매 하늘에 큰 음성들이 나서 이르되, 세상 나라가 우리 주와 그의 그리스도의 나라가 되어 그가 세세토록 왕 노릇 하시리로다 하니." 계시가 여기서 일단 끝나는 것으로 보인다. 다니엘서도 한 가운데에서 역시 두 부분으로 나누어진다. 계시록도 그와 같다. 계시록은 11장에서 끊어진다. 꼭 한 가운데에서 끊어진다.

10) 12장은 하나님께서 요한을 통해 마지막 심판에 있게 될 인격체들과 국면들을 계시하고 계신다. 11장에서 계시는 끝이 나고 하나님의 비밀이 끝나는 것처럼 보인다. 이제 우리는 12장에서 다시 시작한다. 12장의 처음엔 하늘에

있는 매우 놀라운 사실이 보여지고 있다. 그 여자는 그리스도를 낳은 이스라엘이다. 그 다음 부분은 이스라엘과 사탄의 싸움을 말해 준다. 이스라엘은 어린 양의 피와 그들의 증거하는 말로 사탄을 이겼다. 1-7절을 읽어 보자.

11) 13장의 앞 부분엔 바다에서 올라 온 짐승에 관한 묘사가 나온다. 그것은 정치적 지도자 즉, 불법의 사람, 적그리스도를 가리킨다. 13장의 뒷 부분은 땅에서 올라온 짐승에 관한 기록이다. 이것은 거짓 선지자(종교적 거짓 선지자)를 가리킨다. 당신은 두 장에서 세 인격체를 보았다. 12장에서는 그리스도를 낳은 이스라엘과 13장의 불법의 사람으로 알려진 적그리스도와 11절부터 나오는 거짓 선지자이다.

12) 14장은 간주곡이다. 여기서 우리는 7장에서 보았던 144,000을 보게 된다(1절). 7장에서 144,000의 유대인들은 하나님의 종들로 땅 위에 있던 자들이었다. 여기 14장의 144,000은 시온 산에 있다(1-3절).

13) 15장-이 장은 땅 위에 하나님의 진노의 대접을 쏟는 즉, 모두 일곱 대접을 말하며 16장의 입문이다. 당신은 여기서 마지막 전쟁에 관한 묘사를 보게 된다. 16:16을 보라. "세 영이 히브리어로 아마겟돈이라 하는 곳으로 왕들을 모으더라"

14) 17장에서는 붉은 빛 옷을 입은 여자에 관한 계시가 나타나 있다. 3-5절을 보라. "내가 보니 여자가 붉은 빛 짐승을 탔는데 그 여자는 자주 빛과 붉은 빛 옷을 입고 금과 보석과 진주로 꾸미고 손에 금 잔을 가졌는데 그의 이마에 이름이 기록되었으니 비밀이라, 큰 바벨론이라, 땅의 음녀들과 가증한 것들의 어미라 하였더라." 17장의 뒷 부분인 8-18절에서 당신은 지상의 종교들의 지도자에 관한 묘사를 볼 수 있을 것이다.

15) 18장에서 우리는 여기서 물질주의의 자연 세계이며, 경제 세계이며, 상업화된 세계인 상업 국가 바벨론에 대한 하나님의 심판을 보게 된다. 12절을 보고 바벨론의 상품들을 열거해 보자: 은, 금, 보석, 진주, 세마포, 자주 옷감, 비단, 붉은 옷감, 각종 향목, 각종 상아, 기명, 값진 나무, 진유, 철, 옥석으로 만든 각종 기명, 계피, 향료, 향, 향유, 유향, 포도주, 감람유, 고운 밀가루, 밀, 소, 양, 말, 수레, 종들, 사람의 영혼들 …, 상업화된 바벨론은 심판을 보게 된다. 이것이 바로 하나님을 알지 못하는 물질주의적인 세상의 최후이다.

16) 19장에 아마겟돈 대전투가 나타난다. 이것은 전쟁이다. 우리는 19장에서 하늘에 있는 어린 양의 혼인잔치에서의 예수님과 교회를 보게 된다. 11절에서 당신은 그리스도의 실제적인 재림을 보게 될 것이다. "또 내가 하늘이 열린 것을 보니 보라 백마와 그것을 탄 자가 있으니 그 이름은 충신과 진실이라 … 그 눈은 불꽃 같고 그 머리에는 많은 관들이

Note

있고 … 그가 피 뿌린 옷을 입었는데 그 이름은 하나님의 말씀이라 칭하더라. 하늘에 있는 군대들이 희고 깨끗한 세마포 옷을 입고 백마를 타고 그를 따르더라." 주님께서 아마겟돈 전쟁 중에 오실 지도 모른다.

17) 20장은 천년 왕국이 등장한다. 천년 왕국 끝에 가서는 대 백보좌 심판이 있게 된다. 이것은 구원을 받았는지 못받았는지를 심판받은 자들 중 경건치 못한 자들의 부활을 말한다. 이 흰 보좌 심판은 구원받지 못한 자들에게만 주어지는 것이다. 그리스도 안에 있는 모든 우리는 육체로 있을 때 행한 것들에 대해서 상급을 받기 위해 "그리스도의 심판대" 앞에 서게 될 것이다. 악한 자들은 흰 보좌 심판대 앞에 서서 지옥 형벌을 받게 된다. 그리스도인은 이 심판에 참여할 수가 없다.

18) 21장과 22장은 요한이 본 새 하늘과 새 땅의 환상이다. 21:1을 보라: "또 내가 새 하늘과 새 땅을 보니 처음 하늘과 처음 땅이 없어졌고 바다도 다시 있지 않더라." 성경에서 바다는 항상 좋지 않은 것을 가리킨다. 바다가 요한을 그의 사랑하는 제자들과 그의 친구들과 에베소에 있는 성도들과 나눠 놓았다. 요한에게 있어 바다는 외로움, 귀양, 떨어짐의 상징이었다. 그는 아름다운 축도로 계시록을 끝내고 있다. 주님의 말씀을 인용하여, "이것들을 증언하신 이가 이르시되 내가 진실로 속히 오리라"(계 22:20)고 하자 그는 답하는 기도를 드리고 있다. "아멘, 주 예수여 오시옵소서." 이것이 계시의 마지막이다. 이 말씀은 계시록의 마지막이자 성경의 마지막이다.

우리는 이 책에서 배워야 할 것이 많이 있습니다. 이제 당신의 마음에 많은 질문들이 생겼을 것입니다. 이 책을 복잡한 작품이 아닌, 하나님 아버지께서 그리스도와 천사와 요한과 우리들에게 주신 메시지로 연구해야 합니다.

이제 우리는 Through The Bible In One Year의 결론에 이르게 되었다. 이 공부를 통해 성경을 "산 소망"의 책으로, 그리스도인 삶의 흥미진진한 체험담으로 여기게 되는 것이 나의 기도입니다. 성령님께서 우리 모두를 가르치시기를 기원합니다. 우리가 하나님의 말씀을 계속 가르칠 수 있도록 ….